PADRE RICCO PAD

CW01661675

A tutti i genitori,
che per un figlio sono i primi maestri
e quelli più importanti,
e a tutti coloro che formano,
influenzano e guidano con il loro esempio.

"*Padre ricco padre povero* è il punto di partenza per chiunque voglia avere il controllo sul suo futuro finanziario".

USA TODAY

Di Robert T. Kiyosaki presso le nostre edizioni:

Padre ricco padre povero
Padre ricco padre povero (audiolibro)
I quadranti del Cashflow
Guida agli investimenti
A scuola di business
Prima di lasciare il tuo posto di lavoro
Guida per diventare ricchi
Aumenta il tuo QI finanziario
La cospirazione dei ricchi
Cashflow (gioco da tavolo)
Cashflow 202 (gioco da tavolo)
Fratello ricco, sorella ricca (con Emi Kiyosaki)
Ingiusto vantaggio
Il business del 21° secolo
Smetti di lavorare giovane e ricco
Come ci siamo liberati del debito cattivo (audiolibro)
Risveglia il genio finanziario di tuo figlio
Chi ha spostato il mio denaro?
Seconda chance
8 lezioni di leadership militare per imprenditori
Il grande libro del real estate
Perché i ricchi diventano sempre più ricchi
Più importante del denaro
Fake
Chi ha rubato la mia pensione?

Di Robert T. Kiyosaki con Donald J. Trump:

Perché vogliamo che tu sia ricco
Il tocco di Mida

Seguici su:

Gribaudi Business & Self help
@GriBusiness
www.gribaudi.it

Piero Gribaudi Editore srl
Via C. Baroni, 190
20142 Milano
Tel. 02-89302244 – Fax 02-89302376
e-mail: info@gribaudi.it

Robert T. Kiyosaki

PADRE RICCO
PADRE POVERO

CON AGGIORNAMENTI PER IL XXI SECOLO E 9 NUOVE SESSIONI DI STUDIO

Gribaudi

Proprietà letteraria riservata
© 2017 Piero Gribaudi Editore srl
20142 Milano – Via C. Baroni, 190

Titolo originale dell'opera:
Rich Dad Poor Dad – With updates for today's world – and 9 New Study Session Sections
© 1997, 2011, 2017 by Robert T. Kiyosaki

Traduzione di Daniele Ballarini e Sandra Zerilli

ISBN 978-88-6366-262-7

Prima edizione: settembre 2017
Prima ristampa: gennaio 2018
Seconda ristampa: luglio 2018
Terza ristampa: gennaio 2019
Quarta ristampa: giugno 2019
Quinta ristampa: gennaio 2020
Sesta ristampa: giugno 2020
Settima ristampa: gennaio 2021
Ottava ristampa: marzo 2021
Nona ristampa: ottobre 2021

Questa pubblicazione è ideata per fornire informazioni competenti e affidabili sull'argomento trattato. Tuttavia, è venduto con l'intesa implicita che l'autore e l'editore non sono impegnati a prestare consulenza legale e finanziaria, o altra consulenza professionale. Spesso le leggi e le pratiche variano da uno Stato all'altro degli Stati Uniti e da paese a paese, e se è necessaria un'assistenza legale o di altri esperti, si dovrebbe ricorrere ai servizi di un professionista. L'autore e l'editore respingono specificamente qualunque responsabilità derivante dall'uso o dall'applicazione dei contenuti di questo libro.

Fotocomposizione e stampa: Grafiche VD – Città di Castello (Pg)

RINGRAZIAMENTI

Come si fa a dire "grazie" quando sono numerosissime le persone verso le quali essere riconoscenti? Naturalmente, il primo ringraziamento va ai miei due padri, che sono stati modelli esemplari, e alla mia mamma, che mi ha insegnato l'amore e la gentilezza.

La persona più responsabile di aver permesso che questo libro diventasse realtà è mia moglie Kim, mia partner nel matrimonio, nel business e nella vita. È lei che rende la mia vita completa.

Vent'anni... col senno di poi

SONO PASSATI VENT'ANNI DA ALLORA...

I Beatles pubblicarono l'album *Sgt. Pepper's Lonely Hearts Club Band* il 1° giugno 1967. Fu un successo immediato di pubblico e di critica, con 27 settimane in vetta alle classifiche degli album più venduti in Gran Bretagna e 15 settimane al primo posto negli Stati Uniti. La rivista *Time* lo ha definito "una partenza storica nel progresso della musica". Ha vinto quattro Grammy Awards nel 1968 e il titolo di Album dell'Anno – il primo album rock ad aver mai ricevuto quell'onore.

Padre ricco padre povero fu pubblicato vent'anni fa, il giorno del mio 50° compleanno, l'8 aprile 1997. Diversamente dalla storia dei Beatles, il libro non ebbe un successo immediato di pubblico. Non ebbe nemmeno il successo della critica. In realtà, l'uscita del libro e la tempesta di critiche che seguì furono l'esatto opposto.

Padre ricco padre povero all'inizio fu autopubblicato perché ogni editore a cui ci rivolgevamo respingeva il mio libro. Qualche lettera di rifiuto riportava commenti come "Lei non sa di cosa sta parlando". Ho avuto modo di capire che molti editori assomigliano più al mio padre povero e istruito che al mio padre ricco.

Vent'anni dopo

Nel 1997, *Padre ricco padre povero* era un avvertimento, un libro con delle lezioni sul futuro.

Vent'anni dopo, milioni di persone nel mondo conoscono meglio gli avvertimenti del mio padre ricco e le sue lezioni sul futuro. Col senno di poi, molti hanno detto che le sue lezioni furono profetiche... le previsioni si stanno avverando. Ecco alcune delle sue lezioni:

La lezione numero 1 del padre ricco: "I ricchi non lavorano per i soldi"

Vent'anni fa, alcuni editori respinsero il mio libro perché non approvavano la lezione numero uno del padre ricco.

Oggi, la gente è più consapevole del crescente divario tra i ricchi e tutti gli altri. Tra il 1993 e il 2010, più del 50% dell'aumento del reddito nazionale statunitense è andato all'1% più ricco. Da allora, le cose sono solo peggiorate. Gli economisti dell'Università della California hanno riscontrato che il 95% dei redditi guadagnati negli anni tra il 2009 e il 2012 è andato ancora a quell'1% più ricco.

La lezione è questa: gli aumenti di reddito vanno agli imprenditori e agli investitori... non alle persone che lavorano per i soldi.

La lezione del padre ricco: "Chi risparmia è un perdente"

Vent'anni fa, la maggior parte degli editori era fortemente contraria a questa lezione del padre ricco. Per i poveri e il ceto medio, "risparmiare denaro" è una religione, la salvezza finanziaria dalla povertà e la protezione dal mondo crudele. Per molti, definire "perdenti" i risparmiatori equivale a dire il nome di Dio invano.

La lezione è questa: un'immagine vale più di mille parole. Osservate il grafico relativo ai 120 anni del Dow Jones e capirete perché e come i risparmiatori sono diventati dei perdenti.

Il grafico che segue mostra che si sono verificati tre grandi crolli del mercato azionario nel corso dei primi 10 anni di questo nuovo secolo.

120 anni del Dow Jones

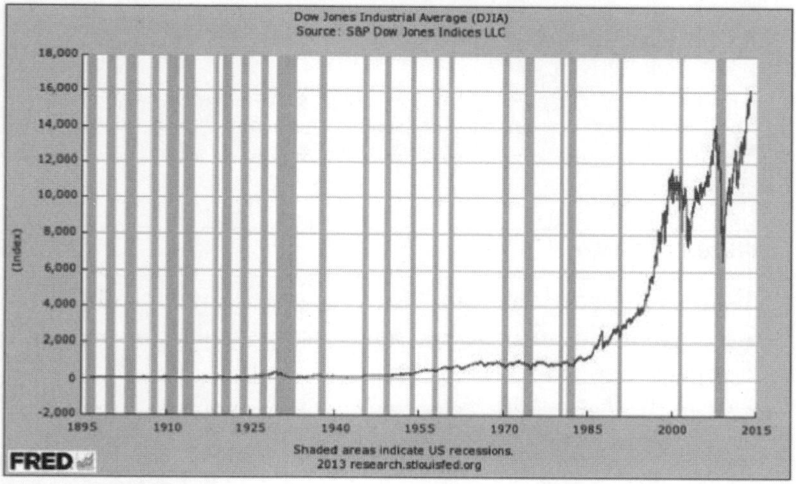

PERIODO 1895 – 2015

Il primo fu il crollo delle dotcom avvenuto intorno all'anno 2000. Il secondo e il terzo furono il crollo del real estate del 2007, seguito dal crollo delle banche del 2008.

Il crollo gigantesco del 1929

Confrontando i primi tre crolli del XXI secolo con il crollo gigantesco del 1929, si può avere una prospettiva di come siano stati davvero "giganteschi" i primi tre crolli di questo secolo.

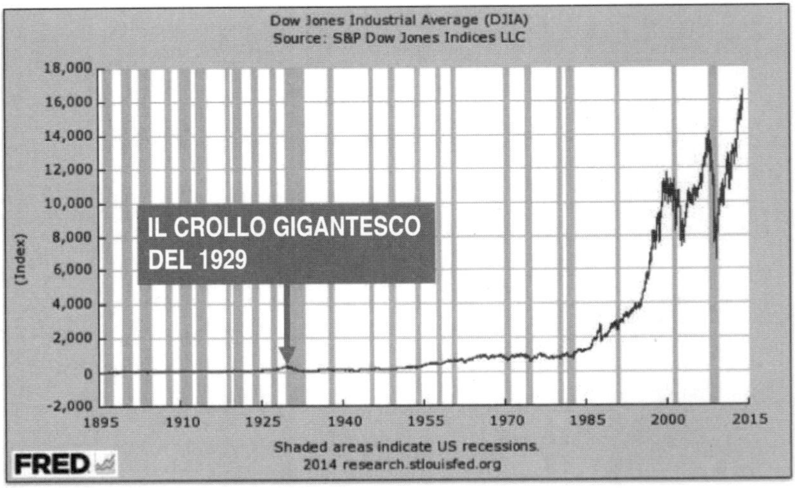

Stampare denaro

Il prossimo grafico indica che in seguito a ogni crollo, il governo degli Stati Uniti e la Federal Reserve Bank hanno iniziato a "stampare denaro".

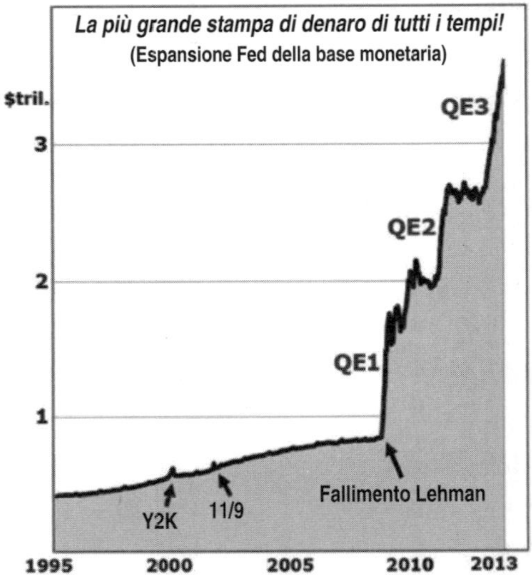

Salvare i ricchi

Tra il 2000 e il 2016, con la scusa di salvare l'economia, le banche mondiali hanno continuato a tagliare i tassi d'interesse e a stampare denaro. Mentre i nostri leader vogliono che noi crediamo che loro stessero salvando il mondo, in realtà i ricchi salvavano se stessi e gettavano i poveri e il ceto medio sotto l'autobus.

Oggi i tassi d'interesse in molti paesi sono sotto lo zero, motivo per cui chi risparmia è un perdente. Oggi i più grandi perdenti sono i poveri e il ceto medio, le persone che lavorano per i soldi e li risparmiano.

La lezione del padre ricco: "La tua casa non è un attivo"

Vent'anni fa, nel 1997, ogni editore che mi mandava una lettera di rifiuto criticava la lezione del padre ricco secondo la quale "la tua casa non è un attivo".

Dieci anni dopo, nel 2007, quando chi aveva preso in prestito i mutui subprime iniziò a essere inadempiente, nel mondo scoppiò la bolla del real estate e milioni di proprietari immobiliari scoprirono la verità di quella lezione nel modo più duro.

La loro casa non era "un attivo".

Il vero problema

La maggior parte delle persone non sa che il crollo del real estate non era propriamente un crollo del real estate.

Non sono stati i poveri a causare il crollo immobiliare. Sono stati i ricchi a causarlo. I ricchi hanno creato dei prodotti finanziari strutturati – prodotti che Warren Buffett ha definito "armi finanziarie di distruzione di massa". Quando le armi finanziarie di distruzione di massa hanno cominciato a esplodere, il mercato immobiliare è crollato... e la colpa è andata ai poveri che avevano preso in prestito i subprime.

Nel 2007 si sono stimati 700 mila miliardi di dollari in derivati finanziari.

Oggi si stimano 1.200.000 miliardi di dollari in derivati finanziari. In altre parole, il vero problema non è diventato grande, è diventato enorme.

La lezione del padre ricco: "Perché i ricchi pagano meno tasse"

Vent'anni fa, qualche editore criticò al *Padre ricco padre povero* il fatto di rivelare come e per quale motivo i ricchi paghino meno tasse. Uno affermò che quella lezione era illegale.

Dieci anni dopo, nel 2007, il presidente Barack Obama si candidava per la rielezione contro l'ex governatore Mitt Romney. Quando si svelò che il presidente Obama pagava circa il 30% del suo reddito in tasse mentre il governatore Romney ne pagava meno del 13%, Mitt Romney iniziò la sua discesa che gli sarebbe costata le elezioni. Le tasse sono state ancora una volta un punto focale della campagna elettorale 2016 per la presidenza degli Stati Uniti.

Piuttosto che scoprire come riescano persone come Mitt Romney e il presidente Donald Trump a pagare *legalmente* meno tasse, i poveri e il ceto medio si arrabbiano.

Mentre il presidente Trump promette di ridurre le tasse ai poveri e al ceto medio, la realtà è che saranno i ricchi a pagare sempre meno tasse. Il motivo si riconduce alla lezione numero uno del padre ricco: "I ricchi non lavorano per i soldi". Finché le persone lavoreranno per i soldi, pagheranno le tasse.

Anche quando la candidata alla presidenza Hillary Clinton prometteva di aumentare le tasse ai ricchi, prometteva di aumentarle a chi aveva redditi alti – a persone come medici, attori e avvocati – non ai veri ricchi.

Vent'anni fa

Sebbene *Padre ricco padre povero* non abbia avuto un successo immediato come l'album dei Beatles *Sgt. Pepper*, nel 2000

Padre ricco padre povero entrò nella classifica dei bestseller del *New York Times* e vi rimase per quasi sette anni. Sempre nel 2000 mi chiamò Oprah Winfrey. Andai in onda su *Oprah!* per tutta l'ora e, come si suol dire, "Il resto è storia".

Padre ricco padre povero è diventato il bestseller numero uno di finanza personale della storia, con una stima di vendita dei libri della serie Rich Dad fino a quasi 40 milioni di copie nel mondo.

C'è stato veramente un padre ricco?

Milioni di persone hanno chiesto: "C'è stato veramente un padre ricco?" Per avere la risposta a questa domanda, potete ascoltare il figlio del padre ricco, Mike... quando è stato ospite al Rich Dad Radio Show. Puoi ascoltare quel programma su Richdadradio.com.

Il Corso Avanzato del Padre Ricco

Padre ricco padre povero è stato scritto il più semplicemente possibile per permettere a tutti di comprendere le lezioni del padre ricco.

Per coloro che desiderano imparare di più, sempre in occasione del 20° anniversario, ho scritto anche *Perché i ricchi diventano sempre più ricchi – Cos'è veramente l'istruzione finanziaria?*

Perché i ricchi diventano sempre più ricchi entra più nel dettaglio su ciò che il padre ricco ha effettivamente insegnato a suo figlio e a me in quanto a soldi e investimenti.

Perché i ricchi diventano sempre più ricchi è il *Padre ricco padre povero* per studenti del corso avanzato... è il Corso Avanzato per gli studenti del Padre Ricco.

Un avvertimento... e un invito

Pur facendo del mio meglio per rendere *Perché i ricchi diventano sempre più ricchi* il più semplice possibile, ciò che i ricchi fanno davvero non è facile nemmeno da spiegare. Ciò che i ricchi fanno davvero richiede una vera e propria istruzione finanziaria, un'istruzione finanziaria che non si insegna nelle nostre scuole.

Suggerisco di leggere prima *Padre ricco padre povero* e poi, se si vuole approfondire, si può passare a *Perché i ricchi diventano sempre più ricchi.*

Grazie... per questi 20 grandi anni

A tutti i nostri lettori, passati, presenti e futuri...
tutti noi della Rich Dad Company diciamo:
"Grazie... per questi 20 grandi anni".
La nostra missione è:
elevare il benessere finanziario dell'umanità...
e inizia da una vita e una persona per volta.

Introduzione

PADRE RICCO PADRE POVERO

Avendo avuto due padri, mi è stata data la possibilità di scegliere tra punti di vista opposti: quello di una persona ricca e quello di un povero.

Ho avuto due padri, uno ricco e uno povero. Uno era notevolmente istruito e intelligente; aveva completato in due anni il ciclo universitario quadriennale e poi si era specializzato. In seguito, ha studiato alla Stanford University, alla University of Chicago e alla Northwestern University, progredendo nella sua materia sempre grazie a borse di studio e sovvenzioni. L'altro padre non ha mai finito le medie.

Entrambi hanno avuto successo nella loro professione, lavorando duramente per tutta la vita. Ambedue avevano redditi ragguardevoli. Eppure, uno ha sempre avuto problemi finanziari, l'altro è diventato uno degli uomini più ricchi delle Hawaii. Uno è morto lasciando in eredità decine di milioni di dollari, da dividere tra i famigliari, la chiesa e le organizzazioni di beneficenza. L'altro dopo la sua morte ha lasciato solo debiti da pagare.

Entrambi erano forti, carismatici e ascoltati. Mi davano consigli, che però differivano in modo sensibile. Credevano veramente nell'istruzione dei giovani, ma non mi hanno raccomandato lo stesso corso di studi.

Se avessi avuto un unico padre, avrei dovuto accettare o respingere i suoi suggerimenti. Avendone avuti due, mi è stata data la possibilità di scegliere tra punti di vista opposti: quello di una persona ricca e quello di un povero.

Anziché semplicemente accettare o rifiutare l'uno o l'altro, mi sono visto costretto a riflettere, a paragonare le due prospettive, a decidere in prima persona. Il fatto è che l'uomo ricco non era ancora ricco e quello povero non era ancora tale. Entrambi si trovavano all'inizio della carriera e dovevano lottare con i soldi e per la famiglia. Ma sostenevano concezioni molto diverse sul denaro.

Per esempio, uno di loro amava dire: "L'amore per il denaro è alla radice di ogni male", mentre l'altro affermava: "La mancanza di soldi è la base di ogni male".

Non era facile per un ragazzo avere due padri dal carattere forte che cercavano di influenzarlo. Volevo essere un buon figlio, saper ascoltare, ma loro mi dicevano cose differenti. Tuttavia, la contrapposizione dei loro punti di vista, specie a proposito del denaro, era talmente netta che la questione cominciava a incuriosirmi, a interessarmi davvero. Mi ritrovavo a riflettere per lunghi periodi di tempo sui concetti che mi inculcavano.

In privato, mi chiedevo: "Perché dice questo?" e poi ponevo lo stesso interrogativo in relazione a una frase dell'altro padre. Sarebbe stato molto più facile dire: "Sì, ha ragione. Sono d'accordo con lui", oppure respingere una certa nozione dicendo: "Il vecchio non sa di cosa sta parlando". Viceversa, avere due padri che amavo mi obbligava a riflettere e, alla fine, a scegliere il mio modo di vedere le cose. Nel lungo periodo, questo mio processo di decisione autonoma si è rivelato molto più prezioso del semplice rifiuto, o mera accettazione, rispetto a un solo punto di vista.

Uno dei motivi per cui i ricchi diventano ancora più ricchi e i poveri più poveri, mentre il ceto medio continua a indebitarsi, dipende dal fatto che non si insegna la materia del denaro a scuola, ma a casa. La stragrande maggioranza della gente riceve i primi rudimenti finanziari dai genitori. Cosa possono dire dei genitori poveri al proprio figlio in merito al denaro? Semplicemente gli dicono: "Non abbandonare la scuola e studia molto". Il ragazzo potrebbe anche laurearsi con ottimi voti, ma avrà sempre una mentalità finanziaria da persona indigente.

Purtroppo a scuola non esiste una materia definita "denaro". I programmi scolastici vertono sull'erudizione personale e sulle abilità professionali, non sui concetti finanziari. Ciò spiega perché perfino banchieri, medici e ragionieri brillanti, con buoni voti scolastici, possano trascinarsi in difficoltà economiche per tutta la vita. Il nostro spaventoso debito nazionale è dovuto in gran parte all'opera di politici e funzionari governativi intelligenti e istruiti che assumono decisioni finanziarie senza aver mai seguito corsi sul denaro.

20 ANNI DOPO...

L'OROLOGIO DEL DEBITO

Andiamo avanti di 20 anni... e il debito nazionale degli Stati Uniti è più che sconcertante. In questo momento ha quasi raggiunto i 20 mila miliardi di dollari...

Oggi mi chiedo spesso cosa succederà quando ci saranno milioni di persone bisognose di assistenza medica e finanziaria. Dipenderanno dalle loro famiglie o dallo Stato per la sussistenza. Cosa accadrà quando la previdenza sociale e l'assistenza sanitaria nazionale avranno dichiarato bancarotta? Come potrà sopravvivere un paese se l'insegnamento monetario dei figli sarà ancora demandato ai genitori, gran parte dei quali sarà, o è già, povera?

Dal momento che ho avuto due padri molto influenti, ho imparato da entrambi. Ho dovuto riflettere sui consigli di ciascuno e, così facendo, ho capito quali sono la forza e l'effetto dei pensieri sulla vita che si conduce. Per esempio, uno di loro era solito dirmi: "Non me lo posso permettere". L'altro mi proibiva addirittura di usare quella frase; preferiva che mi chiedessi: "Come posso permettermelo?"

Il primo formulava un'affermazione, il secondo insisteva affinché mi ponessi una domanda. Da una parte mi si lasciava nei guai, dall'altra mi si obbligava a meditare. Il padre che sarebbe presto diventato ricco mi spiegava che la frase "Non me lo posso permettere" comporta l'automatica cessazione del funzionamento cerebrale. Con la domanda alternativa "Come posso permettermelo?" si mette all'opera il cervello. Con ciò, non intendeva sostenere che potessi comprarmi tutto quello che volevo. Era solo un fanatico dell'esercizio della mente, il computer più potente del mondo. "La mia mente si rafforza ogni giorno, perché la tengo in allenamento. Più diventa forte e più denaro posso accumulare", ripeteva spesso. Secondo lui, ritenere meccanicamente di non "potersi permettere una cosa" equivaleva a dare segno di pigrizia mentale.

Sebbene entrambi lavorassero di gran lena, notavo che uno di loro, quando si trattava di denaro, aveva l'abitudine di smettere di far funzionare il cervello, mentre l'altro lo esercitava sempre. A lungo termine, ne conseguì che un padre si è rafforzato a livello finanziario e l'altro si è indebolito. Più o meno quello che succede a chi va regolarmente in palestra rispetto a chi preferisce restare sul divano di casa a guardare la TV. Un adeguato esercizio fisico aumenta le possibilità di essere sani; un adeguato esercizio mentale aumenta le possibilità di essere ricchi.

I miei due padri adottavano atteggiamenti mentali contrapposti e questo influenzava il loro modo di pensare. Uno riteneva che i ricchi dovessero pagare più tasse affinché anche i meno fortunati avessero una buona assistenza sanitaria. L'altro ringhiava: "Le tasse puniscono chi produce e premiano chi non produce".

Un padre si raccomandava: "Studia molto, così troverai una buona azienda che vorrà assumerti". L'altro padre mi diceva:

"Studia sodo, così potrai trovare un'ottima azienda da comprare".

Uno dichiarava: "Non sono ricco perché ho voi sulle spalle, figli miei", l'altro affermava: "Il motivo per cui devo essere ricco siete voi, cari figli".

Il primo escludeva l'argomento del denaro e degli affari dalle discussioni serali attorno alla tavola, mentre mangiavamo, il secondo invece lo incoraggiava.

Uno diceva: "Quando si tratta di soldi, giocate sul sicuro, non rischiate"; l'altro proclamava: "Imparate a gestire il rischio".

Uno credeva fermamente che "la casa in cui viviamo è il nostro più grande investimento, il bene maggiore di cui disponiamo"; il secondo diceva: "La mia casa è un passivo; se la vostra casa è l'investimento maggiore che avete fatto, siete in un mare di guai".

Tutti e due pagavano tasse e bollette entro la scadenza, però uno le saldava come prima cosa, l'altro come ultima.

Uno credeva che un'azienda, o lo Stato, si sarebbero presi cura di noi e dei nostri bisogni. Si interessava sempre agli aumenti di paga, ai piani pensionistici, agli accantonamenti per l'assistenza sanitaria, alle indennità per malattia, ai giorni di ferie e alle altre gratifiche accessorie. Era impressionato da due suoi zii che si erano arruolati nell'esercito e avevano potuto andare in pensione, con il pacchetto completo di diritti per tutta la vita, dopo appena vent'anni di servizio. Gli piaceva l'i-

20 ANNI DOPO...

LA TUA CASA NON È UN ATTIVO

Il crollo del mercato immobiliare del 2008 è stato una chiara dimostrazione del fatto che la tua residenza personale non è un attivo. Non solo non ti mette in tasca denaro, ma non possiamo nemmeno sperare che aumenti di valore. Molte case nel 2017 valgono ancora meno di quanto valessero nel 2007.

dea dell'assistenza sanitaria e dei privilegi dello spaccio militare che l'esercito estendeva ai suoi pensionati. Inoltre, apprezzava gli incarichi di ruolo del sistema universitario. A volte, l'idea dei benefici professionali e della protezione lavorativa per tutta la vita sembrava più importante dell'occupazione in sé. Spesso mi diceva: "Ho lavorato duro per lo Stato e ho diritto a tutti questi privilegi".

L'altro credeva nella totale autonomia finanziaria. Inveiva contro la mentalità dei diritti, specie perché essa stava creando individui deboli ed economicamente bisognosi. La sua simpatia era per la competenza finanziaria.

Un padre faticava a risparmiare qualche dollaro al mese, l'altro creava investimenti. Uno mi insegnava a scrivere un curriculum vitae con tutti i crismi in modo che potessi trovare un buon lavoro. L'altro mi insegnava a redigere piani finanziari e commerciali così da creare nuovi posti di lavoro.

Essendo il prodotto di due forti mentalità paterne, ho avuto l'onore di osservare le conseguenze che produce sulla vita un modo di pensare tanto divergente. In realtà, le persone si creano un'esistenza che corrisponde a come la immaginano.

Per esempio, il padre povero mi ripeteva: "Non sarò mai ricco", e quella profezia si è avverata. Invece, il padre ricco faceva sempre riferimento a se stesso come persona abbiente. Ripeteva: "Io sono ricco e chi è ricco non fa così". Perfino quando si ritrovò al verde a causa di una grave crisi finanziaria, continuava a considerarsi ricco. Si schermiva affermando: "C'è differenza tra essere poveri ed essere al verde: 'povero' è per l'eternità, 'al verde' è una situazione temporanea".

Il padre povero diceva: "I soldi non mi interessano", oppure: "I soldi non contano niente". Il padre ricco diceva sempre: "Il denaro è potere".

Il potere mentale è difficilmente misurabile ma, fin da ragazzo, sapevo quanto fosse importante prestare attenzione ai pensieri che nutrivo e alla maniera in cui li esprimevo. Mi rendevo conto che il padre era povero non a causa della quantità di denaro che guadagnava, che non era affatto trascurabile, ma a causa dei suoi pensieri e delle sue azioni. Da giovane, avendo due padri, mi sono accorto subito dell'importanza fondamentale dei pensieri da privilegiare. Avrei dovuto ascoltare il padre ricco o quello povero?

Sebbene tenessero entrambi in gran considerazione la cultura e l'istruzione, i miei due punti di riferimento non concordavano su ciò che fosse essenziale imparare. Uno mi incitava ad applicarmi nello studio, a diplomarmi e laurearmi, che poi avrei rimediato un lavoro con un buon salario. Voleva che studiassi per diventare un professionista (avvocato, commercialista o dottore in scienze economiche). L'altro mi spronava a studiare per essere ricco, per capire come funziona il denaro e imparare a farlo lavorare per me. "Io non lavoro per i soldi!" era un frase che ribadiva in continuazione. "Sono i soldi a lavorare per me!"

C'è differenza tra essere poveri ed essere al verde: "povero" è per l'eternità, "al verde" è una situazione temporanea.

All'età di 9 anni, decisi di ascoltare il padre ricco e di imparare da lui le questioni inerenti i soldi. Così, scelsi di non seguire i consigli del padre povero, benché fosse lui ad avere le lauree universitarie.

Una lezione da Robert Frost

Robert Frost è il mio poeta preferito. Mi piacciono quasi tutte le sue poesie, ma quella che prediligo in assoluto è "La strada non presa", da cui attingo un insegnamento che uso quotidianamente.

La strada non presa

Due strade divergevano in un giallo bosco
E, spiacente di non poterle percorrere entrambe,
Essendo uno solo, mi fermai a lungo
E ne guardai una lontano quanto potevo
Fin dove svoltava nel sottobosco.
Poi presi l'altra, altrettanto giusta,
E aveva forse un miglior richiamo,
Perché era erbosa e voleva esser percorsa;
Sebbene, per quello, il passaggio là
Le avesse in effetti segnate più o meno lo stesso,
E ambedue quella mattina allo stesso modo
Sulle foglie nessuna nera impronta mostrassero.
Oh! La prima lasciavo a un altro giorno!
Pur sapendo bene come strada porti a strada,
Dubitavo se mai sarei tornato indietro.
Io dovrò raccontar questo con un sospiro
Da qualche parte fra tanto tempo;
Divergevano due strade in un bosco, e io –
Io presi la meno battuta,
E da questo ogni differenza è venuta.

E da questo ogni differenza è venuta.

Nel corso degli anni ho riflettuto sovente su questa poesia di Frost. Decidere di non ascoltare i consigli del mio istruitissimo padre e di non emulare il suo atteggiamento nei confronti del denaro, è stato difficile, ma tale decisione ha determinato il resto della mia vita.

Una volta stabilito di ascoltare l'altro padre, è iniziata la mia educazione finanziaria. Il mio padre ricco mi ha dato lezioni per più di trent'anni, fino a quando ne avevo 39. Ha smesso di farlo non appena si è accorto che comprendevo bene quanto aveva cercato di farmi entrare nel cervello e devo ammettere che spesso ero duro di comprendonio.

Il denaro è una forma di potere. Ciononostante, ancor più potente è l'istruzione finanziaria. I soldi vanno e vengono, ma chi è istruito sulla loro gestione riesce a dominarli e può cominciare ad arricchirsi. La ragione per cui il pensiero positivo, da solo, non funziona, dipende dal fatto che molte persone sono andate a scuola ma non hanno mai appreso come agisce il denaro, sicché sprecano la vita a lavorare per i soldi.

Siccome all'inizio ero solo un bambino di 9 anni, gli insegnamenti del padre ricco si limitavano ai primi rudimenti. In tutto, però, le lezioni principali erano sei e mi sono state ripetute per una trentina d'anni. Questo libro verte essenzialmente su di esse, spiegate nel modo più semplice possibile, come sono state esposte a me. Non contengono risposte definitive, ma piuttosto fungono da pietre miliari per assistere noi e i nostri figli nel tentativo di accumulare ricchezze in un mondo di crescente incertezza e mutevolezza.

Capitolo 1

LEZIONE 1: I RICCHI NON LAVORANO PER I SOLDI

I poveri e il ceto medio lavorano per i soldi.
I ricchi costringono i soldi a lavorare per loro.

"Papà, sai dirmi come si fa a diventare ricchi?"

Mio padre appoggiò il giornale che stava leggendo. "Perché vuoi diventare ricco, figliolo?"

"Perché oggi la mamma di Jimmy è venuta a prenderlo con una Cadillac nuova; andavano nella loro casa al mare per il weekend e hanno invitato tre amici, ma non me e Mike. Ci hanno detto che non ci invitavano perché eravamo 'bambini poveri'."

"Hanno fatto così?" chiese incredulo mio padre.

"Sì, proprio così", confermai con tono offeso.

Lui scosse la testa in silenzio, si rimise gli occhiali sul naso e riprese a leggere il giornale. Rimasi in attesa di una risposta.

Eravamo nel 1956 e avevo appena 9 anni. Stranamente si dava il caso che io frequentassi la stessa scuola pubblica in cui i ricchi mandavano i loro figli. Allora, il nostro paesino viveva più che altro della piantagione di zucchero. I dirigenti della piantagione e le altre persone facoltose del luogo (medici, banchieri, commercianti e industriali) iscrivevano i loro rampolli in quella scuola elementare. Dopodiché, quei fortunati ragazzini di solito venivano mandati a studiare in una scuola privata. Siccome la mia famiglia viveva nello stesso quartiere, anch'io ho frequentato le elementari dei ricchi. Avessi abitato dall'altro lato della strada, sarei andato in un diverso edificio scolastico, quello dove c'erano bambini provenienti da famiglie simili alla mia. In seguito, sarei stato iscritto, insieme a questi, alle medie inferiori e poi alle superiori. Per me, e per loro, non c'erano scuole private.

Mio padre appoggiò di nuovo il benedetto giornale. Probabilmente aveva riflettuto.

"Beh, ragazzo mio", esordì lentamente, "se vuoi essere ricco, devi imparare a fare soldi".

"Come si fa?" domandai.

"Usa la testa", mi disse con tono benevolo, che in realtà voleva dire: "È tutto ciò che posso spiegarti", o "Non so come risponderti, quindi evita di mettermi ancora in imbarazzo".

Nasce una partnership

La mattina dopo riferii al mio amico Mike quello che mi aveva detto mio padre. Da quanto potevo capire, io e lui, nella scuola, eravamo gli unici bambini di famiglie non abbienti. Non eravamo poveri in senso assoluto, ma ci sentivamo tali perché tutti gli altri ragazzini possedevano guanti da baseball nuovi, biciclette nuove, tutto nuovo.

I nostri genitori provvedevano ai bisogni essenziali, come cibo, alloggio e vestiario. E basta. Mio padre diceva: "Se ti serve qualcos'altro, devi lavorare per guadagnartelo". Volevamo un sacco di cose, ma per due bambini della nostra età non c'era molto lavoro disponibile.

"Allora, che si fa per tirar su un po' di soldi?" chiedeva Mike.

"Non so", gli rispondevo. "Vuoi essere mio socio?"

Lui era d'accordo, per cui quel sabato mattina diventò il mio primo socio d'affari. Passammo la giornata a escogitare idee per far soldi. Di tanto in tanto parlavamo dei "ragazzi fortunati" che si stavano divertendo con Jimmy nella casa al mare. Ci faceva un po' male, ma il dolore ci sarebbe servito perché ci ispirava ad arrovellarci su come diventare ricchi. Infine, nel tardo pomeriggio, dopo tanto spremere di meningi, ecco un'intuizione, un lampo di genio. Era un'idea venuta a Mike dalla lettura di un libro di scienze. Eccitatissimi, ci stringemmo la mano: adesso la società aveva affari da sbrigare.

Nelle settimane seguenti, facevamo il giro del quartiere: bussavamo alla porta dei vicini chiedendo loro di conservare per noi il tubetto del dentifricio consumato. Seppur sconcertati, molti acconsentivano sorridendo benignamente. Alcuni ci domandavano cosa ne avremmo fatto, al che replicavamo: "Non possiamo dirlo. È un segreto d'affari".

Con il passare delle settimane, mia madre si inquietava sempre più. Avevamo scelto un angolo dietro la sua lavatrice come posto in cui ammucchiare la nostra materia prima. Una scatola di cartoncino marrone, ex contenitore delle confezioni di salsa piccante, cominciava a riempirsi di tubetti di dentifricio usati.

Infine, lei decise di imporsi. La vista dei tubetti, sporchi e accartocciati, le dava la nausea. "Che cosa state combinando, ragazzi?" ci chiese. "Forza, e non dite di nuovo che è un segreto d'affari. Pulite questa sporcizia o me ne occuperò io".

Noi la supplicavamo, le spiegavamo che ce ne mancavano pochi per iniziare la produzione. La informavamo che stavamo aspettando la coppia tal dei tali: in breve, avrebbero finito il loro tubetto, che avevano promesso di passarci. La mamma ci concesse una proroga di sette giorni.

La data per l'inizio della produzione si avvicinava. Cresceva la pressione. La mia prima società si trovava già sotto minaccia di sfratto dalla mia stessa mamma! Spettava a Mike insistere presso i vicini affinché usassero più dentifricio, tanto il loro dentista glielo diceva sempre che dovevano lavarsi i denti più spesso. Da parte mia, cominciavo ad assemblare la linea produttiva.

Un giorno, mio padre portò a casa un amico per vedere due ragazzini di 9 anni che facevano girare a pieno regime una linea produttiva nel giardino. C'era della sottile polvere bianca sparsa ovunque. Su un lungo tavolino spiccavano buste di latte raccolte a scuola, mentre nel braciere per le grigliate ardeva la carbonella.

Mio padre si avvicinava piano, dovendo parcheggiare l'auto alla fine del giardino, visto che i nostri attrezzi bloccavano la tettoia. Insieme al suo amico, poteva scorgere un recipiente d'acciaio sui carboni accesi, in cui venivano sciolti i tubetti di dentifricio. Allora, il dentifricio veniva confezionato in tubetti di piombo, non di plastica. Di conseguenza, dopo aver bruciato la vernice, mettevamo i tubetti nel piccolo recipiente, li facevamo fondere fino allo stato liquido e, con le presine della mamma, versavamo il piombo nel buchetto in cima ai cartoni cubici del latte.

Questi erano ricolmi di gesso di Parigi. C'era polvere bianca ovunque. Nella fretta, avevo rovesciato il sacchetto del gesso e l'intero giardino sembrava una zona colpita da una bufera di neve. Le buste di latte vuote erano i contenitori per gli stampi in gesso di Parigi.

Mio padre e il suo amico ci guardavano versare con grande attenzione il piombo fuso nel piccolo buco in cima al cubo di gesso.

"Piano..." interveniva mio padre.

Annuivo senza alzare lo sguardo.

Alla fine dell'operazione, appoggiai di nuovo il recipiente d'acciaio e sorrisi a mio padre.

"Cosa state combinando, ragazzi?" ci chiedeva lui con espressione incerta.

"Facciamo quello che mi hai detto di fare. Diventiamo ricchi", ho esclamato.

"Giusto!" confermò Mike sorridendo a trentadue denti. "Siamo soci".

"E cosa c'è in quegli stampini di gesso?" aggiunse mio padre.

"Aspetta", dissi. "Vedrai una bella infornata".

Con un martelletto colpii la guarnizione che divideva il cubo di cartone in due. Facendo attenzione, sollevai la metà superiore dello stampino e ne uscì un nichelino di piombo.

"Oh, santo cielo!" esclamò mio padre. "State fondendo i nichelini con il piombo!"

"Esatto", intervenne Mike. "Proprio come ha detto: facciamo i soldi".

L'amico di mio padre si piegò in due dal ridere; mio padre sorrideva e scuoteva la testa. Davanti a un fuocherello e una scatola di dentifrici usati, c'erano due ragazzini coperti di polvere bianca, contenti della loro marachella.

Ci chiese di abbandonare tutto e di andare a sedere con lui sul gradino della soglia di casa. Con espressione gentile, ci spiegò cosa significasse la parola "falsificazione".

Misera fine dei nostri sogni. "Vuol dire che è illegale?" chiedeva Mike con voce tremante.

"Lasciali stare", interrompeva l'amico di mio padre. "Potrebbero anche sviluppare un talento naturale".

Mio padre lo incenerì con lo sguardo.

"Sì, è illegale", ci confermò. "Però, ragazzi miei, avete dimostrato grande creatività e originalità. Continuate così, sono orgoglioso di voi!"

Delusi, io e Mike rimanemmo in silenzio per una ventina di minuti prima di pulire il disordine che avevamo fatto. La nostra partnership era finita il giorno stesso dell'inizio della sua attività. Spazzando la polvere, guardavo Mike e dicevo: "Credo che Jimmy e i suoi amici abbiano ragione: siamo poveri".

In quel momento, mio padre, che se ne stava andando, si fermò e disse: "Ragazzi, siete poveri solo se rinunciate. La cosa più importante è che avete fatto qualcosa. La maggior parte della gente si limita a parlare, sognando di diventare ricca. Voi vi siete attivati. Sono molto fiero di voi due. Lo ripeto: continuate così, non lasciate nulla di intentato".

Io e il mio amichetto sedevamo in silenzio. Erano parole gentili, eppure non sapevamo cosa fare.

"Allora, come mai tu non sei ricco, padre?" gli chiesi.

"Perché ho deciso di essere un insegnante. I maestri di scuola non pensano alla ricchezza. Ci piace insegnare. Vorrei aiutarti, ma non so come ci si possa arricchire".

Continuavo l'opera di pulizia insieme a Mike.

"Se volete imparare ad arricchirvi", proseguiva il mio genitore, "non chiedetelo a me. Tu, Mike, potresti parlarne con tuo padre".

"Mio padre?" chiese Mike con espressione incredula.

"Sì, tuo padre", replicò il mio con un sorriso. "Ci serviamo dello stesso banchiere, che lo stima molto. Mi ha detto un sacco di volte che, in fatto di denaro, è assai intelligente".

"Mio padre?" chiese Mike più incredulo di prima. "Allora perché non abbiamo una bella macchina e una bella casa come gli altri della scuola?"

"Avere una bella casa e un'auto di lusso non significa essere necessariamente ricchi o saper accumulare denaro", precisò mio padre. "Il padre di Jimmy lavora per la piantagione di zucchero. Non è molto diverso da me. Lavora per un'azienda, mentre io lavoro per lo Stato. L'azienda gli compra l'auto. Ma la piantagione di zucchero è in difficoltà finanziarie, per cui tra poco il padre di Jimmy potrebbe non avere nulla. Tuo padre, Mike, si trova in una situazione diversa. Sembra che stia costruendo un impero economico e suppongo che tra qualche anno sarà molto, molto ricco".

Al che, io e Mike ci risollevammo, riprendendo con rinnovato vigore a pulire il disordine causato dalla nostra defunta società. Nel frattempo, progettavamo come contattare suo padre. Il problema era che quell'uomo lavorava parecchio; spesso tornava a casa solo a sera inoltrata. Era proprietario di alcuni magazzini, di un'impresa edile, di una catena di negozi e di tre ristoranti: ecco il motivo dei suoi rientri a tarda ora.

Dopo aver riordinato, Mike prese l'autobus per tornare a casa. La sera stessa, avrebbe aspettato il padre e gli avrebbe chiesto di insegnarci a diventare ricchi. Mi aveva promesso di telefonarmi non appena ci fosse riuscito, anche a notte fonda.

Il telefono squillò alle 20.30.

"Va bene", conclusi. "D'accordo per sabato prossimo". Il padre di Mike aveva accettato un incontro.

Verso le 7.30 del sabato mattina presi l'autobus per recarmi nel quartiere povero della città.

Le lezioni cominciano

Mike e io incontrammo suo padre quella mattina alle 8. Era già occupato, stava già lavorando da più di un'ora. Il suo capomastro stava partendo con il camioncino proprio mentre varcavo l'ingresso della piccola abitazione, semplice e pulita. Mike mi aspettava sulla porta.

"Il papà è al telefono, mi ha detto di aspettarlo nel porticato dietro casa", mi riferì aprendomi la porta.

Il pavimento in legno della fatiscente dimora scricchiolava sotto i miei piedi. All'ingresso c'era un modesto zerbino che nascondeva il logorìo del pavimento causato dagli anni. Benché fosse pulito, necessitava di essere rifatto.

Entrando nel salottino, mi venne quasi un senso di claustrofobia: era pieno zeppo di mobili antiquati, sovraccarichi di ninnoli che oggi farebbero la felicità dei collezionisti. Sul divano erano sedute due donne, entrambe poco più anziane di mia madre. Davanti a loro c'era un uomo in tuta da operaio, con calzoni larghi e camiciotto color sabbia, stirato ma non inamidato, e stivali da lavoro lucidati. Avrà avuto una decina d'anni più di mio padre. Mentre io e Mike passavamo davanti a loro per recarci verso il portico sul retro, ci sorrisero. Ricambiai con un timido sorriso.

"Chi sono quelle persone?" chiesi al mio amico.

"Oh, lavorano per mio padre. L'uomo più grande gestisce i suoi magazzini, mentre le donne sono le direttrici dei ristoranti. Quando sei arrivato hai visto il capomastro, che adesso è impegnato in un progetto stradale a una cinquantina di miglia da qui. L'altro capomastro, che sovrintende alla costruzione di una schiera di case, se n'era andato poco prima del tuo arrivo".

"È tutte le mattine così?" domandai con stupore.

"Non sempre, ma spesso", commentò Mike, sorridendo mentre prendeva una sedia per mettersi di fianco a me.

"Gli ho chiesto se voleva insegnarci a fare i soldi", aggiunse.

"Bene, e cosa ha risposto?" esclamai con curiosità.

"In effetti, all'inizio ha fatto una faccia strana, poi ha deciso di farci un'offerta".

"Oh", dicevo dondolandomi sulla mia sedia: mi tenevo in equilibrio sulle due gambe posteriori appoggiandomi al muro.

Il mio amico faceva lo stesso.

"Conosci l'offerta?" aggiunsi.

"No, ma la scopriremo presto".

All'improvviso suo padre apparve davanti alla zanzariera traballante. Io e Mike ci alzammo, non per rispetto ma perché sorpresi dal suo arrivo.

"Pronti, ragazzi?" ci chiese prendendo una sedia per mettersi più vicino. Annuimmo e scostammo le sedie dal muro per sistemarci davanti a lui.

Era un uomo corpulento, alto più di un metro e ottanta e pesava novanta chili. Mio padre era più alto, pesava lo stesso e aveva quasi cinque anni di più. Mi sembrava che si assomigliassero, anche se non di corporatura. Forse avevano in comune un certo tipo di energia.

"Mike dice che vuoi imparare a fare i soldi. È così, Robert?"

Benché un po' trepidante, accennai affermativamente con il capo. Dietro il suo sorriso e le sue parole gentili si sentiva che aveva forza, potere.

"D'accordo, ecco la mia offerta. Ve lo spiegherò, ma non come fanno a scuola. Se lavorerete per me, ve lo insegnerò, altrimenti non se ne fa nulla. In questo modo posso insegnarvelo più in fretta, mentre se vi limitaste ad ascoltare, come si fa in classe, mi fareste solo perdere tempo. Questa è la mia offerta: prendere o lasciare".

"Ehm... potrei farle prima una domanda?" chiesi.

"No. Prendere o lasciare. Ho troppo da fare e non posso sprecare tempo. Tanto, se non riuscite a decidervi subito, non imparerete mai ad arricchirvi. Le occasioni vanno e vengono. Saper capire quando assumere decisioni rapide è una qualità molto importante. Avete l'occasione che cercavate. Cominciano le lezioni, oppure finiscono tra dieci secondi", chiarì con un ghigno beffardo.

"Ok, accetto", dissi.

"Anch'io", esclamò Mike.

"Bene", concluse lui. "La signora Martin sarà qui tra dieci minuti. Dopo che avrò terminato con lei, vi porterà in macchina al mio piccolo supermercato, dove inizierete a lavorare. Vi pagherò 10 centesimi all'ora e sarete impegnati tre ore tutti i sabati".

"Ma oggi io ho la partita di baseball", protestai.

Lui abbassò il tono di voce: "Prendere o lasciare", era estremamente serio.

"Va bene", mi arresi, scegliendo di lavorare e imparare invece di giocare.

20 ANNI DOPO...

DECISIONE

Il mondo si muove sempre più velocemente. Le trattative in borsa si svolgono in millesimi di secondo. Su internet gli affari vanno e vengono nell'arco di pochi minuti. Sono sempre di più le persone che competono per concludere buoni affari. Perciò, più velocemente saprai prendere le decisioni, più probabilità avrai di cogliere delle opportunità – prima che lo faccia qualcun altro.

Trenta centesimi dopo

Alle 9 di mattina, quello stesso giorno, io e il mio amico stavamo lavorando per la signora Martin, una donna paziente e molto cortese. Diceva sempre che noi due le ricordavamo i suoi figli ormai adulti. Sebbene fosse gentile, era una stacanovista e ci teneva sempre in movimento. Passammo tre ore a spostare scatolette dagli scaffali e a spolverarle tutte con un piumino per poi rimetterle a posto. Un compito tremendamente noioso.

Il padre di Mike, da me definito "padre ricco", possedeva nove di questi piccoli supermercati, ciascuno dotato di un ampio parcheggio. Erano la prima versione dei moderni 7-Eleven, negozi di generi alimentari di quartiere, dove si potevano acquistare articoli come latte, pane, burro e sigarette. Il problema è che, nelle Hawaii, questo succedeva prima dell'arrivo dell'aria condizionata: a causa del gran caldo, i supermercati dovevano tenere spalancata la porta che dava sulla strada e quella sul retro, dove c'era il parcheggio per i clienti. Ogni volta che transitava una macchina o ne arrivava una nel parcheggio, si alzava un polverone che entrava nel locale. Sapevamo di avere il lavoro garantito fino all'installazione dell'impianto di aria condizionata.

Per tre settimane io e Mike ci recammo dalla signora Martin e spolverammo per tre ore di fila. A mezzogiorno staccavamo; dopo, lei ci metteva tre monetine da 10 centesimi in mano. Benché avessimo solo 9 anni e si fosse nel 1956, avere 30 centesimi era deprimente. Allora i fumetti costavano 10 centesimi, per cui di solito spendevo la mia paga fermandomi dal giornalaio prima ancora di tornare a casa.

Il mercoledì della quarta settimana ero già pronto a licenziarmi. Avevo accettato di lavorare con l'obiettivo di imparare dal padre di Mike a fare i soldi: invece, mi ritrovavo schiavo per 10 centesimi all'ora. Inoltre, non lo avevo più rivisto dal primo sabato.

"Ne ho abbastanza", dissi a Mike all'ora di pranzo. Le lezioni in classe erano una noia infinita e, adesso, non avevo più nemmeno i sabati da aspettare con gioia. Ma la cosa che mi disturbava più di tutto erano i miseri 30 centesimi.

Quella volta fu Mike a sorridermi.

"Che c'è da ridere?" gli chiesi con rabbia e frustrazione.

"Mio padre me l'aveva detto che sarebbe accaduto. Ha proposto di rincontrarci quando saresti stato pronto a licenziarti".

"Che cosa?" esclamai con sdegno. "Si aspettava che mi sarei scocciato?"

"Più o meno", spiegò lui. "Mio padre è particolare. Insegna cose diverse da tuo padre. Ai tuoi genitori piace parlare e dare lezioni. Lui è più taciturno, non gli piace sprecare parole. Aspetta fino a sabato. Gli dirò che sei pronto".

"Vuoi dire che mi ha preso in giro?"

"No, non proprio, forse sì. Te lo spiegherà sabato prossimo".

Aspettando in fila il sabato

Ero pronto ad affrontare il padre di Mike. Perfino mio padre, quello vero, era arrabbiato con lui: colui che definisco "padre povero" riteneva che il padre di Mike (il nostro "padre ricco") avesse violato le leggi sul lavoro minorile e dovesse essere multato.

Mio padre, povero e istruito, mi incitava a pretendere ciò che meritavo: come minimo, 25 centesimi all'ora. A suo avviso, se non avessi ottenuto un aumento, avrei dovuto licenziarmi subito.

"In ogni caso, non hai bisogno di fare quel dannato lavoro", aveva detto con indignazione.

Alle 8 del sabato successivo, varcavo la porta della casa di Mike, quando suo padre aprì.

"Siediti e rispetta la coda", disse lui accogliendomi. Si voltò subito, scomparendo nel piccolo ufficio di fianco a una camera da letto.

Mi guardai attorno nel salottino, ma non vedevo Mike. Un po' a disagio, mi sedetti con circospezione vicino alle due donne che, quattro settimane prima, si trovavano nello stesso posto. Mi sorridevano e si spostarono per farmi più spazio.

Trascorsero quarantacinque minuti ed ero furioso. Le due donne avevano già parlato con lui; se n'erano andate da mezz'ora. Era entrato un signore anziano, era rimasto nell'ufficio per una ventina di minuti e poi, uscendo, mi aveva salutato.

La casa era vuota, io ero seduto in un salotto scuro e ammuffito mentre fuori c'era un sole hawaiano che spaccava le pietre. Dovevo aspettare i comodi di un taccagno che sfruttava i bambini. Lo sentivo rovistare in ufficio, parlare al telefono; intanto, mi ignorava. Ero pronto a uscire, ma per qualche motivo rimasi lì.

Infine, cinquanta minuti dopo, alle 9 in punto, il padre ricco si degnò di farsi vedere e, senza offrire giustificazioni, mi fece cenno con la mano di entrare.

"Credo di capire che tu voglia un aumento, altrimenti ti dimetterai", disse muovendosi sulla sedia girevole.

"Lei non mantiene i patti", mi sfogai quasi in lacrime. Era davvero spaventoso per me confrontarmi con un adulto. "Ha detto che mi avrebbe insegnato se avessi lavorato per lei. Beh, ho lavorato per lei. Ho faticato duro. Ho perfino rinunciato alle mie partite di baseball per lavorare, ma lei non ha mantenuto le sue promesse e non mi ha insegnato niente. Lei è un imbroglione, come dicono tutti in città. È avaro. Vuole tutti i soldi e non si preoccupa dei suoi dipendenti. Mi ha fatto aspettare e non mi rispetta assolutamente. Sono solo un ragazzo, ma merito di essere trattato meglio".

Il padre ricco continuava a dondolarsi sulla sedia girevole, si era messo una mano al mento e mi fissava in modo strano.

"Non male", disse. "In meno di un mese parli come uno dei miei impiegati".

"Cosa?" chiesi. Non avendo compreso la sua allusione, proseguii le mie rimostranze. "Ritenevo che lei avrebbe mantenuto i patti, insegnandomi come promesso. Invece, cosa vuole fare, torturarmi? È crudele, da cattivi".

"Ti sto insegnando", disse lui con calma.

"Cosa mi ha insegnato? Niente!" sbottai con rabbia. "Non mi ha mai rivolto la parola da quando ho accettato di lavorare per quattro soldi. 10 centesimi all'ora, puah! Dovrei fare la spia, denunciarla. Ci sono delle leggi sul lavoro minorile, lo sa? Mio padre lavora per lo Stato, lo sa?"

"Caspita!" reagì lui. "Adesso parli come la maggioranza della gente che non lavora più per me – gente che ho licenziato o che si è licenziata".

"Allora, cosa mi dice?" continuai, sentendomi un eroe, almeno per la mia età. "Mi ha mentito. Ho lavorato per lei, ma lei ha infranto la promessa. Non mi ha insegnato nulla".

"Come fai a dire che non ti ho insegnato niente?" ribatté il padre ricco con calma.

"Ma se non mi ha nemmeno parlato... Ho faticato per tre settimane e non mi ha spiegato niente", esclamai tenendo il broncio.

"Perché? Insegnare significa forse parlare o tenere un discorso?", replicò.

"Sì, proprio così".

"Ma così ti insegnano a scuola", precisò ridendo. "Non è come insegna a fare la vita che, secondo me, è la miglior maestra. La vita reale non ti rivolge quasi mai la parola, più che altro ti pungola, ti sballotta. Ogni botta è la vita che dice: 'Sveglia, c'è qualcosa che desidero insegnarti'."

20 ANNI DOPO...

IL CONO DELL'APPRENDIMENTO

Edgar Dale ha il merito di averci aiutato a capire che impariamo meglio attraverso l'azione – fare qualcosa di reale o una simulazione. Spesso è definito apprendimento esperienziale. Dale e il suo Cono dell'Apprendimento ci mostrano che la lettura e i discorsi sono i modi meno efficaci per imparare. Eppure tutti sappiamo quale sia il metodo più usato dalle scuole per insegnare: la lettura e i discorsi.

Ma cosa sta dicendo quest'uomo? mi chiedevo. *La vita che mi sballotta vuole parlarmi?* Ero più che mai sicuro di dovermi licenziare, di avere di fronte un pazzo scatenato che meritava di essere rinchiuso.

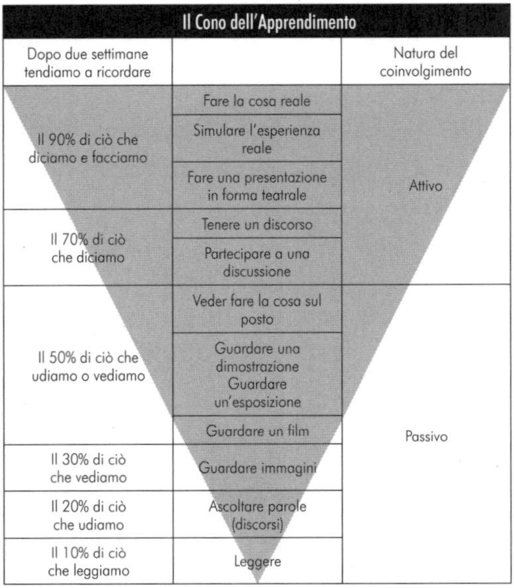

"Se imparerai le lezioni che ti dà la vita, te la caverai bene. In caso negativo, la vita continuerà a punzecchiarti. La gente si comporta in due modi: alcuni lasciano che l'esistenza li sballotti a lungo, altri reagiscono e le restituiscono i colpi. Ma li infliggono al loro capufficio, al lavoro o al coniuge. Non sanno che è sempre la vita ad agire".

Non avevo idea di cosa diavolo parlasse.

"La vita ci spinge tutti. Qualcuno rinuncia e qualcun altro combatte. Alcuni imparano la lezione e progrediscono; accettano che l'esistenza li spinga, che qualche volta li colpisca. Questi pochi comprendono che hanno bisogno di imparare qualcosa. Si impegnano, imparano e fanno progressi. La maggior parte rinuncia, alza la bandiera bianca. Altri, come te, lottano".

Il padre ricco si era alzato per andare a chiudere la vecchia finestra di legno scricchiolante che aveva bisogno di essere riparata. "Se capisci questo insegnamento, diventerai un ragazzo saggio, ricco e felice. Altrimenti, passerai la vita a maledire la tua occupazione, il tuo salario da fame, il capufficio o caporeparto, incolpandoli per i tuoi problemi. Inoltre, spererai continuamente che ti capiti quell'occasione fortunata con cui risolvere i problemi finanziari".

Mi guardava per vedere se lo ascoltassi ancora. Occhi negli occhi. Ci fissammo per un attimo, comunicando attraverso i nostri sguardi. Mi sottrassi al contatto oculare dopo aver assimilato il suo messaggio. Ero consapevole che aveva ragione. Gli avevo dato la colpa, pur avendo chiesto di imparare. Stavo lottando.

Lui continuò: "C'è un'altra possibilità, potresti essere uno di quelli senza coraggio, di quelli che abbandonano il campo ogni volta che la vita li pungola. Se sei fatto così, vivrai sempre cercando di metterti al sicuro, di coprirti le spalle, di fare le cose giuste risparmiandoti per un'occasione che non arriverà mai. Alla fine, morirai vecchio e annoiato. Anche se avrai un sacco di amici fedeli che ripeteranno quanto sei stato onesto e lavoratore. Avrai vissuto un'esistenza tranquilla a eseguire le cose giuste. Ma la verità è che la vita ti avrà sottomesso. Nel profondo del cuore, rischiare ti terrorizzava. Avresti voluto vincere, ma la paura di perdere sarà stata maggiore dell'eccitazione che ti avrebbe dato la vittoria. Dentro di te, solo tu saprai che non ci hai nemmeno provato. Avevi deciso di giocare sul sicuro".

20 ANNI DOPO...

UNA VITA DA INSEGNANTE

I millennials di oggi stanno imparando i duri fatti della vita. Trovare lavoro è più difficile. I robot sostituiranno milioni di lavoratori. Imparare dagli errori è sempre più importante. L'apprendimento dai libri sta dimostrando di avere meno valore nel mondo reale. L'istruzione universitaria non garantisce più un lavoro.

I nostri occhi si incontrarono ancora.

"Lei mi ha sballottato?" chiesi.

"Qualcuno potrebbe dire anche tiranneggiato", disse sorridendo. "A me piace esprimermi così: ti ho fatto assaggiare la vita".

"Quale assaggio?" chiesi ancora arrabbiato, ma ormai più che incuriosito e disposto a imparare.

"Tu e mio figlio siete stati i primi in assoluto a domandarmi di insegnarvi a diventare ricchi. Ho più di centocinquanta dipendenti, ma nessuno mi ha chiesto di condividere le mie conoscenze finanziarie. Mi chiedono un posto e la busta-paga, mai di insegnare loro quello che so sul modo in cui funziona il denaro. Di conseguenza, la maggior parte di queste persone passerà gli anni migliori dell'esistenza a lavorare per i soldi, senza comprendere ciò per cui lavora davvero".

Sedevo e ascoltavo con grande attenzione.

"Perciò, quando Mike mi disse che volevi imparare ad arricchirti, ho deciso di ideare un corso che rispecchiasse la vita reale. Avrei potuto indottrinarvi fino a farmi scoppiare le vene del collo, ma le cose vi sarebbero entrate da un orecchio e uscite dall'altro. Quindi, ho deciso di farvi sballottare un po' dalla realtà, dopo di che mi avreste ascoltato. Ecco perché vi ho promesso solo 10 centesimi".

"E qual è la lezione appresa lavorando per 10 centesimi all'ora?" chiesi. "Che lei è avaro e sfrutta i suoi operai?"

20 ANNI DOPO...

CAMBIA CIÒ CHE PUOI

Ho imparato la verità e la saggezza che si trovano nelle parole del padre ricco. Sono tantissime le cose della vita di cui non abbiamo il controllo. Io ho imparato a concentrarmi su ciò di cui ho il controllo: me stesso. E se le cose devono cambiare, prima devo cambiare io.

Il padre ricco si appoggiò sullo schienale e si mise a ridere di cuore. Poi spiegò: "Faresti meglio a cambiare il tuo punto di vista. Smettila di darmi la colpa e credere che sia io il problema. Se ragioni così, devi cambiarmi. Se invece ti rendi conto che il problema sei tu, puoi cambiare te stesso, imparare qualcosa e diventare più saggio. Molti vogliono che siano tutti gli altri a cambiare, tranne se stessi. Lascia che te lo dica: è più facile cambiare se stessi che cambiare gli altri".

"Non capisco", dissi.

"Non incolparmi per i tuoi problemi", precisò lui con una certa impazienza.

"Ma se mi paga solo 10 centesimi..."
"Allora cos'hai imparato?" mi domandava con aria benevola.
"Che lei è uno spilorcio", dedussi con un ghigno.
"Vedi, tu pensi che il problema sia in me", replicò.
"Ma infatti è così".
"Va bene, continua a tenerti questa convinzione e non imparerai niente. Tieni ancora questo atteggiamento, accusami, che scelte ti restano?"
"Se non mi retribuisce meglio, se non mostra maggior rispetto per me e non mi insegna nulla, me ne vado".
"Ben detto", arguì lui. "Proprio quello che fa la maggior parte della gente. Si licenzia per cercare un altro posto, un lavoro migliore, o meglio retribuito, ritenendo che la nuova professione o il salario incrementato risolvano il problema. Nella maggioranza dei casi, però, non lo risolvono".
"E allora, cosa dovrei fare?" chiesi. "Accettare con compiacenza questi miseri 10 centesimi all'ora?"
Sorrideva di nuovo. "È quello che fanno gli altri. Ma si limitano a questo, aspettando un aumento di stipendio nella convinzione che qualche dollaro in più risolverà i loro problemi. Lo accettano, disposti anche a sgobbare in un secondo lavoro, per il quale riceveranno un'altra ricompensa da fame".
Fissavo il pavimento, cominciando a comprendere la lezione che il padre di Mike, il padre ricco, mi stava impartendo. Riuscivo a cogliere il primo assaggio di quella che è la realtà. Infine, ho rialzato la testa e ho chiesto: "Dunque, cos'è che risolve il problema?"
"Questo", mi spiegò sporgendosi in avanti sulla sedia e toccandomi delicatamente sulla tempia. "Quella cosa che sta tra un orecchio e l'altro".
Fu in quel momento che il padre ricco mi mise a parte della prospettiva essenzialmente diversa che lo distingueva dai suoi dipendenti e dal mio padre povero, il punto di vista che lo avrebbe aiutato a diventare una delle persone più facoltose delle Hawaii, mentre mio padre istruito, ma povero, avrebbe conti-

20 ANNI DOPO...

ATTIVI SUL REDDITO

Acquistare o creare attivi che procurino cashflow equivale a far sì che il tuo denaro lavori per te. I lavori ben retribuiti significano due cose: stai lavorando per il denaro e le tasse che pagherai probabilmente aumenteranno. Ho imparato a far sì che il mio denaro lavori per me e a godere dei benefit dalle tasse che derivano dal generare un reddito che non proviene da uno stipendio.

nuato a barcamenarsi tra difficoltà finanziarie per l'intera esistenza. Un'unica differenza prospettica era in grado di cambiare il destino di tutta una vita.

Il padre ricco non si stancava di spiegarmi questo punto di vista, che io definisco la lezione numero uno: *I poveri e il ceto medio lavorano per i soldi. I ricchi costringono i soldi a lavorare per loro.*

Quel bel sabato mattina imparai un punto di vista del tutto diverso da quello che mi aveva insegnato il padre povero. All'età di 9 anni, mi resi conto che questi due padri volevano che imparassi. Mi incoraggiavano a studiare, ma non le stesse cose.

Il mio istruitissimo padre mi suggeriva di seguire le sue orme. "Figliolo, voglio che ti impegni nello studio, che tu prenda buoni voti, così potrai trovare un posto sicuro in una grande azienda". Il padre ricco voleva che apprendessi il funzionamento del denaro, affinché lo facessi lavorare a mio vantaggio.

Queste lezioni le avrei imparate dalla realtà, sotto la sua guida, senza bisogno di frequentare la scuola.

Il padre ricco proseguì la prima lezione: "Sono contento che ti sia arrabbiato per i miseri 10 centesimi all'ora. Se tu non lo avessi fatto, semplicemente accettandoli, avrei dovuto dirti che non potevo insegnarti niente. Vedi, per un vero apprendimento occorrono energia, passione e un desiderio ardente. La rabbia è compresa nella formula, anzi, è un suo ingrediente basilare, perché la passione è il collante di amore e collera. Quando si tratta di soldi, molti vogliono giocare sul sicuro, tenere le spalle coperte. Di conseguenza, non si fanno guidare dalla passione, ma dalla paura".

"È questa la ragione per cui accettano un lavoro pagato male?"

"Sì", assentiva. "Qualcuno sostiene che sfrutto la gente perché pago meno della piantagione di zucchero o dello Stato. Io ribatto che è la gente a sfruttarsi. È il loro timore, non il mio".

"Ma non ritiene di doverli pagare meglio?" chiesi.

"Non sono obbligato. E poi, un salario maggiore non risolverebbe i problemi. Guarda tuo padre. Guadagna un sacco di soldi, ma non riesce lo stesso a pagare tasse e bollette. Molta gente, con più soldi, è capace di indebitarsi ancora di più".

"Ecco perché mi ha concesso solo 10 centesimi all'ora", dicevo comprendendo. "Faceva parte della lezione".

"Perfettamente", mi sorrise a sua volta. "Vedi, tuo padre è andato a scuola e ha ricevuto un'ottima istruzione, tanto da poter esigere un lavoro ben pagato. Eppure, si dibatte tuttora in problemi economici, perché a scuola non ha mai imparato niente sui soldi. Inoltre, lui crede nel lavoro come mezzo per arricchirsi".

"Lei no?"

"No, non proprio", mi bloccò subito. "Se vuoi imparare a lavorare per i soldi, continua pure a frequentare la scuola. È un

---

20 ANNI DOPO...

ANDARE A SCUOLA?

Nonostante io sia un grande sostenitore dell'istruzione e dell'apprendimento continuo, "andare a scuola" – soprattutto all'università – è diventato un incubo finanziario. Il debito d'onore scolastico (per finanziare gli studi, soprattutto universitari, ndr) è a livelli record con 44 milioni di americani che devono quasi 1.300 miliardi di dollari...

---

posto eccezionale per farlo. Ma se vuoi imparare a far sì che il denaro lavori per te, ti insegnerò io come comportarti. Ma solo se sarai tu a volerlo".

"Perché? Non lo vogliono forse tutti?" ero stupito.

"No", puntualizzò. "Semplicemente perché è più facile imparare a lavorare per i soldi, soprattutto se, in relazione al denaro, il sentimento prevalente è la paura".

"Non ho capito", dissi aggrottando le sopracciglia.

"Per il momento non preoccuparti di questo. Ti basta sapere che è la paura a indurre molte persone a tenersi stretto un lavoro: la paura di non poter pagare le bollette, di essere licenziati, di non avere abbastanza soldi e di dover ricominciare da zero. Questo è il prezzo che paga chi apprende una professione e poi lavora per guadagnare. Così, molti diventano schiavi del denaro... e si arrabbiano con il loro capo".

"Imparare a far sì che il denaro lavori per me è un corso di studi completamente diverso?" chiesi allora.

"Assolutamente, totalmente diverso".

Rimanemmo in silenzio in quella luminosa mattina hawaiana. I miei amici avevano appena iniziato la partita di baseball della Little League, ma per qualche motivo ero contento di aver deciso di lavorare per 10 centesimi all'ora. Mi sembrava di poter imparare qualcosa che i miei amici non avrebbero mai appreso a scuola.

"Pronto a imparare?" chiese il padre ricco.

"Agli ordini", ribattei con un gran sorriso.

"Ho mantenuto la promessa. Ti ho insegnato nel senso più ampio del concetto", disse. "A 9 anni hai avuto la prima dimostrazione di cosa voglia dire lavorare per i soldi. Moltiplica il tuo ultimo mese per cinquant'anni e ti farai un'idea di come passi la vita la maggior parte della gente".

"Non capisco", dissi.

"Come ti sei sentito a fare la fila per vedermi, una volta per essere assunto e l'altra per chiedere più soldi?"

"Orribilmente", ammisi.

"Chi decide di lavorare per i soldi si sente così per sempre", ribatté. "E come ti sei sentito quando la signora Martin ti ha messo nel palmo tre monetine da 10 centesimi come retribuzione per tre ore di lavoro?"

"Mi sembrava che fosse poco; anzi, niente. Ero deluso", risposi.

"Così si sente gran parte degli operai e degli impiegati quando apre la busta-paga, specie dopo aver detratto le tasse e gli altri oneri. Se non altro, tu hai avuto il 100%.

"Vuol dire che i dipendenti non vengono pagati per intero?" domandai con stupore.

"Neanche per sogno!" si schermì il padre ricco. "Lo Stato trattiene sempre la sua parte in anticipo".

"E come fa?"

"Con le tasse", rispose. "Ci sono le imposte sul reddito, si è tassati sugli acquisti e anche sui risparmi. Perfino quando si muore".

"E perché la gente lo permette?"

"I ricchi non lo permettono", precisò lui con aria furba. "Sono i poveri e la classe media a consentirlo. Scommetto che io guadagno più di tuo padre, ma pago meno tasse di lui".

"Com'è possibile?" gli domandai. Alla mia età era difficile da capire. "Perché si permette che lo Stato si comporti così?"

Il padre ricco continuava a dondolarsi lentamente sulla sedia: mi fissava e non parlava.

20 ANNI DOPO...

TASSE... TASSE... TASSE

Mentre gli Stati si espandono e hanno sempre più bisogno di denaro, l'unico posto da cui procurarselo è il ceto medio, cioè i dipendenti. Ogni Stato ora favorisce gli investitori professionali e gli imprenditori. I dipendenti pagano le tasse; gli investitori e gli imprenditori pagano pochissime tasse, se usano il diritto fiscale così com'è inteso – come un mezzo per costruire l'economia.

"Pronto a imparare?" riprese.
Annuii in silenzio.
"Come ti dicevo, c'è molto da fare. Imparare a far sì che i soldi lavorino a tuo vantaggio è la ricerca di tutta una vita. La gente va all'università per quattro anni, ma poi smette di istruirsi. Io so già che il mio apprendimento finanziario proseguirà per sempre, semplicemente perché più cose scopro e più mi accorgo di averne altre da capire. Un sacco di gente non studia mai questa materia: va a lavorare, ritira la busta-paga, controlla le spese e non si preoccupa d'altro. Poi si chiedono come mai hanno guai finanziari. Ritengono che avere più soldi li tirerà fuori dai guai e non si rendono conto che il problema dipende dalla loro mancanza di istruzione finanziaria".
"Quindi mio padre si lamenta delle tasse perché non capisce come funzionano i soldi?" chiesi confuso.
"Ascolta", continuò il padre ricco, "le tasse sono solo una piccola parte delle cose da sapere per costringere il denaro a lavorare per te. Oggi volevo solo scoprire se hai ancora voglia di imparare la finanza. Molta gente non ha questa passione: le basta andare a scuola, imparare una professione, divertirsi con il proprio lavoro e incassare una buona quantità di quattrini. Un giorno si sveglia accorgendosi di avere grossi problemi finanziari, ma non può smettere di lavorare. È il prezzo del saper lavorare solo per i soldi invece di aver studiato come il denaro può lavorare per noi. Allora, hai ancora voglia di imparare?" mi chiese.
Annuii di nuovo.
"Bene", disse. "Ora torna dalla Martin. Questa volta non ti darò niente come paga".
"Come?" ero più che mai sconcertato.
"Mi hai sentito bene. Niente. Lavorerai le stesse tre ore tutti i sabati, ma stavolta non riceverai i 10 centesimi all'ora. Hai affermato di voler imparare a non lavorare per i soldi, quindi non ti pagherò neanche un centesimo".
Non riuscivo a credere ai miei orecchi.

"Ne ho parlato con Mike che sta già lavorando, spolverando e rimettendo in ordine gratuitamente le scatolette di cibo. Faresti meglio a raggiungerlo".

"Non è giusto!" gridai. "Lei mi deve dare qualcosa!"

"Hai detto di voler imparare. Se non impari subito questa lezione, finirai per diventare come le due donne e l'uomo anziano che mi aspettavano in salotto, che lavorano per guadagnare sperando che non li licenzi. Oppure come tuo padre, che guadagna bene ma è indebitato fino al collo, e spera ancora che ricevendo di più risolverà i suoi problemi. Se vuoi questo, torniamo ai patti precedenti: ti do i 10 centesimi all'ora. Altrimenti puoi scegliere l'altra opzione, facendo quello che fanno tanti adulti: si lamentano che la paga è bassa, si licenziano e cercano un altro posto".

"Ma che cosa faccio?" ero disorientato.

Il padre ricco mi diede un colpetto sulla testa. "Usa questa", disse. "Se la usi bene, presto mi ringrazierai per averti dato un'opportunità e, da grande, diventerai ricco".

Me ne stavo impalato senza capire il trattamento ingiusto che mi era stato appioppato. Ero andato a chiedere un aumento e, non so come, mi ritrovavo invece a lavorare gratis.

Lui mi diede di nuovo un buffetto sul capo e ripeté: "Usa questa. Adesso fuori di qui e torna a lavorare".

Lezione n. 1: I ricchi non lavorano per i soldi

Non rivelai a mio padre che non mi pagavano. Non avrebbe capito e, d'altronde, non volevo spiegargli una cosa che io stesso non comprendevo del tutto.

Per altre tre settimane io e Mike lavorammo tre ore, tutti i sabati, senza compenso. Il compito mi annoiava di meno, mi ero abituato alla routine, ma la cosa che mi dava fastidio era perdere le partite di baseball e non potermi comprare i fumetti.

Il padre ricco passò dal supermercato a mezzogiorno della terza settimana. Avevamo sentito arrivare il suo camioncino nel parcheggio: il motore faceva un rumore caratteristico. Entrò nel locale e salutò la Martin abbracciandola. Dopo essersi informato su come procedevano le cose, mise le mani nel frigorifero e prese due grossi gelati, pagandoli e facendo un cenno a noi due.

"Forza ragazzi, andiamo a fare una passeggiata".

Attraversammo la strada, evitando le auto che passavano e ci dirigemmo verso un campo verde dove alcuni adulti stavano giocando a baseball. Ci sedemmo lontani dal campo, attorno a un tavolino da picnic, con i due gelati che ci aveva regalato.

"Come va, ragazzi?"

"Benissimo", rispose Mike. Confermai anch'io.

"Imparato niente ancora?" chiese.

Io e Mike ci guardammo e poi, con una scrollata di spalle, facemmo cenno di no con la testa.

Schivare una delle trappole più grosse della vita

"Beh, ragazzi, è meglio che cominciate a far funzionare il cervello. Siete di fronte a una delle lezioni più grandi della vita: se l'assimilerete, condurrete un'esistenza caratterizzata da sicurezza e libertà. In caso negativo, finirete come la signora Martin e la maggior parte di quelli che stanno giocando a baseball in questo parco. Lavorano duro per pochi soldi, tenendosi l'illusione della sicurezza del posto e aspettando con ansia le tre settimane di ferie annuali e forse la magra pensione dopo quarantacinque anni di servizio. Se la cosa vi eccita, vi concedo l'aumento, cioè vi do 25 centesimi all'ora".

"Ma queste sono brave persone che lavorano seriamente. Le sta prendendo in giro?" intervenni.

Altro sorriso sulla sua faccia.

"Per me, la signora Martin è come una mamma: non sarei mai tanto cattivo con lei. Forse posso sembrare inclemente perché voglio farvi entrare in zucca un punto fondamentale. Voglio che ampliate i vostri orizzonti, che adottiate una prospettiva diversa. Così, vedrete cose che molta gente non ha mai la possibilità di vedere a causa della prospettiva limitata. Molti non si accorgono di essere in trappola".

Io e Mike eravamo incerti se accettare il messaggio. Lui ci sembrava crudele, eppure sentivamo che cercava di farci capire qualcosa.

Ridacchiando proseguì: "Non vi sembrano buoni 25 centesimi all'ora? Non vi fanno battere il cuore un po' più in fretta?"

Negai con la testa, ma dentro di me la pensavo diversamente. Per noi, 25 centesimi erano una bella sommetta.

"Bene, vi riconosco 1 dollaro all'ora", si corresse con un sorriso furbo.

Il mio cuore andava a mille, la mia mente mi spingeva ad accettare, non riuscivo a credere a quello che sentivo. Tuttavia, me ne stavo zitto.

"Bene, 2 dollari all'ora".

Il mio cuoricino quasi mi esplodeva nel petto. In fondo, eravamo nel 1956 ed essere pagati 2 dollari all'ora mi avrebbe reso il ragazzino più ricco del mondo. Non riuscivo a concepire di poter guadagnare tanto. Volevo stare ai patti, accettare le nuove condizioni. Già immaginavo la bicicletta nuova, un nuovo guanto da baseball e lo stupore degli amici quando avrei fatto vedere loro il contante che avevo in tasca. Inoltre, Jimmy e i suoi amici non avrebbero più potuto prendermi in giro. Eppure, per qualche motivo la mia bocca non si apriva.

Il gelato si era sciolto e mi stava colando sulla mano. Il padre ricco stava osservando due ragazzini che lo fissavano con gli occhi spalancati e il cervello vuoto. Ci metteva alla prova e sapeva che, emotivamente, volevamo accettare le nuove condizioni. Conosceva il fatto che ognuno ha una parte dell'anima debole e bisognosa che può essere comprata e sapeva anche che ciascun individuo ha una parte dell'anima che è resiliente e che non può essere comprata. È solo questione di quale parte prevalga.

"Va bene, 5 dollari all'ora".

Tacqui improvvisamente. Era cambiato qualcosa. L'offerta era spropositata e assurda. Nel 1956 pochi adulti potevano vantarsi di essere pagati meglio, ma la tentazione svanì presto e si instaurò la calma. Mi voltai lentamente verso Mike, che si stava girando per guardarmi. La parte di me che era debole e bisognosa era ridotta al silenzio. La parte di me che non aveva prezzo aveva preso il sopravvento. Intuivo che anche Mike fosse arrivato a quel punto.

La vita delle persone è dominata per sempre da due emozioni: paura e avidità.

"Bene", disse il padre ricco con tono tranquillo. "Quasi tutti hanno un prezzo. E lo hanno a causa dei sentimenti umani che chiamiamo paura e avidità. Prima di tutto il timore di essere squattrinati ci motiva a lavorare duro; poi, riscossa la paga, l'avidità o il desiderio ci inducono a pensare alle cose acquistabili con i soldi. Così, si fissa un modello".

"Quale?" chiesi.

"Il modello che consiste nell'alzarsi dal letto, andare al lavoro, pagare le tasse, rialzarsi dal letto, andare al lavoro, pagare le bollette. La vita delle persone è dominata per sempre da due emozioni: paura e avidità. Pagateli meglio e perpetueranno il ciclo aumentando le loro spese. Questo è ciò che ho definito Corsa dei Topi".

"Esiste un'altra strada?" domandò Mike.

"Sì", replicò con calma il padre ricco. "Però, la imboccano solo poche persone".

"Quale?" chiese subito Mike.

"È quella che spero impariate voi, ragazzi, mentre lavorate e studiate con me. Ecco il motivo per cui vi ho tolto la paga".

"Cosa intendi?" domandò Mike. "Siamo stufi di lavorare duro, senza retribuzione".

"Beh, il primo passo è dire la verità", precisò il padre.

"Noi non abbiamo mentito", intervenni io.

"Non penso che abbiate mentito. Ho detto di dire la verità", ribatté lui.

"La verità su che cosa?" azzardai.

"Su come vi sentite", esclamò. "Non dovete dirla a nessuno. Solo ammetterla a voi stessi".

"Vuol dire che le persone di questo parco, le persone che lavorano per lei e la signora Martin non lo fanno?" chiesi.

"Dubito", ipotizzò il padre ricco. "Sono convinto che provino la paura di essere senza soldi. Non la affrontano logicamente, ma reagiscono emotivamente anziché usare la testa", disse. "Poi, quando hanno qualche dollaro in mano, si fanno dominare di nuovo dalle emozioni della gioia, del desiderio e dell'avidità. E reagiscono ancora invece di riflettere".

"Perciò, le emozioni controllano il loro cervello", arguì Mike.

"Giusto", annuiva il padre ricco. "Anziché ammettere la verità sui loro sentimenti, reagiscono emotivamente e non riescono a ragionare. Provano paura, perciò vanno a lavorare sperando che il denaro attenui la paura, ma non ce la fanno. Sempre ossessionati, tornano a lavorare, sperando di nuovo che i soldi facciano passare la paura, ma non ce la fanno ancora. La paura li tiene intrappolati in questo ciclo di lavoro-guadagno-lavoro-guadagno nella speranza che svanisca la paura. Invece, ogni giorno che si alzano dal letto, l'antico timore si risveglia in loro. La vecchia paura tiene svegli altri milioni di persone per tutta la notte con preoccupazioni e agitazioni infinite. Così, si alzano, vanno in ufficio o in fabbrica, sperando che la busta-paga cancelli la paura che rode loro

20 ANNI DOPO...

LA PRIMA PAURA

Mentre la popolazione mondiale invecchia e più persone si avvicinano alla pensione, si è dimostrato che la prima paura è legata ai soldi. Quasi il 50% dei soggetti analizzati teme di sopravvivere al suo denaro... rimanendo senza negli "anni d'oro".

l'anima. Il denaro domina le loro esistenze e loro rinnegano perfino questa verità. I soldi controllano le loro emozioni e di conseguenza anche la loro anima".

Poi tacque, lasciando che le sue parole facessero effetto. Io e Mike avevamo ascoltato bene ma non capivamo completamente ciò di cui stava parlando. Sapevo solo che mi ero chiesto spesso come mai gli adulti si affannassero per andare a lavorare. Non pareva che fosse divertente, né loro avevano l'aria felice, eppure c'era qualcosa che li faceva andare.

Ritenendo che avessimo assimilato il più possibile le sue frasi, il padre ricco disse: "Ragazzi, voglio che evitiate quella trappola. Questo è ciò che voglio davvero insegnarvi. Non solo ad essere ricchi, perché esserlo non risolve il problema".

"Ah, no?" domandai sorpresissimo.

"No, non lo risolve. Lasciatemi spiegare l'altra emozione, il desiderio. Qualcuno lo chiama avidità, ma io preferisco desiderio. È perfettamente normale desiderare qualcosa di meglio, di più grazioso, divertente o eccitante. La gente lavora per i soldi anche per soddisfare i desideri. Vuole soldi per le soddisfazioni che ritiene di poter appagare. Ma la felicità comprata con il denaro ha vita breve, così ne hanno bisogno ancora per avere più piaceri, soddisfazioni, comodità, sicurezze. Quindi, continuano a lavorare, credendo che i soldi leniscano la loro anima preoccupata da paure e desideri. Ma non possono riuscirci".

"Nemmeno i ricchi?" chiese Mike.

"Neppure loro", disse suo padre. "In realtà, molti ricchi sono tali non a causa del desiderio, ma della paura. Credono che il denaro sia in grado di eliminare la paura di essere poveri, per cui si accingono ad accumularne il più possibile, scoprendo però che la paura si aggrava. Infatti, a quel punto temono di perdere il denaro. Ho amici che continuano a lavorare pur essendo straricchi. Conosco dei milionari che hanno più timori oggi di quanti ne avevano da poveri in canna. Sono terrorizzati all'idea di rimanere senza soldi. Le paure che li hanno spinti ad arricchirsi sono peggiorate. La parte debole e bisognosa della loro anima si sta lamentando più di quanto facesse in passato. Non vogliono perdere le loro grandi ville, le loro auto lussuose, le comodità che hanno potuto permettersi. Inoltre, si preoccupano di quello che direbbero i loro amici se si riducessero sul lastrico. Molti sono diventati nevrotici, sono emotivamente alla frutta, anche se hanno le tasche sempre più piene".

"Allora è più felice un povero?" ne conclusi.

"No, non credo", aggiunse. "Evitare il denaro è altrettanto patologico dell'esservi troppo attaccato".

Quasi fosse stato chiamato, passò davanti al nostro tavolino il mendicante del paese; si fermò nei pressi del bidone dell'immondizia e cominciò a rovistarvi dentro. Noi tre lo guardavamo con grande interesse, mentre in precedenza lo avremmo probabilmente ignorato.

Il padre ricco si tolse un dollaro dal portafoglio e fece un segno all'uomo. Vedendo la banconota, questi si avvicinò immediatamente, la prese, ringraziò con deferenza e se ne andò, contentissimo di possedere una piccola fortuna.

"Lui non è molto diverso dai miei impiegati", disse il padre ricco. "Ho conosciuto tante persone che affermano: 'Non sono affatto interessato ai soldi'. Però sono disposte a lavorare otto ore al giorno. Questo significa negare realtà e verità. Se non fossero interessati al denaro, perché lavorerebbero? Questo modo di ragionare è probabilmente più psicotico e patologico di quello di chi accumula denaro".

Tante persone affermano: "Non sono affatto interessato ai soldi". Però sono disposte a lavorare otto ore al giorno.

Mentre ascoltavo queste parole, mi venne in mente la miriade di volte che avevo sentito mio padre dire: "Non sono interessato ai soldi". Lo ripeteva all'infinito; anzi, per giustificarsi aggiungeva spesso: "Lavoro perché mi piace il mio lavoro".

"Dunque, che si fa?" chiedevo. "Non si lavora per guadagnare finché sparisce ogni traccia di paura e ingordigia?"

"No, sarebbe una perdita di tempo", disse il padre ricco. "Le emozioni sono ciò che ci rende umani. Il termine 'emozione' significa 'energia in movimento'. Siate fedeli alle vostre emozioni, usate cervello e sentimenti a vostro vantaggio, non contro voi stessi".

"Ehi!" esclamò Mike.

"Non preoccupatevi di quello che ho appena detto. Lo comprenderete meglio nei prossimi anni. Limitatevi ad analizzare le vostre emozioni, a non reagire. Molti non sanno che sono i loro sentimenti a condizionare i pensieri che coltivano. Le vostre emozioni sono vostre, ma dovete imparare a ragionare con la testa".

"Può farmi un esempio?" domandai.

"Certo", continuò lui. "Quando un uomo dice: 'Ho bisogno di trovare un lavoro', probabilmente sono i suoi sentimenti a parlare. È la paura di essere squattrinato a generare quel pensiero".

"Ma la gente ha bisogno di soldi per campare", protestai.

"Sicuro", sorrideva lui. "Ciò che voglio dire è che spesso è la paura a determinare il ragionamento".

"Non ho capito", intervenne Mike.

"Per esempio", aggiunse, "se insorge la paura di non avere abbastanza soldi, invece di precipitarsi a trovare un lavoro, potrebbero porsi questa domanda: 'A lungo termine, il posto che trovo è la soluzione migliore per i miei timori?' Secondo me, la risposta è negativa. Un posto di lavoro è una soluzione a breve termine per un problema di lungo periodo".

"Ma mio padre ripete sempre: 'Frequenta le lezioni, studia e prendi buoni voti, che poi troverai un posto fisso'," protestai perplesso.

"Sì, capisco che possa dirlo", precisò sorridendo. "Molti genitori danno questo consiglio, che in effetti sembra un buon percorso per molte persone. Ma lo danno soprattutto perché hanno paura".

"Vuol dire che mio padre si esprime così perché è un fifone?"
"Sì", diceva lui. "È terrorizzato dal fatto che potreste non guadagnare e inserirvi nella società. Non mi fraintendere. Lui ti vuole bene e desidera il meglio per te. Anch'io credo che l'istruzione e un lavoro siano cose importanti, ma non eliminano la paura. Vedi, la paura che lo fa alzare alla mattina per racimolare qualche dollaro è la stessa che lo rende così fanatico per farvi frequentare la scuola".

"Di conseguenza, cosa ci suggerisce?" indagai.

"Voglio insegnarvi ad avere il controllo del potere dei soldi, invece di averne paura. È una cosa che non fa parte dei programmi scolastici e, se non la imparate, diventerete schiavi dei soldi".

Finalmente cominciavo a intravedere un senso. Il padre ricco voleva che ampliassimo le nostre vedute e che vedessimo ciò che le signore Martin di questo mondo non vedevano. Utilizzò degli esempi che allora sembravano spietati, ma non li ho mai dimenticati. Quel giorno, allargai le mie prospettive e iniziai a scorgere il tranello in cui cadevano molte persone.

20 ANNI DOPO...

AVERE IL CONTROLLO DEL DENARO

Con l'avvento dei derivati e un'economia sempre più complessa, avere il controllo del denaro è diventato fondamentale per sopravvivere nell'economia mondiale. Con i bassi tassi d'interesse e un mercato azionario incerto, il vecchio concetto di risparmiare e investire sul lungo termine non ha senso.

"Vedete, in fondo siamo tutti impiegati. Solo che lavoriamo su vari livelli", integrava il padre ricco. "Voglio darvi la possibilità di evitare la trappola creata da quelle due emozioni, paura e desiderio. Usatele a vostro vantaggio, non contro di voi. Ecco quello che voglio farvi capire. Non mi interessa insegnarvi ad ammucchiare pile di banconote. Ciò non vi servirà per gestire i vostri timori e desideri. Se, diventando ricchi, non saprete padroneggiarli, sarete soltanto degli schiavi ben pagati".

"Allora, che si fa per evitare la trappola?" chiesi.

"La causa principale della povertà o dei guai finanziari sono la paura e l'ignoranza, non l'economia, lo Stato o i ricchi. Sono la paura e l'ignoranza accettate consapevolmente a tenere intrappolate le persone. Voi, ragazzi, andate a scuola e passate tutti gli esami e io vi insegnerò a stare lontani dai tranelli".

Così, poco alla volta mi balenavano le tessere del mosaico. Il mio istruitissimo padre aveva raggiunto l'eccellenza scolastica e fatto carriera, ma la scuola non gli aveva mai insegnato a gestire il denaro e la paura di esso. Era chiaro che avrei potuto imparare cose diverse e importanti da questi due padri.

"Ci hai spiegato la paura di essere al verde. In che modo il desiderio dei soldi condiziona il nostro ragionamento?" intervenne Mike.

"Come vi siete sentiti quando vi ho tentato con l'aumento di paga? Avete notato la crescita del vostro desiderio?"

Annuimmo con il capo.

"Resistendo alle emozioni, siete stati capaci di rimandare le reazioni, di riflettere. Questo è molto importante. Avremo sempre emozioni di paura e avidità. Da questo momento, è fondamentale che voi le usiate a vostro beneficio, e nel lungo termine che non permettiate alle vostre emozioni di controllare le vostre riflessioni. Molti adoperano le emozioni contro se stessi: così, iniziano a cedere all'ignoranza. Un sacco di gente passa l'esistenza ad aspettare la paga mensile, un aumento salariale e la sicurezza professionale a causa di paura e avidità, senza chiedersi mai dove la porteranno i pensieri condizionati da tali sentimenti. È come l'asino che tira il carretto perché il proprietario gli fa ballonzolare davanti al muso una carota. L'uomo può andare dove vuole, ma l'asino insegue un'illusione. Domani ci sarà solo un'altra carota per l'animale".

"Vuoi dire che quando immagino di avere caramelle, giocattoli e un guanto da baseball nuovo è come la carota del somaro?" domandò Mike.

"Sì. E più si invecchia più i giocattoli costano: auto nuove, una barca e la villa per impressionare gli amici", precisava il padre ricco con un sorriso. "La paura vi spinge a uscire e il desiderio vi chiama. È la trappola".

"Allora, qual è la soluzione?" domandò Mike.

"Tutto quello che intensifica paura e desiderio è ignoranza. Ecco perché i ricchi sfondati hanno spesso tanti più timori quanto più si arricchiscono. Il denaro è la carota, l'illusione. Se potesse vedere il quadro totale, l'asino ritornerebbe sulla sua decisione di inseguire la carota".

Il padre ricco ci spiegò poi che la vita è una lotta tra ignoranza e illuminazione.

Diceva che, non appena uno rinuncia a conoscere se stesso, prevale l'ignoranza. Questa lotta è una decisione che si presenta in ogni momento: imparare ad aprire o chiudere la mente.

"Attenzione: la scuola è molto importante. Ci si va per imparare un'arte o una professione e offrire poi un contributo alla società. Ogni paese civile necessita di maestri, medici, meccanici, artisti, cuochi, uomini d'affari, poliziotti, pompieri, soldati. Le scuole ci preparano per far prosperare la nostra civiltà", diceva il padre ricco. "Purtroppo, molti ritengono che la scuola sia un fine e non l'inizio".

Seguì un lungo silenzio. Lui rideva sempre. Non capii tutto quello che ci disse quel giorno. Tuttavia, come capita con i grandi maestri, le sue parole hanno continuato a insegnare per anni.

"Sono stato un po' crudele, oggi", proseguì. "Ma voglio che vi ricordiate sempre di questa conversazione. Voglio che pensiate sempre alla signora Martin. E voglio che ricordiate sempre quell'asino. Non scordate mai che la paura e il desiderio possono farvi cadere nel più grosso tranello della vita se non vi accorgete che vi controllano la mente. Sprecare l'esistenza nella paura, senza esplorare mai i propri sogni, è crudele. Anche lavorare come degli schiavi per i soldi, pensando che vi faranno comprare le cose che vi renderanno felici, è crudele. Svegliarsi di notte con il terrore delle bollette da pagare è un modo orribile di vivere. Condurre un'esistenza dettata dalle dimensioni della busta-paga non è vera vita. Credere che un posto fisso ci farà sentire sicuri significa mentire a se stessi. Questo è altrettanto crudele, ed è la trappola che voglio che evitiate. Ho visto come il denaro influenza la vita della gente. Non lasciate che ciò accada anche a voi. Per favore, non lasciate che i soldi controllino la vostra vita".

Una palla da baseball stava rotolando sotto il nostro tavolino. Il padre ricco la prese e la rilanciò nel campo.

"Cos'ha a che vedere l'ignoranza con la paura e l'avidità?" domandai.

"È proprio l'ignoranza finanziaria a causare tanti timori e ingordigie", spiegò lui. "Vi faccio un esempio. Volendo più soldi per la famiglia, un medico rincara le sue parcelle. Così, rende l'assistenza sanitaria più costosa per tutti.

"Questo danneggia soprattutto i poveri, che quindi avranno una salute precaria rispetto ai ricchi. Siccome altri medici rincarano le parcelle, si predispongono a farlo anche gli avvocati. Poiché lo fanno gli avvocati, i docenti chiedono un aumento, il che porta a tasse maggiori per tutti, e così via all'infinito. In breve tempo si creerà tra ricchi e poveri un divario talmente ampio che scoppierà il caos e ne conseguirà il crollo di un'altra civiltà. La storia dimostra che grandi civiltà scompaiono quando la differenza tra ceti abbienti e ceti indigenti raggiunge livelli insostenibili. Purtroppo, l'America segue questa falsariga perché non abbiamo imparato

20 ANNI DOPO...

DISUGUAGLIANZA DI REDDITI

Il senatore Bernie Sanders, durante la sua campagna elettorale per le presidenziali statunitensi del 2016, ha affermato: "La disuguaglianza di ricchezza e di redditi è la più grande crisi morale che oggi affrontano gli americani".

dalla storia. Memorizziamo solo date e nomi storici, ma non impariamo la lezione".

"I prezzi non dovrebbero mai salire?" interloquii.

"In una società istruita con lo Stato che sa fare il suo mestiere, in realtà i prezzi dovrebbero scendere. Ovviamente, ciò è vero solo in teoria. I prezzi aumentano a causa di paura e avidità causate dall'ignoranza. Se nelle scuole si insegnasse come funziona il denaro, circolerebbero più soldi e calerebbero i prezzi. Nelle scuole, però, si insegna solo a lavorare per i soldi, non a sfruttare il loro potere".

"Non ci sono forse le scuole commerciali?" fece notare Mike. "E non mi incoraggi sempre a iscrivermi alla facoltà di economia quando sarò grande?"

"Sì", disse suo padre. "Ma troppo spesso le scuole commerciali preparano sofisticati ragionieri contafagioli. Dio ci scampi dai contafagioli che gestiscono un business. Tutto quello che fanno è guardare i numeri, licenziare la gente e chiudere le aziende. Lo so perché io stesso devo assumerli. Si limitano a pensare al taglio dei costi e all'aumento dei prezzi, la qual cosa crea ulteriori problemi. La contabilità è importante. Vorrei che la conoscessero più persone, ma non dà il quadro generale", aggiungeva con una certa irritazione.

"Ed esiste una soluzione?" chiese Mike.

"Sì, imparare a usare le emozioni per pensare, non a pensare spinti dall'emotività. Quando voi due avete tenuto a freno i vostri sentimenti, accettando di lavorare senza compenso, sapevo che c'era speranza. Quando avete resistito all'emotività mentre vi tentavo offrendovi una bellissima paga, stavate imparando a riflettere a dispetto del disagio emotivo. Quello era il primo passo".

"Perché è tanto importante questa fase?" chiesi.

"Spetta a voi capirlo. Se volete apprendere, vi porterò nel roveto, un posto che quasi tutti evitano. Vi porterò nel luogo dove la gente ha paura di entrare. Se verrete con me, dimenticherete l'idea di lavorare per i soldi e imparerete a farli lavorare per voi".

"E cosa otterremo se le prestiamo ascolto? Se accetteremo di imparare da lei? Cosa ricaveremo?" domandai.

"La stessa cosa che ha avuto il Fratel Coniglietto[1]", disse il padre ricco.

"E c'è un roveto?" chiesi.

"Sì", confermò. "Il roveto sono le nostre paure e avidità. Affrontare i timori, le avidità, le debolezze e le necessità attraverso la scelta dei nostri pensieri è la via d'uscita".

"Possiamo scegliere che pensieri avere?" domandai sbalordito.

"Sì, possiamo decidere cosa pensare anziché reagire alle nostre emozioni. Invece di alzarci e andare a lavorare, perché il fatto di non avere abbastanza soldi per saldare le bollette ci terrorizza, chiediamoci: 'Lavorare ancora più duro di quanto faccio è la soluzione migliore del problema?' Molti hanno troppa paura di pensare alle cose razionalmente e perciò si precipitano fuori di casa verso un lavoro che detestano. Comanda il Pupazzo di Pece. Ecco cosa intendo per scegliere i pensieri".

"E come facciamo?" intervenne Mike.

"Ve lo insegnerò io. Vi spiegherò come avere una serie di pensieri tra cui scegliere, anziché reagire meccanicamente, come quelli che ingurgitano il caffè in fretta e scappano di casa per recarsi al lavoro.

"Ricordate ciò che vi ho già detto: un posto di lavoro è una soluzione a

20 ANNI DOPO...

EMOZIONI... E INTELLIGENZA

Cerco sempre di avere il controllo dei miei pensieri e delle mie emozioni. L'ho visto succedere più e più volte nella mia vita: Quando cresce l'emozione, l'intelligenza cala.

[1] L'autore fa riferimento a personaggi e situazioni – Fratel Coniglietto, il roveto, il Pupazzo di Pece – dal film Disney (1946), *I racconti dello zio Tom* (ndr).

breve termine per un problema di lungo periodo. Molti hanno un chiodo fisso in testa e non vedono più in là del loro naso: sono le bollette da pagare alla fine del mese, il Pupazzo di Pece. I soldi controllano la loro vita o, per meglio dire, la paura e l'ignoranza sui soldi la controllano. Quindi, si comportano come facevano i loro genitori: ogni mattina si alzano e vanno a lavorare per un salario, senza nemmeno prendersi il tempo di chiedersi: 'C'è un'altra possibilità?' Sono le loro emozioni a controllare la loro mente, non è questa a formulare i pensieri".

"Puoi spiegarmi la differenza tra le emozioni che pensano e la mente riflessiva?" chiese Mike.

"Nessun problema, la vedo tutti i giorni", chiarì lui. "Sento cose del genere: 'Beh, tutti devono lavorare'; 'I ricchi sono dei truffatori'; 'Mi trovo un altro posto. Merito l'aumento. Non mi può trattare così male'; 'Questo lavoro mi piace perché è sicuro'. Nessuno si chiede: 'C'è qualcosa che mi sfugge?' che interromperebbe il pensiero emotivo e darebbe il tempo per riflettere con chiarezza mentale".

Tornando verso il supermercato, il padre ricco ci spiegava che i ricchi 'creano effettivamente i soldi', non lavorano per guadagnare. Ci diceva che, quando io e suo figlio avevamo forgiato monetine di piombo da cinque centesimi, pensando di arricchirci, eravamo molto vicini al modo di pensare dei ricchi. Il problema era che creare soldi è legale per lo Stato e le banche, ma è illegale per noi. Ci spiegò che esistono maniere legali di produrre denaro dal nulla.

Continuò la lezione precisando che i ricchi sanno che la moneta è un'illusione, proprio come la carota dell'asino. Solo la paura e l'avidità perpetuano l'illusione di milioni di persone che credono che il denaro sia reale. Non è così. Il denaro viene davvero creato. Soltanto l'illusione, la tracotanza e l'ignoranza delle masse tengono in piedi questo castello di carte.

Ci parlava della parità aurea della nostra moneta, dicendo che ogni dollaro equivaleva a un certificato d'argento. Ciò che lo preoccupava erano le voci secondo cui un giorno sarebbe stata abolita la parità aurea e i dollari non sarebbero più stati sostenuti da qualcosa di tangibile.

"Se accadrà, ragazzi, si scateneranno le fiamme dell'inferno. I poveri, il ceto medio e gli ignoranti avranno la vita rovinata solo perché continueranno a credere che i soldi sono reali e che lo Stato, o la ditta per cui lavorano, coprirà loro le spalle".

Questo non l'abbiamo capito bene, almeno allora, ma con il passare del tempo lo abbiamo compreso sempre di più.

Vedere quello che sfugge agli altri

Salendo sul suo camioncino parcheggiato davanti al supermercato, il padre ricco ci salutò dicendo: "Continuate a lavorare, ragazzi, ma prima dimenticherete di aver bisogno di una busta-paga e più facile sarà la vostra vita adulta. Usate sempre il cervello, lavorate gratis e non ci metterete molto a trovare mille maniere di far molti più soldi di quelli con cui potrei retribuirvi io. Vedrete cose che gli altri non scorgono mai. Molti si lasciano sfuggire queste opportunità perché cercano denaro e sicurezza, finendo per ottenere solo questo. Nel momento in cui capirete che esiste un'opportunità, vedrete le occasioni favorevoli per il resto della vita. Allora, vi insegnerò qualcos'altro. Se assimilerete questa lezione, eviterete le trappole più grosse dell'esistenza umana".

Io e Mike prendemmo le nostre cose nel supermercato salutando la signora Martin. Tornammo nel parco, sulla stessa panchina del tavolino, trascorrendo ore a pensare e chiacchierare.

La settimana seguente, a scuola, ci pensammo e ne parlammo anche insieme. Per altre due settimane abbiamo continuato a discutere, riflettere e a lavorare gratuitamente.

Alla fine del secondo sabato, salutavo di nuovo la Martin guardando con espressione smaniosa il chiosco dei giornali all'interno del supermercato. La cosa più dura del non ricevere la paga era non potermi comprare i fumetti. All'improvviso, mentre la signora ci salutava, mi accorsi che faceva qualcosa che non avevo mai notato in precedenza.

La Martin stava tagliando a metà la copertina del fumetto; tratteneva la parte superiore della copertina e gettava il resto del fumetto, cioè tutto, in un grande scatolone. Le chiesi cosa stesse facendo e lei rispose: "Li butto via. Consegnerò la parte superiore della copertina al distributore di fumetti come reso per quando mi porterà il nuovo numero. Arriva tra un'ora".

Aspettai insieme al mio amico. Arrivato il distributore, gli domandai se avremmo potuto avere i fumetti. Per la mia felicità disse: "Posso darveli solo se lavorate per il supermercato e non li rivendete".

Ricordate la nostra vecchia società? Mike e io la ricreammo. Utilizzando un locale vuoto della cantina di Mike, iniziammo a riempirlo con centinaia di giornalini. Nel giro di poco aprimmo al pubblico la nostra biblioteca di fumetti. Delegammo alla sorellina di Mike (un'appassionata di libri) la mansione di bibliotecaria: doveva far pagare a ogni bambino 10 centesimi per accedere al locale, che rimaneva aperto dalle 14.30 alle 16.30 nei giorni feriali. I clienti erano i bambini del quartiere che potevano leggere tutti i fumetti che volevano nelle due ore a disposizione. Per loro era un affare, poiché un giornalino costava appena 10 centesimi, senza tener conto che potevano anche leggerne cinque o sei.

La sorellina di Mike controllava i ragazzi all'uscita per assicurarsi che non prendessero a prestito niente. Teneva anche le registrazioni, segnando quanti bambini si presentavano ogni giorno, chi erano e i commenti che facevano. Nell'arco di tre mesi, io e il mio socio riscuotemmo mediamente 9,50 dollari alla settimana. Pagavamo 1 dollaro alla settimana alla bibliotecaria, permettendole inoltre di leggere gratuitamente tutto quello che voleva, cosa che faceva di rado perché era sempre occupata a studiare.

Noi mantenemmo i patti lavorando al supermercato ogni sabato; poi andavamo a recuperare tutti i fumetti negli altri

20 ANNI DOPO...

IL POTERE DELL'IMMAGINAZIONE

Nell'Era Informatica e di Internet, milioni di persone sotto i trent'anni di età diventano ricche sfruttando la loro immaginazione e creando app che cambiano il mondo – da Facebook a Uber a Snapchat e altre. Chi ha immaginazione prospera, mentre chi non ce l'ha cerca ancora un lavoro... un lavoro che presto sarà sostituito dai robot e dalla tecnologia.

chioschi ed edicole. Rispettammo anche l'ordine del distributore di non rivenderli mai. Quando diventavano troppo usati e spiegazzati, li bruciavamo. Volevamo aprire una filiale, ma non abbiamo trovato mai nessuno di così fidato e dedito al lavoro quanto la sorella di Mike. Ci rendemmo conto in età precoce di come fosse difficile reperire personale affidabile.

Tre mesi dopo l'apertura, scoppiò una lite nella nostra biblioteca. Avevano attaccato briga alcuni ragazzacci di un altro quartiere che si erano intrufolati abusivamente. Il padre di Mike ci suggerì di cessare l'attività. Così, terminammo il prestito dei giornalini, licenziandoci anche dal lavoro nel supermercato. Comunque, il padre ricco era eccitato perché voleva insegnarci cose nuove. Era contento poiché avevamo appreso bene la prima lezione, cioè far sì che il denaro lavorasse per noi. Non essendo retribuiti per spolverare i barattoli, eravamo stati obbligati a usare la fantasia per individuare un'occasione profittevole. Mettendo in piedi una nostra attività (la biblioteca dei fumetti), avevamo assunto il controllo delle nostre finanze, ci eravamo cioè resi indipendenti da un datore di lavoro. L'aspetto migliore era che la nostra attività ci procurava denaro, anche quando eravamo fisicamente assenti. Il denaro lavorava per noi.

Anziché retribuirci, il padre ricco ci aveva dato molto di più.

SESSIONE DI STUDIO

Capitolo 1

LEZIONE 1: I RICCHI NON LAVORANO PER I SOLDI

Capitolo 1
LEZIONE 1: I RICCHI NON LAVORANO PER I SOLDI

Riassunto

A 9 anni, Robert Kiyosaki e il suo amico di scuola non furono invitati nella casa al mare di un loro compagno perché erano "bambini poveri" in una scuola da ricchi. Dopo il consiglio del padre povero – il padre che faceva l'insegnante ed era benestante ma che faticava sempre a far quadrare i conti – di andare semplicemente a "fare soldi", Robert e il suo amico Mike fecero proprio così: raccolsero dei tubetti di dentifricio vuoti, che allora erano di piombo, li fecero fondere e utilizzarono degli stampini di gesso per creare delle monetine false.

Il padre di Robert mise subito in chiaro le cose, dicendo loro di andare a parlare con il padre di Mike, che non aveva mai finito le medie inferiori ma gestiva vari business di successo.

Il padre di Mike, il "padre ricco" del titolo del libro, accettò di insegnare a loro, ma alle sue condizioni. Li fece lavorare tre ore ogni sabato mattina in uno dei suoi supermercati, a spolverare la merce e a pulire. Li pagava 10 centesimi all'ora, che Robert utilizzava per comprare i fumetti da 10 centesimi.

Nel giro di poco tempo Robert cominciò a perdere l'entusiasmo di quel lavoro noioso e pagato miseramente. Quando confidò al suo amico che si sarebbe licenziato, Mike gli disse che suo padre lo aveva previsto e che a quel punto Robert aveva bisogno di incontrarsi con lui. Il padre di Robert, da insegnante, utilizzava i discorsi, mentre il padre di Mike era un uomo di poche parole e aveva un modo tutto diverso di insegnare che Robert avrebbe scoperto presto.

Il sabato mattina successivo, Robert si recò dal padre di Mike, ma dovette aspettare un'ora in un salottino buio e polveroso. Era stufo e arrabbiato quando arrivò il momento di lamentarsi con il padre di Mike, accusandolo di essere avaro e di non avere rispetto per lui. Quando disse al padre di Mike che non gli aveva insegnato nulla, contrariamente ai loro accordi, l'imprenditore ribatté con calma.

Il padre ricco spiegò che la vita non ti insegna con le parole ma punzecchiandoti. Alcuni lasciano che l'esistenza li sballotti; altri si arrabbiano e restituiscono i colpi al loro capo o ai loro cari. Alcuni invece ne traggono una lezione e in realtà accettano che la vita li colpisca perché significa che devono imparare qualcosa.

Chi non impara quella lezione trascorre la vita a incolpare chiunque altro e ad aspettare una grande occasione – o decide di giocare sul sicuro e non rischia, né vince, grosso.

Disse a Robert che lui e Mike erano stati i primi in assoluto a domandargli di insegnare loro come diventare ricchi. Aveva più di centocinquanta dipendenti e, sebbene gli avessero chiesto un posto, nessuno gli aveva mai chiesto le conoscenze che Mike e Robert desideravano.

Quindi il padre ricco decise di creare un corso che rispecchiasse la vita e scuotesse un po' i ragazzi. Robert chiese che cosa avesse imparato oltre al fatto che fosse avaro e che sfruttasse i suoi dipendenti. Il padre ricco lo sfidò su questo punto, dicendo che la maggior parte della gente incolpa altre persone quando in realtà il problema è il suo stesso atteggiamento.

Cosa avrebbe risolto il problema? Il suo cervello, gli disse il padre di Mike. Egli voleva che Robert apprendesse il funzionamento del denaro, affinché lo facesse lavorare a suo vantaggio. Inoltre era contento che Robert fosse arrabbiato, perché la rabbia si amalgama con l'amore fino a creare la passione – un ingrediente fondamentale per imparare.

I soldi, continuò, non avrebbero risolto i problemi della gente. Molte persone con un lavoro ben retribuito continuavano ad avere problemi economici – come il padre povero di Robert – perché non sapevano come far lavorare i soldi per loro.

Disse che le emozioni che Robert aveva provato lavorando per quei 10 centesimi all'ora – sconforto e la sensazione che non fossero abbastanza – sarebbero state le stesse che avrebbe provato per tutta la vita se non avesse imparato la lezione in quel momento. Introdusse Robert al concetto delle tasse, spiegandogli che i poveri e il ceto medio permettono allo Stato di tassarli, mentre i ricchi non lo permettono.

Chiese a Robert se avesse ancora il desiderio di imparare. Quando lui glielo confermò, il padre ricco disse che avrebbe smesso di pagarlo per il lavoro che svolgeva al supermercato. Disse a Robert di usare la testa per capire bene.

Robert e Mike lavorarono gratuitamente per tre settimane. Il padre di Mike andò a trovarli e li portò fuori a fare una passeggiata chiedendo loro se non avessero ancora imparato niente. Non avevano imparato nulla. Il padre ricco disse loro che se non avessero assimilato quella lezione, sarebbero stati come la maggior parte della gente che lavora duro per pochi soldi per tutta la vita. Offrì loro 25 centesimi all'ora, che loro rifiutarono. Li portò a 1 dollaro all'ora e poi a 2 dollari. Ma Robert se ne stava zitto. L'offerta finale di 5 dollari all'ora – una cifra enorme per quei tempi – consolidò la sua convinzione che non si sarebbe fatto comprare.

Il padre ricco disse che era un bene che non avessero un prezzo. Quasi tutti ce l'avevano, perché la loro vita era controllata dalla paura e dall'avidità. La paura di essere senza soldi li fa lavorare duro e ricevere uno stipendio, ma una volta che hanno i soldi, l'avidità fa loro pensare a tutte le cose che potrebbero acquistare. E questo li porta ad aver bisogno di più soldi, che li induce ad aumentare le loro spese. È quello che il padre ricco definiva la Corsa dei Topi.

Disse ai ragazzi che il primo passo era ammettere a se stessi come si sentissero. Troppo spesso le persone reagiscono alle emozioni invece di ragionare. Hanno paura di ammettere che il denaro domini la loro esistenza e di conseguenza il denaro ha il controllo su di loro.

Non sono solo i poveri che affrontano quella paura; i ricchi spesso agiscono spinti dalla paura. Voleva insegnare ai ragazzi a non essere semplicemente ricchi perché i soldi non risolvono il problema.

La scuola, disse loro, è importante, ma per moltissime persone è un fine, non l'inizio. E la chiave era che i ragazzi imparassero a usare le proprie emozioni per pensare, non a pensare con le proprie emozioni. Dovevano imparare a scegliere i loro pensieri.

Consigliò loro di individuare dei modi in cui fare soldi dicendo: "Nel momento in cui capirete che esiste un'opportunità, vedrete le occasioni favorevoli per il resto della vita".

I ragazzi fecero proprio così e nel giro di poco videro un'opportunità nel realizzare una biblioteca a cui i bambini potessero accedere pagando una certa quota e leggere tutti i fumetti che volevano nelle due ore a disposizione – fumetti invenduti che altrimenti sarebbero stati buttati via dal supermercato.

Realizzarono grandi profitti con questa loro attività che andò bene per circa tre mesi, finché una lite nella biblioteca la fece chiudere. Avevano però appreso la prima lezione sul far sì che il denaro lavorasse per loro, anche quando erano fisicamente assenti. Erano pronti a imparare ancora e il padre di Mike era pronto a insegnare loro.

Momento dell'emisfero sinistro: Nonostante avessero un lavoro ben retribuito, le persone come il padre povero di Robert faticavano a far quadrare i conti.

Momento dell'emisfero destro: Vedere i fumetti scartati in un modo nuovo e creativo ha portato a un'opportunità di business.

Momento del subconscio: Le persone permettevano alla paura e all'avidità di dominare la propria vita.

Cosa intendeva dire Robert

È ora di riflettere. Chiedetevi: "*Cosa* intendeva dire Robert con questa frase?" E "*Perché* dice così?" In questa parte non dovete concordare o meno con Robert. L'obiettivo è *capire* quello che Robert sta dicendo.

Ricordate, le frasi qui elencate sono ideate per essere di aiuto e di sostegno. Due menti sono meglio di una. Se non capite le parole di Robert, non rinunciate. Fatevi aiutare per capire meglio. Prendetevi il tempo necessario per analizzare ciascuna frase fino ad averla compresa a fondo.

"I poveri e il ceto medio lavorano per i soldi. I ricchi costringono i soldi a lavorare per loro".

"La vita ci spinge tutti. Qualcuno rinuncia, qualcun altro combatte. Alcuni imparano la lezione e progrediscono; accettano che l'esistenza li spinga, che talora li colpisca".

"Smettila di darmi la colpa e credere che io sia il problema. Se ragioni così, devi cambiarmi. Se invece ti rendi conto che sei tu il problema, puoi cambiare te stesso, imparare qualcosa e diventare più saggio".

"Quando si tratta di soldi, molti vogliono giocare sul sicuro, tenere le spalle coperte. Di conseguenza, non si fanno guidare dalla passione, ma dalla paura".

"Molta gente, con più soldi, è capace di indebitarsi maggiormente".

"È la paura a indurre molte persone a tenersi stretto un lavoro. La paura di non poter pagare le bollette, di essere licenziati, di non avere abbastanza soldi, di dover ricominciare da zero. Questo è il prezzo che paga chi apprende una professione e poi lavora per guadagnare. Così, molti diventano schiavi del denaro... e si arrabbiano con il loro capo".

"Molti non sanno che sono i loro sentimenti a condizionare i pensieri che coltivano".

"Un posto di lavoro è una soluzione a breve termine per un problema di lungo periodo".

"È come l'asino che tira il carretto perché il proprietario gli fa ballonzolare davanti al muso una carota. L'uomo può andare dove vuole, ma l'asino insegue un'illusione. Domani ci sarà solo un'altra carota per l'animale".

Domande aggiuntive

È il momento di riprendere le storie descritte in questo capitolo insieme alla comprensione di ciò che Robert intendeva e applicarle a voi stessi e alla vostra vita. Ponetevi le domande che seguono e discutetene con il vostro compagno di studio. Siate sinceri con voi stessi e con chi vi è vicino. Se non vi piacciono alcune delle risposte che date, chiedetevi se desiderate cambiare e accettare la sfida di cambiare i vostri pensieri e il vostro modo di ragionare:

1. Quanto è diffuso l'approccio che il padre povero di Robert ha nei confronti del denaro?
2. Il padre ricco di Robert afferma che il vero apprendimento richiede energia, passione e un desiderio ardente. Quali sono gli esempi di quando questo si è verificato nella vostra vita? Qual è la lezione che non avete mai dimenticato e perché?
3. La paga di 10 centesimi all'ora – e poi niente – avrebbe suscitato in voi la stessa reazione di Robert?
4. È la paura che induce le persone a lavorare? Ci sono altri fattori coinvolti?
5. È forte la tentazione di pensare che più denaro possa calmare quella paura? Perché è una reazione così comune?
6. C'è un esempio della vostra vita in cui avete reagito in base alle vostre emozioni? C'è stato un momento in cui invece siete stati in grado di osservare le vostre emozioni e di scegliere i vostri pensieri?
7. I ricchi o i poveri sono più soggetti a essere dominati dalle emozioni della paura e dell'avidità? Perché la pensate così?
8. Siete dell'idea che la maggior parte della gente sia consapevole del fatto di essere bloccata nella Corsa dei Topi? Perché?

NOTE

NOTE

Capitolo 2

LEZIONE 2: PERCHÉ INSEGNARE L'ABC FINANZIARIO?

Non conta quanto denaro si fa,
ma quanto se ne tiene.

Nel 1990 il mio miglior amico, Mike, rilevò le attività paterne, proseguendole e migliorandole. Lo vedo tuttora un paio di volte all'anno su un campo da golf. Lui e sua moglie sono più ricchi di quanto possiate immaginare. L'impero economico del padre ricco è in ottime mani e Mike sta preparando il figlio a sostituirlo, così come suo padre aveva preparato noi.

Nel 1994 andai in pensione. Avevo 47 anni e mia moglie Kim 37. Essere in pensione non significa non lavorare. Per noi vuol dire che, a eccezione di imprevedibili cataclismi o catastrofi finanziarie, possiamo decidere di lavorare o meno, tanto la nostra ricchezza si accumula in modo automatico, rimanendo inattaccabile dall'inflazione. I nostri attivi sono numerosi e crescono da soli. È come piantare un albero: lo si innaffia per anni e, un bel giorno, non ha più bisogno di noi. Le sue radici si sono strutturate bene in profondità. Così, l'albero ci dà ombra e noi ne approfittiamo.

Mike ha scelto di gestire l'impero lasciatogli dal padre, io di andare in pensione.

Quando tengo conferenze a gruppi di persone, mi chiedono spesso cosa possano fare o quali siano i miei consigli: "Come faccio a iniziare?", "Che buon libro mi suggerisci di leggere?", "Cosa devo fare per istruire i miei figli?", "Qual è il segreto del successo?", "Come si fa a diventare milionari?", ecc. Tutte le volte che sento una di queste domande, mi torna sempre in mente questa storia:

I businessmen più ricchi del mondo

Nel 1923 alcuni fra i più grandi businessmen si incontrarono all'Edgewater Bridge Hotel di Chicago. Vi figuravano Charles Schwab, direttore della più grande acciaieria nazionale; Samuel Insull, presidente della più grande impresa pubblica del mondo; Howard Hopson, capo della più importante azienda del gas; Ivar Kreuger, presidente della International Match, allora una delle società più grandi del pianeta; Leon Fraser, presidente della Bank of International Settlements; Richard Whitney, presidente della Borsa di New York; Arthur Cotton e Jesse Livermore, due dei maggiori speculatori di borsa; Albert Fall, membro del Gabinetto del presidente Harding. Venticinque anni dopo, nove dei personaggi citati avevano fatto questa fine: Schwab morì sul lastrico dopo aver vissuto gli ultimi cinque anni mutuando denaro; Insull morì al verde in terra straniera e anche Kreuger e Cotton morirono in disgrazia finanziaria; Hopson impazzì; Whitney e Fall erano usciti di prigione; Fraser e Livermore si erano suicidati.

Dubito che possiate immaginare cosa sia veramente accaduto loro. Pensando al periodo, viene subito in mente il crollo dei mercati finanziari del 1929, con la conseguente Grande Depressione, che presumo abbia prodotto un grande impatto sulla loro vita. Il punto è il seguente: oggi viviamo in un periodo caratterizzato da cambiamenti di gran lunga più rapidi e rilevanti di quelli in atto allora. Prevedo che nei prossimi venticinque anni ci saranno molte espansioni e crisi economiche paragonabili agli alti e bassi che dovettero affrontare i personaggi citati. La cosa che mi preoccupa è che molti pensano troppo ai soldi e non alla vera ricchezza principale: il loro grado di istruzione. Se si prepara a essere duttile, a tenere la mentalità aperta, la gente si arricchirà nonostante i duri cambiamenti. Se ritiene che il denaro risolverà i suoi problemi, se la passerà piuttosto male. L'intelligenza risolve i problemi e produce denaro. I soldi senza intelligenza finanziaria fanno presto a dileguarsi del tutto.

Molti non riescono a capire che, nella vita, non conta quanto denaro si fa, ma quanto se ne mantiene. Tutti conosciamo storie di vincitori della lotteria che erano poveri, sono diventati ricchi e poi tornati poveri. Vincono tanti milioni ma, in breve tempo, si ritrovano là dove avevano cominciato. Oppure le storie di atleti professionisti che all'età di 24 anni guadagnano milioni di dollari all'anno, ma dieci anni dopo vanno a dormire sotto i ponti.

Ricordo la storia di un giovane cestista che dodici mesi fa era plurimilionario. Oggi, a soli 29 anni, sostiene che i suoi amici, l'avvocato e il commercialista gli abbiano portato via tutto, costringendolo a lavorare in un autolavaggio per quattro soldi. È stato licenziato dall'autolavaggio perché rifiutava di togliersi l'anello, simbolo del campionato vinto, mentre asciugava le macchine. La sua storia è stata ripresa dalla stampa nazionale perché nella sua battaglia contro il licenziamento denuncia la discriminazione che ha subìto. Sostiene che l'anello sia tutto quello che gli è rimasto e che, se glielo togliessero, crollerebbe come persona.

Conosco un sacco di gente che è diventata milionaria in un attimo. Nonostante sia contento che molti si arricchiscano così, dico che alla lunga non conta quanto denaro si incassa, ma quanto se ne è capaci di trattenere, e per quante generazioni lo si trattiene.

Perciò, quando i miei corsisti mi chiedono: "Da dove si comincia?" oppure: "Mi dica come devo fare per arricchirmi in fretta", la risposta che do li delude. Infatti, mi limito a riferire ciò che mi spiegava da piccolo il padre ricco: "Se vuoi davvero essere ricco, devi imparare l'ABC finanziario".

Mi ripeteva questo ritornello ogni volta che eravamo insieme, finché non me lo sono ficcato in testa. Come già detto, il mio istruitissimo padre sottolineava l'importanza di leggere i libri, mentre il padre ricco metteva l'accento sul bisogno di alfabetizzarsi finanziariamente.

Se costruite un grattacielo, la prima cosa che dovete fare è scavare un buco profondo e gettare fondamenta solidissime. Se costruite una casa a un piano, basta gettare quindici centimetri di cemento armato. Nel loro tentativo di arricchirsi, molti cercano di costruire l'Empire State Building basandosi su quindici centimetri di cemento.

Il nostro sistema scolastico risale all'era agraria e crede ancora nelle case senza fondamenta: vanno ancora di moda i pavimenti grezzi. Così, i ragazzi si diplomano sprovvisti di basi finanziarie. Un giorno, insonni e indebitati fino al collo, nonché annebbiati dal Sogno americano, decidono che la risposta ai loro guai economici consiste nel trovare il modo di arricchirsi all'improvviso.

Inizia la costruzione del grattacielo. Cresce in fretta e, in breve, anziché l'Empire State Building abbiamo la torre pendente dei sobborghi. Tornano le notti insonni.

Per quanto riguarda me e Mike, nei nostri anni di vita adulta abbiamo potuto compiere le scelte cui accennavo perché ci era stato insegnato fin da piccoli a gettare fondamenta finanziarie molto resistenti.

La contabilità è forse la materia più difficile e noiosa del mondo, ma se volete arricchirvi a lungo termine, si rivela la più importante. Per il padre ricco la questione era come prendere una materia noiosa e difficile e insegnarla ai bambini. La risposta che trovò fu quella di renderla semplice insegnandola per immagini.

Il padre ricco diede a me e Mike solide fondamenta finanziarie. Aveva inventato un sistema didattico molto semplice per noi che eravamo appena ragazzini.

Per anni disegnò solo figure e usò poche parole. Io e Mike comprendevamo i suoi disegni, il suo gergo, i movimenti di denaro e, negli anni successivi, cominciò ad aggiungere i numeri. Oggi, Mike esegue analisi contabili molto più complesse e difficili per poter gestire il suo impero. Io non sono così sottile perché il mio impero è più limitato, eppure siamo stati formati dalle stesse semplici basi iniziali. Nelle pagine che seguono, vi esporrò i disegni lineari che il padre di Mike soleva presentarci nelle sue spiegazioni. Benché siano di facile comprensione, essi hanno permesso a due ragazzini di accumulare ingenti somme di denaro facendole poggiare su fondamenta solide e profonde.

I ricchi acquistano attivi. I poveri e la classe media acquistano passivi ritenendo che siano attivi.

Regola n. 1: Occorre saper distinguere tra attivi e passivi, e comprare i primi

Questo è tutto ciò che deve sapere chi vuole essere ricco, è la regola numero uno. L'unica. Può sembrare troppo semplicistico, ma molti non si rendono conto di quanto essa sia fondamentale. Un sacco di gente naviga in grossi guai finanziari perché non capisce la differenza tra attivi e passivi.

"I ricchi acquistano attivi; i poveri e la classe media acquistano passivi ritenendo che siano attivi": quando il padre ricco ci spiegò questa nozione, pensavamo che stesse scherzando. Eravamo lì, ormai adolescenti, in attesa di venire messi a parte del segreto dell'arricchimento personale, ed ecco la sua rivelazione. Era così semplice che abbiamo dovuto rifletterci sopra a lungo.

"Cos'è un attivo?" chiedeva Mike.

"Non preoccuparti per ora", diceva il padre ricco. "Lascia che l'idea si sedimenti. Se saprai afferrare questo semplice concetto, la tua vita seguirà un progetto definito e, in senso finanziario, filerà liscia. È semplice, ecco perché molti se lo lasciano sfuggire".

"Intende dire che ci è sufficiente sapere cosa siano gli attivi, acquistarli e poi diventeremo ricchi?" domandai.

Lui annuì: "È straordinariamente semplice".

"Se è così, come mai non sono tutti ricchi?" chiesi dubbioso.

Lui sorrideva. "Perché la gente non sa distinguere tra attivi e passivi".

Mi ricordo di aver domandato: "Com'è possibile che gli adulti sbaglino tanto? Se è così semplice, e importante, perché non cercano di scoprirlo?"

Gli ci vollero pochi minuti per spiegarci cosa sono gli attivi e i passivi.

Da adulto, faccio fatica a spiegarlo ad altri adulti. A loro sfugge la semplicità del concetto perché sono stati istruiti in modo diverso. Sono stati istruiti da altri professionisti come banchieri, commercialisti, agenti finanziari, agenti immobiliari, ecc. La difficoltà consiste nel chiedere agli adulti di disimparare, di tornare bambini. Un adulto intelligente ritiene spesso che sia umiliante prestare attenzione a definizioni semplicistiche.

Il padre ricco credeva nel principio delle "idee rasoterra", a cui si atteneva per costruire la nostra educazione su basi solide.

Cos'è quindi che crea confusione? Come mai una cosa tanto semplice diventa così complicata? Perché tanti comprano attivi che invece sono l'esatto contrario, cioè passivi? La risposta sta nell'istruzione di base.

Purtroppo, noi ci concentriamo sulla parola "alfabetismo", non sull'espressione "alfabetismo finanziario". Ciò che definisce una cosa come attivi, o passivi, non dipende dai termini. In effetti, se volete confondervi, cercate le parole "attivo" e "passivo" nel vocabolario. Forse un contabile le comprenderà subito, ma la persona media non ne capirà il senso. Gli adulti sono spesso troppo orgogliosi per ammettere di non capire qualcosa.

Un attivo è qualcosa che mi mette denaro in tasca. Un passivo è una cosa che mi toglie denaro dalle tasche.

A noi ragazzi il padre ricco disse: "Un attivo non è definibile a livello verbale, ma con i numeri. E se non sapete leggere i numeri, non saprete capire la differenza tra un attivo e un buco per terra. In contabilità", aggiungeva, "ciò che conta non sono i numeri, ma quello che essi dicono. Proprio come le parole. Non contano i vocaboli in sé, ma la storia che raccontano.

"Se vuoi arricchirti, devi saper leggere e capire i numeri". Il padre ricco non me lo ha detto una volta, me lo ha ripetuto mille volte. Inoltre, aggiungeva: "I ricchi comprano attivi, i poveri e il ceto medio passivi".

Ecco come spiegare questa differenza. Molti contabili e professionisti della finanza non sarebbero d'accordo con la divulgazione grafica che segue, ma i semplici disegni sono stati le fondamenta economiche di due ragazzi.

20 ANNI DOPO...

IMPARARE... DISIMPARARE... IMPARARE DI NUOVO...

Questa frase scritta dal futurologo Alvin Toffler rispecchia quello che il padre ricco mi disse vent'anni fa: "Gli analfabeti del Ventunesimo secolo non saranno quelli che non sapranno leggere e scrivere, ma quelli che non sapranno imparare, disimparare e imparare di nuovo".

Modello del cashflow di un attivo:

Il grafico in alto è un conto Profitti e Perdite, che riassume le entrate (redditi) e le spese, cioè il denaro che entra e quello che esce. Quello in basso è uno Stato patrimoniale, così chiamato perché si suppone che bilanci attivi e passivi. Molti principianti della finanza non capiscono il rapporto esistente tra i due diagrammi, che però va assolutamente compreso.

Perciò, come già detto, il padre ricco ci ha spiegato che "gli attivi ci mettono i soldi in tasca". Semplice, facile e utile.

Modello del cashflow di un passivo:

Ora che attivi e passivi sono stati definiti con mezzi grafici, riuscirete a comprendere meglio le definizioni verbali. Un attivo è qualcosa che mi mette denaro in tasca, che io lavori o meno. Un passivo è una cosa che mi toglie denaro dalle tasche. È tutto ciò che vi serve sapere. Se desiderate arricchirvi, dedicate la vita a comprare o creare attivi. Qualora vogliate essere poveri o restare nella classe media, dedicate la vita a comprare passivi.

L'analfabetismo, letterale o aritmetico, è il fondamento dei guai economici. Chi soffre di problemi finanziari non riesce a interpretare qualcosa, a livello verbale o numerico. I ricchi sono tali perché per vari aspetti sono più istruiti rispetto a chi naviga in cattive acque finanziarie. Quindi, se volete arricchirvi e continuare a essere ricchi, dovete assolutamente istruirvi in senso economico-finanziario a livello sia letterale sia matematico.

Le frecce dei diagrammi rappresentano il cashflow. In sé, i numeri non significano nulla, proprio come le parole. Ciò che conta è la storia: nelle relazioni finanziarie, la lettura delle cifre prelude alla ricerca della trama sottesa, alla storia che racconta dove si dirige il cashflow. Per l'80% delle famiglie, la storia finanziaria è riassumibile con il lavorare duro per sbarcare il lunario. E comunque il loro sforzo è vano perché passano la vita a comprare passivi anziché attivi.

Modello del cashflow di un povero:

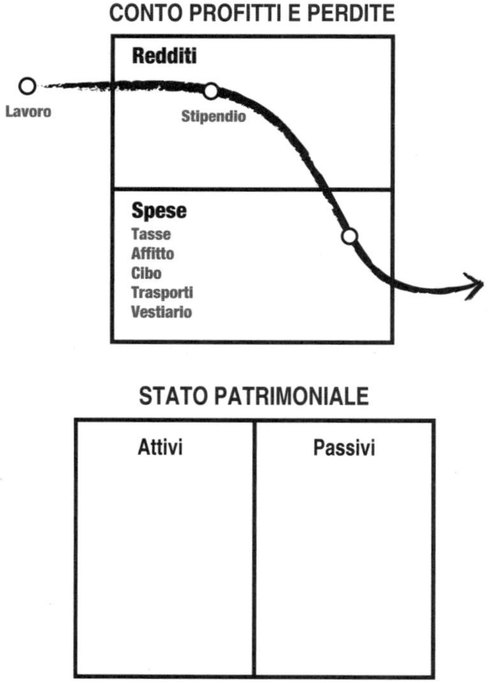

Modello del cashflow di una persona della classe media:

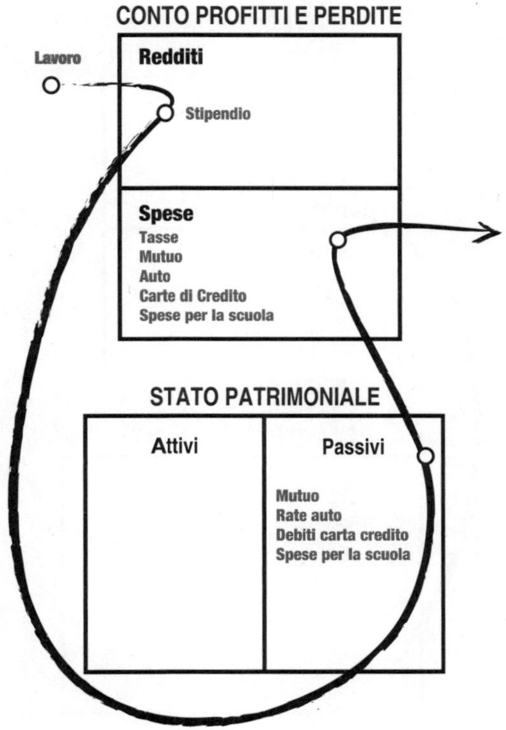

Modello del cashflow di una persona ricca:

Ovviamente, i grafici sono semplificati al massimo. Abbiamo tutti spese vive, bisogno di cibo, alloggio e vestiario. I grafici mostrano il cashflow nella vita di una persona povera, di una del ceto medio e di una ricca. È questo flusso a raccontare la storia, che spiega come quella persona gestisce i suoi soldi.

Ho iniziato questo capitolo con la storia degli americani più facoltosi proprio per dimostrare che è sbagliato ritenere che il denaro possa risolvere tutti i problemi. Ecco perché rabbrividisco quando qualcuno mi chiede consigli per arricchirsi più velocemente, o da dove dovrebbe iniziare per farlo. Molti si lamentano con me: "Sono indebitato, quindi devo trovare dei soldi".

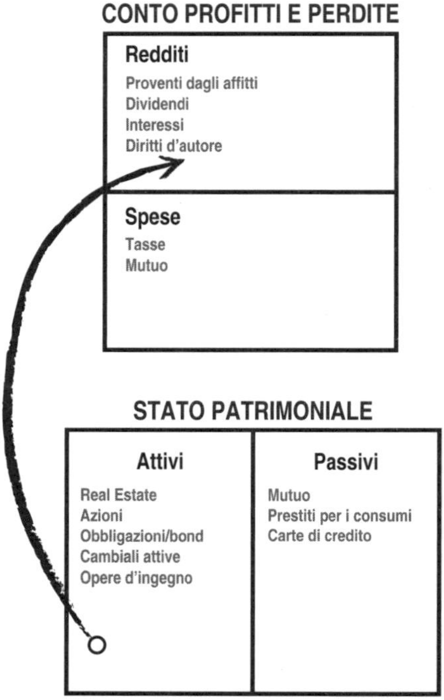

Ma accumulare soldi non risolve sempre il problema. Anzi, potrebbe perfino aggravarlo. Il denaro porta allo scoperto i difetti umani, puntando i riflettori su ciò che ignoriamo. Ecco perché spesso chi viene improvvisamente beneficiato da una somma inattesa – per esempio un'eredità, un aumento di paga o una vincita al lotto – ci mette poco per finire di nuovo nell'incresciosa situazione precedente, se non peggio. Il denaro accentua il modello del cashflow che abbiamo in testa. Se il nostro modello prevede la spesa di tutto quello che incassiamo, un aumento di introiti condurrà probabilmente a un incremento di spese, da cui il proverbio americano: "Un cretino e il denaro sono una cosa sola".

Ho già fatto rilevare che si va a scuola per imparare abilità teoriche e pratiche, entrambe importanti. Poi si guadagna grazie alle conoscenze professionali apprese. Negli anni Sessanta, quando frequentavo le superiori, se un ragazzo era brillante a scuola, si riteneva che sarebbe diventato un medico perché era la professione che prometteva le maggiori ricompense finanziarie.

È il cashflow che spiega come una persona gestisce i suoi soldi.

Oggi i medici hanno di fronte dilemmi finanziari che non augurerei al mio peggior nemico: l'assistenza sanitaria è controllata sempre più dalle società di assicurazione; la managerializzazione dell'assistenza pubblica; gli interventi statali; le citazioni giudiziarie per la responsabilità personale in caso di errori, ecc. I ragazzi moderni vogliono diventare atleti famosi, stelle del cinema, cantanti rock, reginette di bellezza o amministratori delegati perché è qui che si trovano fama, denaro e prestigio. Questa è anche la ragione dell'attuale difficoltà a motivare i ragazzi a studiare le materie scolastiche. Sanno che il successo professionale non è più, come una volta, legato unicamente al successo accademico.

Siccome escono dalle scuole senza abilità finanziarie, milioni di persone istruite, pur avendo successo nella loro occupazione, si trovano con il passare del tempo in difficoltà economiche. Allora, lavorano ancora di più, ma non fanno progressi. Ciò che manca nella loro istruzione non è la capacità di guadagnare, ma quella di saper gestire il denaro. Si chiama "attitudine finanziaria": ciò che sappiamo fare con i soldi dopo averli guadagnati, come impedire che qualcuno ce li porti via, come tenerli il più a lungo possibile e farli fruttare nel modo più redditizio. Molti non capiscono perché abbiano problemi di soldi perché non capiscono il cashflow. Un individuo può essere estremamente istruito, un luminare nel suo campo professionale, ma un completo analfabeta in senso economico e finanziario. Spesso finirà per lavorare più duro di quanto abbia bisogno perché si è abituato a farlo, senza però aver appreso a far lavorare i soldi a suo vantaggio.

Come l'inseguimento del Sogno Finanziario può trasformarsi in un incubo finanziario

La classica storia di chi lavora duro ha una sequenza prestabilita. Una coppia giovane, sposata da poco, felice e mediamente istruita, vive in uno dei tanti appartamentini in affitto. Si rende conto quasi subito di poter risparmiare perché, in due, spendono più o meno come quando erano single.

Il fatto è che l'appartamento è proprio piccolo. Così, decidono di risparmiare per acquistare la casa dei loro sogni, dopodiché potranno perfino avere dei figli. Adesso hanno due redditi, perciò si concentrano sulla loro carriera per incrementarli.

Mentre i redditi crescono, aumentano anche le spese.

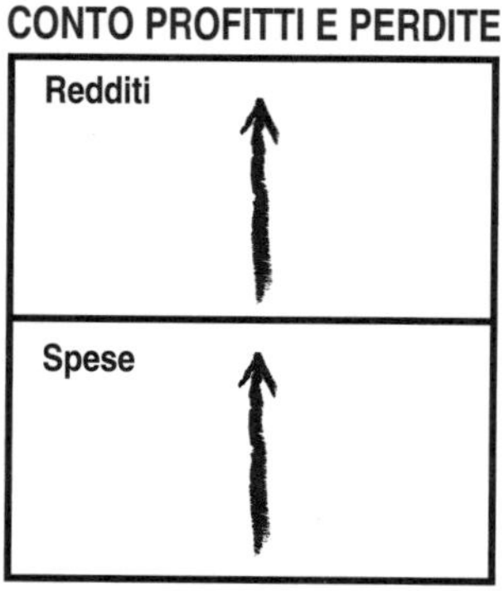

La spesa principale, di solito, sono le tasse. Molti ritengono che la maggiore sia l'imposta sul reddito, ma in realtà per gli americani è quella per la previdenza sociale. A un dipendente potrebbe sembrare che la previdenza sociale abbinata al prelievo per il servizio sanitario nazionale ammonti al 7,5%, ma in effetti è del 15% poiché il datore di lavoro deve versare una somma equivalente come ritenuta alla fonte. Inoltre, vi è l'imposta sul reddito, da pagare sull'ammontare totale compresi i soldi mai ricevuti perché trattenuti alla fonte.

20 ANNI DOPO...

TASSE E PROGRAMMI ASSISTENZIALI

Le tasse stanno continuando ad aumentare in tutto il mondo in quanto la domanda sociale di dollari provenienti dalle tasse richiede più imposte su proprietà, reddito e vendite. I redditi più alti creano più passaggi a scaglioni fiscali superiori poiché i tassi delle imposte crescono per provvedere ai servizi sociali e programmi assistenziali. Oggi lo Stato affronta sfide importanti come i programmi assistenziali e il programma Medicare nello stesso modo in cui essi affrontano il fallimento.

Tornando all'esempio della coppietta di neosposi, come conseguenza dell'aumento dei loro redditi, decidono di comprare la casa dei loro sogni. Una volta installati nella casa nuova grazie a un mutuo, devono pagare una nuova tassa, detta imposta sugli immobili. Poi comprano un'auto nuova, mobili nuovi ed elettrodomestici nuovi. All'improvviso, si accorgono che la colonna dei passivi è piena di debiti per mutui e carte di credito. I loro passivi aumentano.

Ormai sono intrappolati nella Corsa dei Topi. Presto arriva il primo figlio e lavorano sempre di più. Il processo si ripete: i redditi più alti causano più tasse, anche definite "scaglione fiscale superiore". Arriva a casa per posta una nuova carta di credito. La usano, fino al limite. Telefona una società di prestiti dicendo che il loro "attivo" maggiore, la casa, si è rivalutato.

Poiché il loro credito è positivo, la società offre di saldare e consolidare i “micropagamenti”, sostenendo che una cosa intelligente sarebbe liberarsi del debito per il consumo ad alto interesse estinguendo la carta di credito. Lo fanno ed estinguono le carte di credito su cui pagano un interesse elevato. Tirano un sospiro di sollievo. Le carte di credito sono estinte. Così, hanno unito il debito per il consumo al mutuo sulla casa. I loro pagamenti diminuiscono perché il debito viene ammortizzato in trent’anni. È la cosa più intelligente da fare.

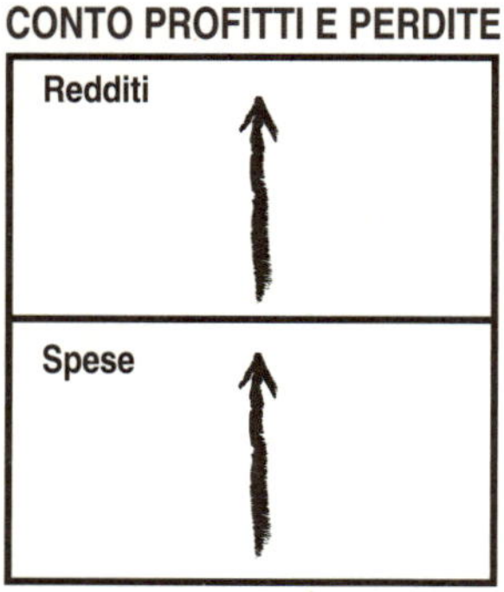

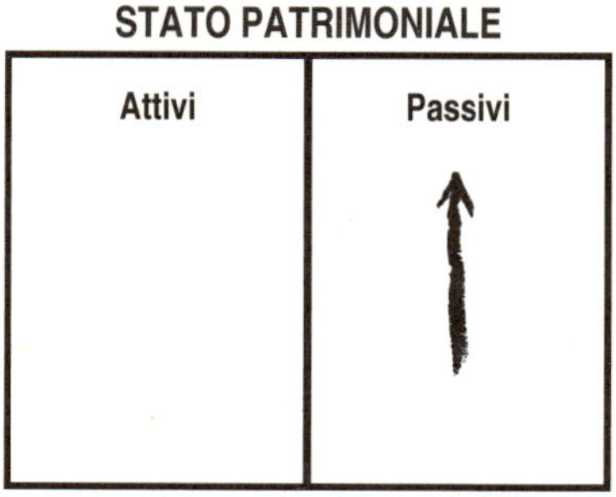

Il loro vicino li invita a uscire per andare a fare spese: come rifiutare, ci sono i saldi per il Memorial Day. La coppia si ripromette di limitarsi a guardare le vetrine, ma si porta dietro la carta di credito, nel caso ci fosse qualcosa di conveniente.

Sapete quante ne incontro di coppie così nei miei seminari... E tutte hanno gli stessi dilemmi finanziari. Vengono da me per ascoltare i miei consigli, a volte mi chiedono: "Può dirci come guadagnare di più?"

Non capiscono che, in realtà, il loro problema è il modo in cui decidono di spendere i soldi che hanno. Che a sua volta deriva dall'analfabetismo finanziario e dal non capire la differenza tra attivi e passivi.

Guadagnare di più non risolve quasi mai i problemi monetari. L'intelligenza li risolve. C'è una massima popolare che un mio amico ripete spesso a chi è indebitato fino al collo: "Se ti accorgi di esserti scavato la fossa, smetti di scavare!"

Da piccolo, mio padre mi raccontava che i giapponesi riconoscono tre poteri: quello della spada, dei gioielli e dello specchio.

La spada simboleggia le armi. Gli Stati Uniti spendono migliaia di miliardi di dollari per l'armamentario convenzionale e, per questo, sono la forza bellica più potente del mondo.

I gioielli simboleggiano il potere del denaro. C'è una buona parte di verità nel proverbio secondo cui "si dice 'regola aurea' perché chi possiede l'oro stabilisce le regole".

Lo specchio simboleggia la forza dell'autoconoscenza. Secondo la leggenda giapponese, conoscere se stessi è il principio più prezioso.

I poveri e le classi medie permettono troppo spesso che la loro esistenza sia dominata dal potere del denaro. Limitandosi ad alzarsi di buon'ora per lavorare di più, senza chiedersi se

20 ANNI DOPO...

I DEBITI PER LE CARTE DI CREDITO

Stando alle statistiche relative al 2016, oggi i debiti per le carte di credito del consumatore americano sono a un livello mai raggiunto prima: 779 miliardi di dollari. Sono tutti debiti cattivi... o debiti buoni? Conoscete la differenza?

quello che fanno abbia senso, si tirano la zappa sui piedi tutte le volte che si recano in ufficio. Non riuscendo a capire il funzionamento finanziario, la maggior parte della gente si fa dominare dal terribile potere del denaro.

Se si servissero del potere dello specchio, si domanderebbero: "Ha senso ciò che faccio?" Invece di fidarsi della saggezza interiore, del genio che ognuno ha dentro di sé, molti seguono troppo spesso la massa, ovvero fanno le cose per spirito di imitazione. In pratica, sono dei conformisti cui non piace porsi dei quesiti. Ripetono inconsapevolmente ciò che hanno sentito dire: "Diversifica", "La tua casa è un attivo", "La tua casa è il tuo miglior investimento", "Se ti indebiti avrai una riduzione fiscale", "Trovati un posto fisso", "Non commettere errori", "Non assumerti dei rischi".

Un individuo può essere estremamente istruito, un luminare nel suo campo professionale, ma un completo analfabeta in senso economico.

Si dice che per molti il timore di parlare in pubblico sia di gran lunga superiore a quello della morte. Secondo gli psichiatri, questa paura dipende dal timore di essere ostracizzati, di esporsi, di ricevere critiche, di essere ridicolizzati, di apparire come dei reietti. Il timore di essere diversi impedisce a numerosissime persone di cercare nuove maniere di risolvere i propri problemi.

Ecco perché mio padre diceva che i giapponesi apprezzavano soprattutto il potere dello specchio: solo guardando se stessi gli uomini trovano la verità. La paura è il motivo principale per cui molti dicono: "Gioca sul sicuro". Questo vale sempre, negli sport come nei rapporti interpersonali, sia nella professione sia in campo finanziario.

È lo stesso timore, quello di essere ostracizzati, a indurre le persone a conformarsi, a non mettere in discussione le opinioni comuni o le tendenze popolari: "La casa è un attivo", "Chiedi un prestito per i micropagamenti e uscirai dai debiti", "Lavora di più", "È un avanzamento di carriera", "Un giorno diventerò vice-presidente", "Risparmia denaro", "Quando mi daranno l'aumento, ci compreremo una casa più grande", "I fondi comuni d'investimento sono sicuri".

Un gran numero di problemi finanziari sorge perché si segue la folla, si cerca di stare al passo con i vicini di casa. Di tanto in tanto, tutti abbiamo bisogno di osservarci allo specchio e ascoltare la saggezza interiore invece di assecondare le nostre paure.

20 ANNI DOPO...

CHI C'È NEL VOSTRO TEAM?

Il padre ricco si circondava di uomini e donne esperti: avvocati, contabili, agenti di cambio ed esperti finanziari... e Kim e io abbiamo fatto lo stesso. Oggi il nostro team di Advisor è uno dei nostri attivi più grandi. Cosa conta più del denaro? Il team di un imprenditore... Chi è nel vostro?

Poco prima dei 16 anni io e Mike cominciammo ad avere dei problemi scolastici. Non che ci comportassimo male: il fatto è che avevamo iniziato a essere diversi dalla massa. Nei pomeriggi e nei fine settimana lavoravamo. Dopo il lavoro, spesso ci sedevamo al tavolo in cui il padre ricco discuteva d'affari con i suoi esperti finanziari, avvocati, contabili, agenti di cambio, investitori, manager e impiegati. Aveva smesso di studiare a 13 anni, ma ormai era un uomo che dirigeva, istruiva, comandava e poneva domande a persone istruite. Queste erano a sua disposizione al minimo cenno e tremavano se lui disapprovava le loro azioni.

Ecco un uomo che si distingueva dalla massa. Sapeva pensare con la sua testa; la frase che odiava di più era: "Dobbiamo farlo così perché è il modo in cui lo fanno tutti". Un'altra espressione che detestava era: "Non puoi". Se si voleva che facesse qualcosa, bastava dirgli: "Non credo tu possa farcela!"

Io e Mike abbiamo imparato di più durante queste riunioni che in tutti gli anni di scuola, università compresa. Il padre ricco non era istruito in senso scolastico, ma a livello finanziario era imbattibile, come dimostrava il suo successo affettivo. Ci ripeteva senza stancarsi: "Una persona intelligente ingaggia persone più intelligenti di lui". Così, io e il mio amico abbiamo avuto la possibilità di ascoltare per ore individui molto intelligenti e imparare da loro.

Ma, proprio per questo, non ce la facevamo a seguire il dogma predicato dagli insegnanti scolastici e da ciò conseguivano i problemi. Ogni volta che ci dicevano: "Se non prendete ottimi voti, non farete tanta strada nel mondo", noi aggrottavamo le sopracciglia. Quando ci insegnavano ad applicare certe procedure fisse, a non deviare dalle regole prestabilite, ci accorgevamo di come la scuola soffocasse la creatività. Cominciavamo a capire perché il padre ricco sosteneva che la scuola fosse destinata a sfornare più esecutori che imprenditori. A volte io o Mike chiedevamo agli insegnanti quale fosse l'applicazione concreta di ciò che imparavamo, oppure domandavamo perché non studiassimo mai il denaro e il suo funzionamento. In quest'ultimo caso, ci rispondevano che i soldi non sono importanti, che se fossimo stati bravi studenti ci saremmo arricchiti ugualmente. Noi due, invece, più comprendevamo il potere dei soldi e più ci allontanavamo da insegnanti e compagni di classe.

Il mio istruitissimo padre non mi ha mai assillato con i voti, ma abbiamo cominciato a litigare sull'argomento dei soldi. Verso i 16 anni ne sapevo probabilmente di più dei miei genitori messi assieme. Ero in grado di tenere la contabilità, ascoltavo consulenti fiscali, avvocati aziendali, banchieri, agenti immobiliari, investitori e così via. Mio padre, invece, parlava solo con gli altri insegnanti.

Un giorno, mi disse che la nostra casa era il suo più grande investimento. Quando gli dimostrai che un'abitazione non è un buon investimento, iniziò una discussione poco piacevole tra di noi.

Il diagramma qui sopra illustra la diversa concezione tra il padre ricco e il padre povero in rapporto alla casa. Il primo riteneva che fosse un passivo, il secondo un attivo.

Ricordo che quando tracciai il diagramma seguente davanti a mio padre volevo dimostrargli la direzione del cashflow. Gli indicai anche le spese accessorie che, inevitabilmente, si accompagnano al possesso di un'abitazione. Una dimora più grande implica maggiori spese, come segnala il cashflow nella colonna delle spese.

Ancora oggi mi contestano l'idea della casa come passivo. Lo so che per molti essa rappresenta un sogno, nonché il loro maggior investimento. Inoltre, possederne una è meglio di niente. Io vorrei soltanto offrire un modo alternativo di considerare questo dogma popolare. Se io e mia moglie dovessimo comprare una casa più ampia e lussuosa, è evidente che non

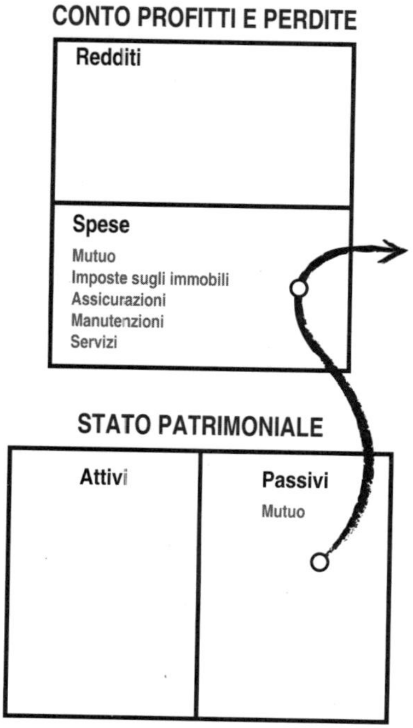

sarebbe un attivo, ma un passivo. Sarebbe un passivo dal momento che ci toglierebbe soldi dalle tasche.

Ecco quindi la mia tesi. Non mi aspetto che la maggioranza della gente concordi con me, perché avere un bell'appartamento è una questione emotiva. E quando entrano in ballo le emozioni, si offusca l'intelligenza finanziaria. Inoltre, so per esperienza personale che i soldi tendono a rendere "sentimentale" ogni decisione.

- Quanto alla casa, la maggioranza della gente lavora una vita intera per pagarsi un alloggio che non possiederà mai. In altri termini, molti comprano una casa ogni tanto, aprendo ogni volta un mutuo trentennale per estinguere quello precedente.
- Sebbene vi siano esenzioni fiscali sugli interessi del mutuo, la gente effettua le altre spese con i soldi che restano, anche dopo aver estinto il mutuo.
- I genitori di mia moglie sono rimasti scioccati vedendo salire tali imposte a 1.000 dollari mensili. Erano già andati in pensione, per cui l'aumento ha inciso a fondo sulle loro entrate.
- Non sempre le case crescono di valore. Ho degli amici che devono pagare una casa da un milione di dollari che oggi rivenderebbero a una cifra molto inferiore.
- Le perdite maggiori sono quelle causate dalle occasioni non colte. Se tutti i vostri soldi sono bloccati nella casa, potreste essere obbligati a lavorare di più perché il vostro denaro continua a uscire dalla colonna delle spese invece di accumularsi in quella degli attivi (classico modello del cashflow del ceto medio). Se una giovane coppia mettesse presto dei soldi nella colonna degli attivi, in seguito le cose sarebbero più facili. I loro attivi crescerebbero e renderebbero possibile coprire le spese.

Prendere la decisione avventata di possedere un'abitazione troppo costosa, anziché un portafoglio titoli, provoca conseguenze che incidono a livello individuale in almeno tre modi:

1. *Perdita di tempo*, durante la quale altri attivi avrebbero potuto crescere di valore.
2. *Perdita di capitale aggiuntivo*, che avrebbe potuto essere investito invece di coprire le elevate spese di mantenimento della casa.
3. *Perdita di istruzione.* Troppo spesso la gente ritiene che la casa, i risparmi e i piani pensionistici siano tutto ciò che ha nella colonna degli attivi. Siccome non possiede denaro liquido, non investe. Ciò le costa come esperienza in fatto di investimenti. Molti non diventeranno mai "investitori provetti". Gli investimenti migliori vengono venduti prima di tutto a questi investitori raffinati, che si guardano attorno e li rivendono a chi vuole giocare sul sicuro.

20 ANNI DOPO...

IL VOSTRO SEGNAPUNTI

Senza un rendiconto finanziario non avete modo di sapere effettivamente in che punto siete nel gioco finanziario della vita. Che vi piaccia o no, i soldi rivelano il punteggio del vostro "gioco", e il rendiconto è il vostro segnapunti. Le banche vogliono il rendiconto finanziario – conto profitti e perdite e stato patrimoniale – per conoscere quanti punti state realizzando nel gioco finanziario della vostra vita.

Non dico che non si debba comprare la casa, voglio solo sottolineare la differenza tra attivi e passivi. Se desidero acquistare una villa, prima compro beni che generino il cashflow con cui pagarmela.

Il rendiconto finanziario del padre istruito esemplifica la vita di chi è invischiato nella Corsa dei Topi. Sembra che le sue spese siano sempre pari ai redditi, così che non può mai investire in attivi. Di conseguenza, i suoi passivi sono maggiori degli attivi.

Rendiconto finanziario del padre povero — *Rendiconto finanziario del padre ricco*

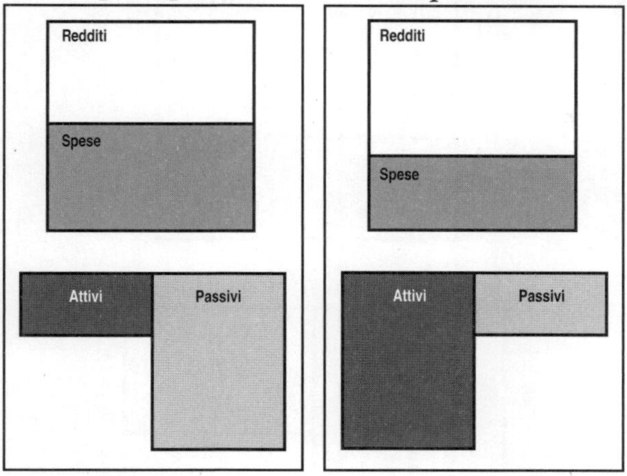

Il diagramma sopra, a sinistra, mostra il rendiconto finanziario del mio padre povero. È più eloquente di mille parole. Mostra che il suo reddito e le sue spese sono uguali, mentre i suoi passivi sono maggiori dei suoi attivi.

Il rendiconto finanziario del padre ricco, a destra, riflette una vita dedicata a investire e minimizzare i passivi.

Perché i ricchi diventano sempre più ricchi

L'analisi del rendiconto del mio padre ricco spiega perché i ricchi continuano ad arricchirsi. La colonna degli attivi produce rendite più che sufficienti per coprire le spese, così che il saldo attivo viene reinvestito in beni di proprietà. La colonna degli attivi continua a crescere e perciò aumentano anche i redditi che essa produce. Il risultato è che i ricchi diventano sempre più ricchi!

Perché le classi medie hanno difficoltà finanziarie

Il ceto medio si trova costantemente in difficoltà finanziarie: i suoi redditi principali sono rappresentati dallo stipendio, aumentando il quale crescono anche le tasse. Le spese tendono a crescere in egual proporzione all'aumento di stipendio; di qui l'espressione "Corsa dei Topi". Il ceto medio considera la casa un bene principale degli attivi invece di investire in attivi che producono reddito.

L'abitudine di reputare la casa come investimento e l'idea secondo cui un aumento salariale consente l'acquisto di una casa più grande, o di spendere di più, è alla base dell'odierna società indebitata. Quest'aumento delle spese mette nei guai le famiglie, gettandole nell'incertezza finanziaria, anche se magari i componenti avanzano di carriera e ricevono stipendi maggiorati. Ciò significa vivere a rischio per analfabetismo economico.

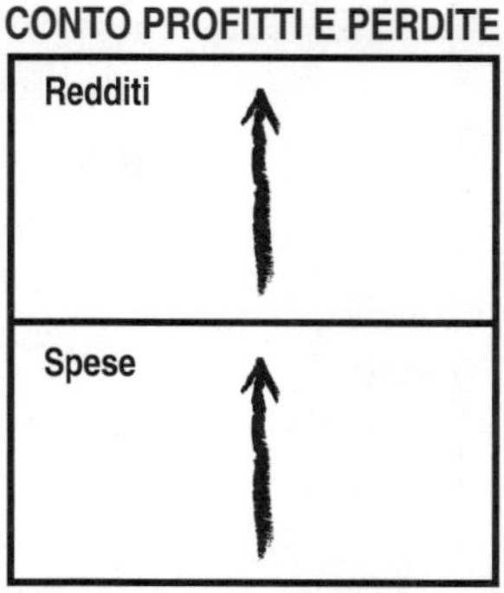

La recente grande perdita di posti di lavoro prova la precarietà delle condizioni finanziarie in cui versano le classi medie. I piani pensionistici aziendali sono stati sostituiti dai piani 401(k). La previdenza sociale nazionale è in evidente difficoltà e non può essere considerata affidabile come fonte di pensione. Le classi medie sono in preda al panico.

Oggi i fondi comuni sono popolari perché rappresentano la sicurezza. Un compratore medio di tali fondi è troppo impegnato a lavorare, pagare le tasse e i mutui, risparmiare per l'università dei figli ed estinguere le carte di credito. Non ha tempo per imparare a investire, per cui si affida all'esperienza delle società finanziarie. Inoltre, siccome un fondo comune comprende diversi tipi di investimento, crede che i suoi soldi siano sicuri perché il rischio è "diversificato". Questa classe media

20 ANNI DOPO...

I PIANI PENSIONISTICI

Dai tempi di Enron, è ormai chiaro che i piani pensionistici sono in difficoltà. Perfino i piani pensionistici statali di paesi come la Grecia, l'Italia e la California non sono in grado di pagare quanto è dovuto ai pensionati. I piani pensionistici, dunque, non sono più la garanzia di sicurezza che erano un tempo per la vecchiaia e la pensione. Quando il mercato azionario crollò nel 2009, chiunque stesse per andare in pensione si trovava in difficoltà – nonostante avesse messo i risparmi in 401(k), RRSP o SuperAnnuation.

istruita crede nel dogma della "diversificazione" propugnato dai promotori finanziari che investono in fondi comuni: "Giocate sul sicuro, evitate i rischi".

La tragedia è che la loro mancanza di istruzione finanziaria crea altri rischi. Il motivo per cui le classi medie devono giocare sul sicuro dipende dalla loro labile, come minimo, posizione finanziaria. Il loro stato patrimoniale è sbilanciato; sono pieni di passivi e hanno pochi attivi che producono reddito. Di solito la loro fonte di reddito è costituita solo dallo stipendio. La loro sussistenza dipende del tutto dal datore di lavoro. Così, quando capita l'"affare della vita", quelle persone non possono sfruttare l'occasione. Devono continuare a giocare sul sicuro perché lavorano tanto, sono tassati all'inverosimile e indebitati fino al collo.

Come dicevo all'inizio di questo capitolo, la prima regola è capire la differenza tra attivi e passivi. Dopodiché, occorre concentrare gli sforzi sull'acquisto esclusivo di attivi che producano reddito. Questa è la maniera migliore per mettersi sulla strada della ricchezza. Continuate così e la colonna degli attivi si rimpolperà. Tenete al minimo i passivi e le spese. Ciò renderà disponibile più denaro da versare nella colonna degli attivi. In breve, la base degli attivi sarà così solida da permettervi di prendere in esame investimenti più speculativi, con utili dal

100% all'infinito. Investimenti che si trasformano rapidamente da 5.000 dollari a 1 milione di dollari o più. Quelli che le classi medie ritengono troppo "rischiosi". L'investimento non è rischioso per chi ha l'intelligenza finanziaria.

Se fate come fa la massa, rientrate in questo grafico:

CONTO PROFITTI E PERDITE

STATO PATRIMONIALE

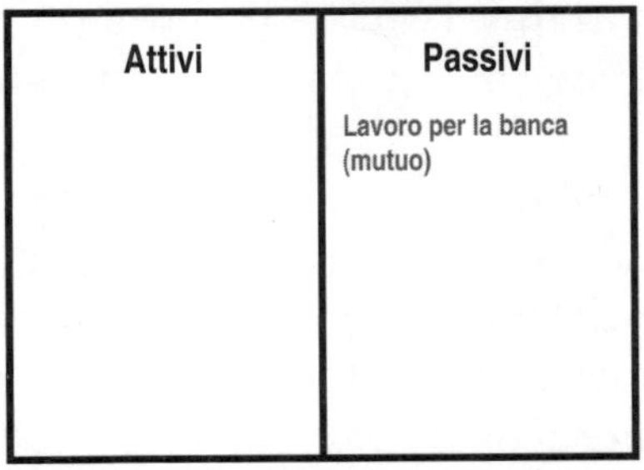

In quanto impiegati che possiedono anche una casa, le vostre fatiche sono generalmente distribuite in questo modo:

1. *Lavorate per l'azienda.*
   Gli impiegati arricchiscono un imprenditore o gli azionisti. Non arricchiscono se stessi. Le vostre fatiche e il vostro successo contribuiscono al successo e alla pensione dell'imprenditore.
2. *Lavorate per lo Stato.*
   Lo Stato trattiene una parte dalla vostra busta paga ancor prima che la vediate. Lavorando di più, aumentate la quantità di imposte e trattenute governative. Molti lavorano da gennaio a maggio solo per lo Stato.
3. *Lavorate per la banca.*
   Dopo le tasse, di solito, le spese maggiori sono quelle relative al mutuo e alle carte di credito.

Il problema di chi si limita a lavorare di più è che ciascuno dei tre livelli menzionati si accaparra una porzione maggiore degli sforzi incrementati. Invece, dovete imparare a far sì che i vostri sforzi aumentati possano beneficiare direttamente voi e la vostra famiglia.

Una volta deciso di badare ai vostri affari – concentrando le vostre fatiche sull'acquisizione di attivi anziché su un aumento di stipendio – in che modo fissate i vostri obiettivi? La maggior parte delle persone deve mantenere il posto e fare affidamento sullo stipendio per acquisire altri attivi.

Crescendo gli attivi, come misurano il loro successo? Quand'è che una persona si accorge di essere ricca, di possedere ricchezze?

Oltre ad avere la mia definizione di attivi e passivi, ne ho una per la ricchezza. A dire il vero, l'ho mutuata da un certo Buckminster Fuller. Alcuni lo ritengono un ciarlatano, altri un genio di livello assoluto. Anni fa, egli mise in subbuglio il mondo degli architetti per aver chiesto il brevetto su una sua invenzione, la cupola geodetica. Tuttavia, ha detto qualcosa anche a proposito della ricchezza. All'inizio la sua affermazione confondeva le idee, ma poi cominciava ad apparire sensata:

> *La ricchezza è la capacità di una persona di sopravvivere un certo numero di anni... In altri termini, se smettessi di lavorare oggi, quanto potrei sopravvivere?*

A differenza dell'utile netto – differenza tra attivi e passivi, che spesso dipende dalle (sbagliate) opinioni personali sul valore delle cose –, questa definizione offre la possibilità di eseguire una valutazione accurata. Potrei calcolare ora a che punto mi trovo in relazione al mio obiettivo di rendermi indipendente a livello finanziario.

L'utile netto include infatti cespiti che non producono contante, come la varia roba che avete comprato e tenete in garage, mentre la ricchezza indica quanto denaro sta producendo il vostro denaro e, quindi, misura il livello della vostra possibilità di sopravvivenza.

La ricchezza misura il cashflow derivante dalla colonna degli attivi in rapporto alla colonna delle spese.

20 ANNI DOPO...

RICCHEZZA E RISERVE MONETARIE

Oggi sono poche le persone che hanno denaro a sufficienza per sopravvivere, perfino per un mese. Molti americani, per esempio, hanno un risparmio inferiore ai 400 dollari. Una statistica ancora più sorprendente riportata in un'indagine GOBankingRates del 2016: il 34% degli americani non ha risparmiato nulla. Poche persone potrebbero sopravvivere molto a lungo senza uno stipendio o un'assistenza statale.

Facciamo un esempio. Se gli attivi mi producono un cashflow pari a 1.000 dollari mensili e ho spese mensili di 2.000 dollari, qual è la mia ricchezza?

Adottiamo la definizione di Buckminster Fuller. Quanti giorni posso sopravvivere? Supponendo un mese di trenta giorni, avrei un cashflow sufficiente per quindici giorni.

Quando i miei attivi produrranno un cashflow pari a 2.000 dollari, sarò ricco.

Non sarò ancora facoltoso, ma sopravviverò. Ogni mese avrò un reddito generato dagli attivi che mi copre le spese mensili. Volendo aumentare le spese, devo prima di tutto incrementare il cashflow prodotto dagli attivi per mantenere questo livello di ricchezza. Notate che è a questo punto che non dipendo più dal mio stipendio. Mi sono preoccupato di costruire una colonna degli attivi capace di rendermi finanziariamente autonomo. Se mi licenziassi oggi, potrei coprire le spese mensili con il denaro generato dagli attivi.

Il prossimo passo consisterebbe nel possedere un cashflow derivante dagli attivi da reinvestire nella stessa colonna degli attivi. Più denaro entra in tale colonna, più questa cresce. Più cresce, maggiore sarà il cashflow. E finché terrò le spese a un livello inferiore a tale flusso, mi arricchirò e i miei redditi deriveranno sempre più da fonti diverse dal lavoro fisico.

Perpetuando questo processo di reinvestimento, sarò sulla strada giusta verso la ricchezza.

Ricordate questa semplice osservazione:

- **I ricchi comprano attivi.**
- **I poveri hanno solo spese.**
- **Il ceto medio compra passivi che crede siano attivi.**

Come si fa quindi per cominciare a occuparsi dei propri affari? Qual è la risposta? Ascoltiamo il fondatore della catena McDonald's nel prossimo capitolo.

SESSIONE DI STUDIO

Capitolo 2

LEZIONE 2: PERCHÉ INSEGNARE L'ABC FINANZIARIO?

Capitolo 2

LEZIONE 2: PERCHÉ INSEGNARE L'ABC FINANZIARIO?

Riassunto

Ritroviamo Robert e Mike circa trentacinque anni dopo. Mike ha rilevato l'azienda del padre e ottiene dei risultati anche migliori di quelli del padre ricco.

Robert andò in pensione nel 1994, all'età di 47 anni. La ricchezza sua e di sua moglie cresce in modo automatico, come un albero ben piantato.

Racconta la storia dell'incontro che ebbe luogo nel 1923 tra i più grandi leader e i businessmen più ricchi – uomini che possedevano la più grande acciaieria e azienda del gas, che gestivano la Borsa di New York e che facevano parte del Gabinetto del presidente Harding. Venticinque anni dopo, la vita di gran parte di questi uomini terminò tragicamente, trovandosi sul lastrico, in esilio o in prigione.

Il crollo dei mercati finanziari del 1929 e la Grande Depressione ebbero un certo ruolo nel loro destino, ma oggi viviamo in un periodo caratterizzato da disordini e cambiamenti ben peggiori di quelli vissuti da questi personaggi. Per la nostra sopravvivenza, rispetto al denaro è più importante la nostra istruzione e la nostra capacità di apprendimento.

Non conta quanto denaro si fa, ma quanto se ne mantiene – e per quante generazioni lo si mantiene.

Perciò, quando la gente chiede a Robert da dove cominciare per diventare ricca, lui dà la stessa risposta che gli aveva dato il padre ricco: "Se vuoi davvero essere ricco, devi imparare l'ABC finanziario".

Robert paragona il modo di agire di molte persone a quando si costruisce un grattacielo sulle fondamenta gettate per costruire una piccola casa. Diplomandosi con poche conoscenze finanziarie, i ragazzi si lanciano nella vita adulta all'inseguimento del Sogno americano, ma poi si ritrovano indebitati fino al collo. L'unica via di uscita che intravedono è una strategia per diventare ricchi.

Senza una base finanziaria, però, i loro sforzi assomigliano alla costruzione di un grattacielo su deboli fondamenta e invece di creare l'Empire State Building, finiscono con la torre pendente dei sobborghi.

Robert e il suo amico d'infanzia Mike, invece, hanno ricevuto delle solide fondamenta degne di un grattacielo grazie agli insegnamenti del padre ricco.

Come materia, la contabilità è noiosa, difficile – e assolutamente cruciale per il successo finanziario. Per renderla accessibile ai ragazzi, il padre ricco aveva fatto uso di immagini. Solo più avanti iniziò ad aggiungere i numeri per guidarli nella comprensione di concetti chiave.

La regola numero uno, dice Robert, è che dobbiamo conoscere la differenza tra attivi e passivi, e comprare solo attivi. È tutto ciò che dobbiamo sapere. Nonostante sia così semplice, è comunque qualcosa che molti non capiscono.

Quando il padre ricco lo spiegò per la prima volta ai due ormai adolescenti, pensarono che scherzasse. Com'era possibile che gli adulti non lo capissero? Non dovrebbero essere tutti ricchi?

Il problema è che molte persone sono state istruite in un modo diverso da banker[1], consulenti finanziari e altri professionisti, quindi devono disimparare quello che pensano di sapere. Qualcuno trova umiliante tornare a un'introduzione così basilare.

La vera definizione di "attivi" e "passivi" non si trova nelle parole, ma nei numeri.

---

[1] Esperto di investimenti e strumenti finanziari che fornisce consulenza di gestione patrimoniale ai clienti facoltosi (ndr).

Robert usa i disegni per aiutare i lettori nello stesso modo in cui il padre ricco aveva aiutato lui.

Ecco il modello del cashflow di un attivo:

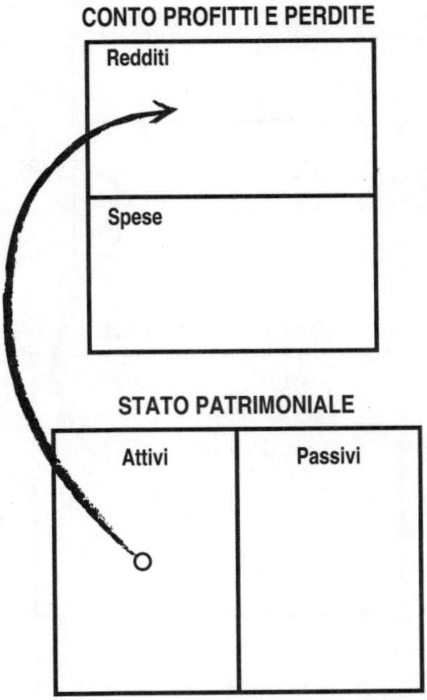

Il grafico sopra è un conto Profitti e Perdite. Riassume le entrate (redditi) e le spese: il denaro che entra e quello che esce. Quello sotto è uno Stato patrimoniale. Si chiama così perché si suppone che bilanci attivi e passivi.

Gli attivi si aggiungono al vostro reddito. Vi mettono i soldi in tasca.

Ecco il modello del cashflow di un passivo:

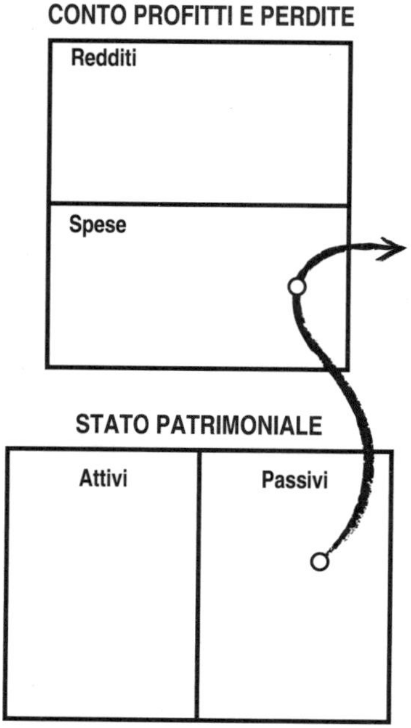

Un passivo vi toglie denaro dalle tasche.

Volete essere ricchi? Comprate attivi. Sembra semplice, eppure così tante persone sono in difficoltà perché comprano passivi. Se volete guadagnare e mantenere la ricchezza, dovete consolidare la vostra comprensione di questo concetto.

In sé, i numeri non significano nulla; ciò che conta è il modo in cui i numeri raccontano la storia. Seguite le frecce in ciascun diagramma per vedere dove va il flusso del denaro, il cosiddetto cashflow. Vi racconterà la storia, la trama di quella situazione finanziaria.

Questo è il cashflow di un povero:

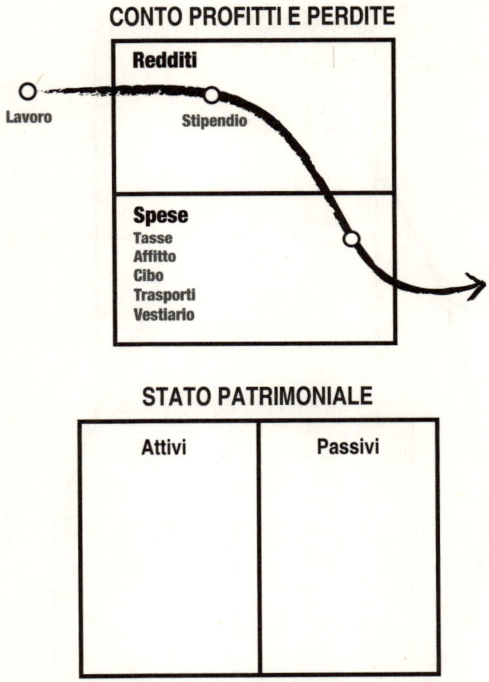

Questo è il cashflow di una persona della classe media:

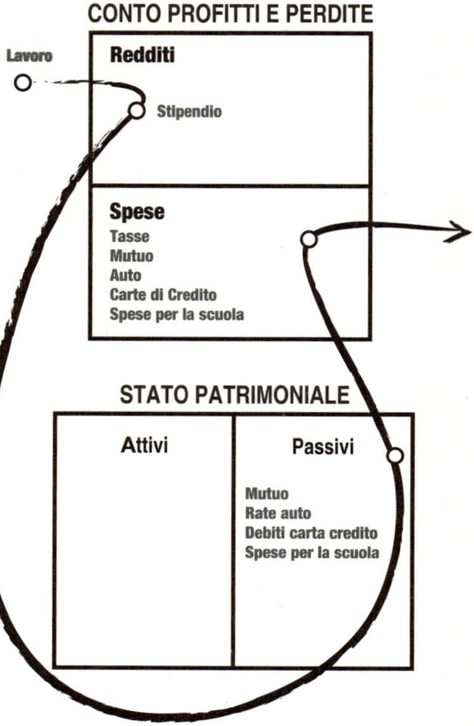

Questo è il cashflow di una persona ricca:

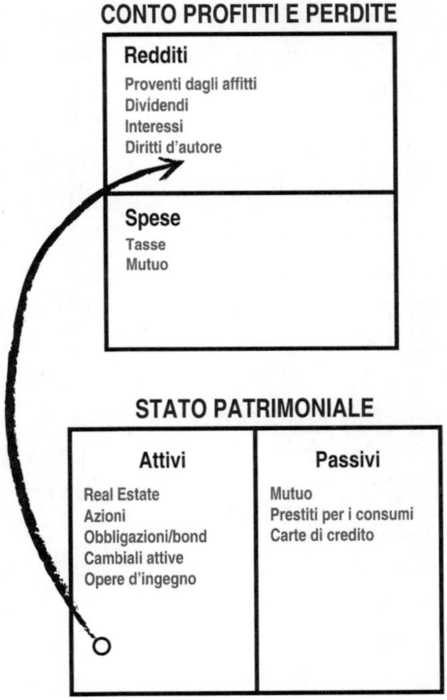

Attraverso questi grafici semplificati, il cashflow – il flusso di cassa – racconta la storia di come ogni persona gestisce i suoi soldi.

Spesso, chi ha debiti pensa che la soluzione sia fare più soldi. Il fatto è che più soldi non solo non risolveranno sempre i suoi problemi, ma potrebbe aggravarli. È il motivo per cui chi si ritrova all'improvviso con una somma inattesa – per esempio attraverso una vincita alla lotteria o un'eredità – li brucia così velocemente. Un aumento di soldi finisce solamente in un aumento di spese.

Ciò che manca a tante persone è l'istruzione finanziaria. È il motivo per cui potrebbero anche avere successo nella loro professione ma continuano ad avere difficoltà economiche. Potrebbero aver imparato a fare soldi, ma non a gestirli. Si può essere molto intelligenti ma analfabeti in materia economica. Hanno imparato come lavorare duramente per il denaro, ma non come far sì che il denaro lavorasse duramente per loro.

Robert racconta la storia di una giovane coppia che si sposa e inizia la sua vita insieme. I loro redditi cominciano ad aumentare, ma anche le loro spese.

La coppia viene colpita dalla spesa numero uno della maggior parte della gente: le tasse. E, per molti, la spesa principale non proviene dalle tasse, ma dalla previdenza sociale. Corrisponde a circa il 15% (la tassa USA per la Social Security combinata con Medicare, il tutto versato dal datore di lavoro, cioè fondi che il datore di lavoro non può pagare subito al lavoratore). Sempre su quella cifra, l'impiegato viene ulteriormente tassato per il reddito.

La giovane coppia deve affrontare quelle tasse e, nel momento in cui decide di acquistare una casa, c'è l'imposta sugli immobili. Oltre alla casa nuova, compra un'auto nuova, mobili nuovi ed elettrodomestici nuovi. All'improvviso, i loro passivi sono aumentati, pieni di debiti per mutui e carte di credito.

I due sposi sono intrappolati nella Corsa dei Topi. Arriva un bambino e lavorano di più: più soldi che portano a più tasse. Continuano ad accumulare debiti, che alla fine spostano nel loro mutuo consolidandoli. Ma le loro abitudini non sono cambiate, quindi i debiti delle carte di credito continuano – per non parlare del fatto che hanno esteso il mutuo sulla casa.

Per questa coppia e tanti altri come loro, il vero problema è non sapere come gestire il denaro che possiede. La causa è l'analfabetismo finanziario e il non comprendere la differenza tra attivi e passivi.

C'è davvero molta gente che non si ferma a chiedersi il senso delle cose e che si limita a seguire la massa. Spesso ripete meccanicamente ciò che si è sentita dire: "Diversifica", "La tua casa è un attivo", "Se ti indebiti avrai una riduzione fiscale", "Trovati un posto fisso", "Non commettere errori", "Non assumerti dei rischi".

Grazie a tutto il tempo che Robert e Mike avevano trascorso incontrando il padre ricco e ascoltando le persone intelligenti di cui si circondava, impararono molto – e impararono soprattutto a mettere in discussione il dogma che predicavano nella loro scuola. Questo cominciò a creare problemi e a farli allontanare dagli insegnanti.

Robert cominciò anche a discutere con il suo stesso padre sulle questioni di soldi, soprattutto quando si arrivò alla convinzione del padre povero che la loro casa fosse il suo investimento più grande. Al contrario, il padre ricco vedeva la sua casa come un passivo.

Molti credono ancora che la propria casa sia un attivo. Robert invece insegna che è un passivo, perché ci toglie i soldi dalle tasche – non solo per le tasse e le spese, ma per la perdita di valore e tutte le occasioni mancate per via del fatto che tutti i nostri soldi sono bloccati nella casa. E questo ci costa come esperienza in fatto di investimenti.

Questo non significa che non dovrete mai comprare una casa più grande. Assicuratevi però prima di comprare degli attivi che generino il cashflow con cui pagarvela.

Quando ci sono attivi sufficienti per generare delle rendite più che sufficienti per coprire le spese, il saldo viene reinvestito in attivi. Questo fa crescere la colonna degli attivi nello stato patrimoniale. E questo produce più reddito. Il risultato è che i ricchi, che distinguono la differenza tra attivi e passivi, diventano più ricchi.

Il ceto medio rimane bloccato nella Corsa dei Topi perché considera la casa un attivo anziché investire in attivi che producano reddito. Rimane bloccato anche perché lo stipendio è la sua fonte principale di reddito – perciò, quando il suo reddito aumenta, aumentano anche le sue tasse.

Molti investono in fondi comuni, pagando qualche promotore finanziario che gestisca il loro conto perché non hanno il tempo o l'esperienza necessari per farlo da soli. Credono che con i fondi comuni si giochi sul sicuro e lo devono fare perché il loro stato patrimoniale è sbilanciato. Non sono in grado di cogliere delle occasioni perché sono indebitati fino al collo e la loro unica fonte di reddito è lo stipendio.

Volete diventare ricchi? Concentrate i vostri sforzi nell'acquisto di attivi che producono reddito – una volta compreso bene cosa sia un attivo. Mantenete i passivi e le spese bassi. Farete crescere la vostra colonna degli attivi.

Quand'è che una persona si accorge di essere ricca? Robert riporta una definizione di R. Buckminster Fuller: "La ricchezza è la capacità di una persona di sopravvivere un certo numero di anni... In altri termini, se smettessi di lavorare oggi, quanto potrei sopravvivere?"

In altre parole, la ricchezza misura il cashflow che deriva dalla colonna degli attivi in rapporto alla colonna delle spese. Quando i vostri attivi generano un reddito sufficiente a coprire le vostre spese, siete ricchi, pur non essendo ancora ricchi.

Momento dell'emisfero sinistro: Osservate i numeri e imparate a leggere la storia che raccontano. Gli attivi vi mettono i soldi nelle tasche. Se qualcosa vi toglie i soldi dalle tasche, non è un attivo; è un passivo.

Momento dell'emisfero destro: Le figure dello stato patrimoniale aiutano a spiegare il movimento del denaro nella vita di persone diverse.

Momento del subconscio: Il timore dell'ostracismo induce le persone a conformarsi, senza metterle in discussione, alle opinioni comunemente accettate o alle tendenze popolari, spesso a loro svantaggio economico.

Cosa intendeva dire Robert

È ora di riflettere. Chiedetevi: "*Cosa* intendeva dire Robert con questa frase?" E "*Perché* dice così?" In questa parte non dovete concordare o meno con Robert. L'obiettivo è *capire* quello che Robert sta dicendo.

Ricordate, le frasi qui elencate sono ideate per essere di aiuto e di sostegno. Due menti sono meglio di una. Se non capite le parole di Robert, non rinunciate. Fatevi aiutare per capire meglio. Prendetevi il tempo necessario per analizzare ciascuna frase fino ad averla compresa a fondo.

"Non conta quanto denaro si fa, ma quanto se ne mantiene".

"L'intelligenza risolve i problemi e produce denaro. I soldi senza istruzione finanziaria fanno presto a dileguarsi del tutto".

"Se costruite un grattacielo, la prima cosa che dovete fare è scavare un buco profondo e gettare fondamenta solidissime. Se costruite una casa a un piano, basta gettare quindici centimetri di cemento armato. Nel loro tentativo di arricchirsi, molti cercano di costruire l'Empire State Building basandosi su quindici centimetri di cemento".

"I ricchi acquistano attivi; i poveri e la classe media acquistano passivi ritenendo che siano attivi".

"Se il nostro modello prevede la spesa di tutto quello che incassiamo, un aumento di introiti condurrà probabilmente a un incremento di spese".

"Per l'80% delle famiglie, la storia finanziaria è riassumibile con il lavorare duro per sbarcare il lunario. E comunque lo sforzo è vano perché passano la vita a comprare passivi anziché attivi".

"Non riuscendo a capire il funzionamento finanziario, la maggior parte della gente si fa dominare dal terribile potere del denaro".

Domande aggiuntive

È il momento di riprendere le storie descritte in questo capitolo insieme alla comprensione di ciò che Robert intendeva e applicarle a voi stessi e alla vostra vita. Ponetevi le domande che qui seguono e discutetene con il vostro compagno di studio. Siate sinceri con voi stessi e con chi vi è vicino. Se non vi piacciono alcune delle risposte che date, chiedetevi se desiderate cambiare e accettare la sfida di cambiare i vostri pensieri e il vostro modo di ragionare:

1. Quando è iniziata la vostra educazione finanziaria? È avvenuta con questo libro o da un'altra fonte?
2. Come avete reagito quando avete letto per la prima volta la definizione che Robert ha dato di attivi e passivi?
3. Come avete reagito quando ha affermato che la casa non è un attivo? Avevate considerato la vostra come tale? Dopo aver approfondito le sue motivazioni, avete cambiato idea?
4. Quale situazione di cashflow assomiglia più alla vostra vita?
5. Oltre alla vostra casa, c'è qualcosa che consideravate un attivo e che poi si è rivelato un passivo?
6. Concordate con l'affermazione: "Ciò che manca nell'istruzione di molti non è come fare i soldi, ma come gestirli". Perché sì o perché no?
7. C'è stato un momento della vostra vita in cui un evento apparentemente positivo, come una promozione o un aumento, non abbia portato al risultato che aspettavate nel vostro bilancio?
8. Quanti giorni potreste sopravvivere se smetteste di lavorare oggi? Quel numero vi sorprende o vi spaventa?

Definizione dei termini:

401(k): Piano pensionistico statunitense sviluppato dall'ERISA Act del 1974 quando le aziende hanno riconosciuto di non essere in grado di provvedere all'assistenza sanitaria dei pensionati.
ATTIVO: Ciò che ti mette soldi "nelle tasche" con il minimo della fatica.
STATO PATRIMONIALE: La parte inferiore del grafico di un rendiconto finanziario, così chiamato perché si suppone bilanci attivi e passivi.
CASHFLOW: Denaro (cash) che entra (come reddito) e che esce (come spese). È la direzione del cashflow che determina che qualcosa sia reddito, spesa, attivo o passivo. Il cashflow racconta la storia.
ATTITUDINE FINANZIARIA: Ciò che facciamo con i soldi una volta che li abbiamo guadagnati, come impedire che qualcuno ce li porti via, come mantenerli più a lungo e come far sì che lavorino duramente per noi.
REGOLA AUREA: Chi possiede l'oro stabilisce le regole.
REDDITO: Il denaro che si ottiene dalla normale attività commerciale di un individuo o di un business.
CONTO PROFITTI E PERDITE: Riassume le entrate (redditi) e le spese, cioè il denaro che entra e il denaro che esce.
PASSIVO: Ciò che ti toglie soldi "dalle tasche".
FONDI COMUNI: Un insieme di azioni, bond, obbligazioni, gestito da una società finanziaria e acquistato da investitori individuali a mezzo di quote. Le quote non hanno rappresentanza diretta nel capitale delle società che fanno parte del fondo.
PREVIDENZA SOCIALE: Un programma pensionistico integrativo comunemente basato su fondi dedotti automaticamente dallo stipendio per la sussistenza delle stesse persone nella loro vecchiaia o disabilità.

NOTE

Capitolo 3

LEZIONE 3: OCCUPARSI DEI PROPRI BUSINESS

I ricchi si concentrano sulla colonna degli attivi mentre tutti gli altri pensano a redditi e spese.

Nel 1974, Ray Kroc, fondatore della catena McDonald's, tenne una conferenza al corso di specializzazione in Economia dell'Università del Texas, a Austin. Un mio amico era iscritto al corso. Dopo un discorso efficace e motivante, la lezione fu aggiornata e gli studenti chiesero a Ray se volesse unirsi a loro per una birra nel loro locale preferito. Ray accettò con piacere.

"Qual è il settore di cui mi occupo?" chiese il magnate non appena ebbero un boccale in mano.

"Tutti si misero a ridere", mi riferì il mio amico. "Pensavano che Ray stesse scherzando".

Nessuno rispose, così Ray ripeté la domanda: "Di quale settore pensate che mi occupi?"

Gli studenti risero di nuovo e, alla fine, un'anima coraggiosa esclamò: "Ma tutti sanno che lei vende hamburger!"

Ray sogghignava: "Proprio quello che pensavo avreste detto". Dopo una pausa, aggiunse: "Signori e signore, non mi occupo affatto di hamburger: il mio business è il real estate".

Secondo il racconto del mio amico, Ray ci mise molto per spiegare il suo punto di vista. Nel suo piano aziendale, era chiaro che l'attività principale consistesse nel franchising di hamburger, ma ciò su cui si concentrava da sempre Ray era l'ubicazione di ciascun punto vendita. Lui sapeva che l'immobile e la sua posizione erano i fattori più importanti per il successo della concessione. Sostanzialmente, la persona che accetta il franchising paga anche il terreno su cui sorge il McDonald's.

Oggi McDonald's è il più grande proprietario immobiliare del mondo, occupando i più costosi incroci e angoli stradali d'America e di altri continenti.

Il mio amico sostiene che quella sia stata una delle lezioni più preziose della sua vita. Oggi, egli possiede diversi autolavaggi, ma il suo business è la terra su cui essi sorgono.

20 ANNI DOPO...

AVANZAMENTO VELOCE: 2017

McDonald's, 7-Eleven e KFC risultano tuttora i tre più grandi brand del franchising. Nel 2016 le vendite totali dei 200 maggiori brand di franchising sono aumentate del 2,2%, pari a 12,5 miliardi di dollari.

Il capitolo precedente spiegava attraverso dei grafici che molti lavorano per tutti tranne che per se stessi. Lavorano innanzitutto per i proprietari della loro azienda, poi per lo Stato attraverso le tasse e infine per la banca che ha concesso loro il mutuo.

Da ragazzo, non c'era nessun McDonald's nella zona in cui vivevo. Tuttavia, Mike e io abbiamo avuto la stessa lezione che Ray Kroc aveva dato agli studenti dell'università del Texas. È il terzo segreto dei ricchi. Quel segreto è: "Occuparsi dei propri affari". I problemi finanziari derivano spesso dal fatto che molti lavorano tutta la vita per qualcun altro. Alla fine dei giorni lavorativi, dei loro sforzi non resterà nulla in mano.

L'attuale sistema scolastico si propone di preparare i ragazzi a trovare un buon lavoro sviluppando le loro abilità teoriche.

La loro vita sarà condizionata dallo stipendio o, come già detto, dalla colonna dei redditi. I ragazzi continuano gli studi per diventare ingegneri, scienziati, cuochi, poliziotti, artisti, scrittori e così via. Queste abilità professionali permetteranno loro di entrare nella forza-lavoro e di guadagnare dei soldi.

Ma c'è una grande differenza tra la propria professione e i propri affari. Spesso chiedo alla gente: "Di che ti occupi?" e mi sento rispondere: "Sono un banchiere". Allora, chiedo se possiedano la banca e loro, naturalmente, rispondono: "No, ci lavoro". In questo caso, confondono il loro mestiere con i loro affari. Di professione sono bancari, ma devono ancora capire quali sono i loro business.

A scuola, uno dei problemi è che spesso si diventa ciò per cui si studia. Per esempio, chi frequenta la scuola per cuochi diventa cuoco. Chi studia giurisprudenza, diventa avvocato, chi si iscrive a una scuola professionale per meccanici, diventa meccanico. L'errore sta nel fatto che, intraprendendo il mestiere per cui si è studiato, ci si dimentica di occuparsi dei propri affari. Così, si passa la vita a servire gli interessi altrui, rendendo ricchi gli altri.

> *I problemi finanziari derivano spesso dal fatto che molti lavorano tutta la vita per qualcun altro.*

Per essere finanziariamente sicura, una persona deve pensare al suo interesse. Ciò significa preoccuparsi della colonna degli attivi, non di quella dei redditi. Come rilevato in precedenza, la regola numero uno indica di distinguere tra attivi e passivi, e di acquistare i primi. I ricchi si concentrano sulla colonna degli attivi mentre tutti gli altri pensano a redditi e spese.

Ecco perché sentiamo spesso dire: "Ho bisogno di un aumento"; "Se solo avessi un avanzamento di carriera"; "Devo tornare sui banchi per specializzarmi e poi trovare un lavoro migliore"; "Lavorerò anche di notte"; "Forse riesco a trovare un secondo lavoro".

In certi circoli, queste appaiono idee sensate. Però, se vi piacciono non state ancora facendo i vostri affari. Esse rientrano completamente nella logica della colonna dei redditi e contribuiranno ad arricchirvi solo se userete il denaro aggiuntivo per comprare attivi che generano reddito.

Il motivo principale per cui la maggioranza dei poveri e dei borghesi è fiscalmente conservatrice – che significa: "Non posso assumermi dei rischi" – dipende dal fatto che non hanno una base finanziaria. Devono tenersi stretto il loro lavoro e giocare sul sicuro.

Quando le aziende sono state costrette a ridurre i dipendenti, milioni di operai e impiegati hanno scoperto che il loro "presunto" bene maggiore, la casa, prosciugava tutto ciò che avevano. Il loro "attivo" costava dei soldi ogni mese. La loro auto, altro "attivo", li metteva sul lastrico. Le mazze da golf, che tenevano in garage e avevano pagato 1.000 dollari, ora valevano molto meno. Senza sicurezza professionale, non avevano altro su cui fare affidamento. Ciò che ritenevano fossero attivi non permetteva loro di sopravvivere in tempo di crisi finanziaria.

Immagino che molti abbiano riempito il modulo per la richiesta di credito per poter comprare una casa o una macchina. È sempre interessante guardare la voce dell'"utile netto" perché così emerge ciò che le normali pratiche bancarie permettono di considerare come attivo.

Una volta, volendo chiedere un prestito, la

20 ANNI DOPO...

DISOCCUPAZIONE

La campagna presidenziale di Donald Trump del 2016 ha puntato su Lavoro, Lavoro, Lavoro. La disoccupazione è a livelli record, anche se i "rapporti" indicano molte formule e statistiche diverse. L'Organizzazione Internazionale del Lavoro ha previsto che la disoccupazione globale del 2017 potrebbe raggiungere i 200 milioni. Altro punto su cui riflettere: l'arrivo dei robot...

mia posizione finanziaria appariva poco lusinghiera. Allora, vi aggiunsi le mie mazze da golf, la mia collezione di opere d'arte, i miei libri, l'elettronica, i vestiti firmati Armani, gli orologi da polso, le scarpe e altri effetti personali, tanto per aumentare le voci nella colonna degli attivi.

Ciononostante, mi negarono il prestito perché avevo troppi investimenti immobiliari. A chi vagliava la mia domanda non piaceva che facessi tanti soldi con gli affitti. Volevano sapere perché non avessi un lavoro normale con uno stipendio. Non mettevano in dubbio i vestiti di Armani, le mazze da golf o la collezione di quadri. A volte la vita è dura se si esce dal profilo standard.

Rabbrividisco ogni volta che sento qualcuno dire che il suo utile netto è pari a 1 milione di dollari, a 100.000 dollari, o altro. Una delle ragioni principali per cui l'utile netto non è preciso dipende dal fatto che, non appena si vendono gli attivi, si è tassati sull'utile ottenuto.

Tanti individui licenziati, essendo diminuito il loro reddito, si sono trovati in grossi guai finanziari. Per raccogliere dei fondi, vendono i loro attivi. Ma gli attivi personali sono alienabili solo per una frazione della cifra iscritta nello stato patrimoniale. Qualora vi sia un utile sulla vendita degli attivi, ecco arrivare le tasse su quell'utile. Lo Stato reclama la sua parte, riducendo così l'ammontare disponibile che serviva per uscire dai guai. Ecco perché sostengo che l'"utile netto" di una persona sia spesso inferiore a quello che ritiene.

Iniziate a occuparvi dei vostri business. Mantenete il vostro lavoro quotidiano, ma cominciate a comprare veri attivi, non passivi o effetti personali che perdono valore reale non appena li portate a casa. Un'auto nuova perde quasi il 25% del prezzo di listino nel momento stesso in cui andate a ritirarla. Non è un vero attivo, anche se la vostra banca lo ritiene tale. La mia nuova mazza da golf in titanio, che ho pagato 400 dollari, ne valeva solo 150 nel momento stesso in cui l'ho usata per la prima volta.

Mantenete basse le spese, riducete i passivi e costruite diligentemente una solida base di attivi. Per i giovani che non sono ancora andati via di casa, è importante che i genitori insegnino loro la differenza tra attivi e passivi. Devono imparare a costruire una solida colonna degli attivi prima di abbandonare la casa paterna, di sposarsi, comprare un appartamento, avere figli e rimanere invischiati in una pericolosa situazione finanziaria, aggrappandosi a un posto di lavoro e comprando tutto a credito. Vedo un sacco di coppie che si sposano e si fanno intrappolare in uno stile di vita che non permette loro di sdebitarsi per gran parte della vita.

Quando il loro ultimo figlio si rende indipendente, molti si rendono conto di non essersi preparati una pensione adeguata, cosicché cominciano ad affannarsi per accantonare dei soldi. Poi, magari, sono i loro genitori ad ammalarsi, per cui si trovano a doversi accollare nuove responsabilità.

Che genere di attivi posso quindi suggerire di acquistare a voi e ai vostri figli? Nella mia concezione, i veri attivi sono compresi in queste categorie:

- *Gli affari che non richiedono la mia presenza* – Li possiedo, ma sono gestiti da altre persone. Se devo lavorarci, non è un business, ma diventa la mia occupazione.
- *Azioni*
- *Obbligazioni*
- *Immobili o proprietà fondiarie che producono rendite*
- *Cambiali attive (pagherò)*
- *Diritti d'autore su opere d'ingegno come musica, brevetti e sceneggiature*
- *Qualsiasi altra cosa che abbia valore, produca reddito, si rivaluti e abbia già un mercato*

Da giovane, il padre povero mi incoraggiava a trovare un posto fisso. Il padre ricco, invece, mi spingeva a comprare attivi che amavo. "Se non ti piacciono, non te ne prenderai cura", diceva. In effetti, accumulo terre ed edifici perché adoro i beni immobili. Mi piace andare a comprarli e potrei guardarli per intere giornate. Se sorgono dei problemi, non sono mai così gravi da intaccare il mio affetto per loro. Chi odia gli immobili non dovrebbe acquistarli.

Mi piacciono anche le azioni di piccoli compagnie, specialmente le start-up. Infatti, io sono un imprenditore, non un uomo d'azienda. Nei primi tempi, lavoravo per grandi società come la Standard Oil of California, la Marina statunitense e la Xerox. Non che ci sia stato male, ho sicuramente dei bei ricordi, ma so di non essere un uomo d'azienda. Mi piace creare nuove aziende, non gestirle. Perciò i miei acquisti azionari riguardano di solito piccole compagnie. A volte sono io a metterle sul mercato e farle diventare pubbliche. Si fanno fortune con emissioni di nuove azioni: ammetto che questo gioco mi piace molto. Molti hanno paura delle small-cap, ritengono che siano rischiose, e in effetti lo sono. Ma il rischio si riduce se amate il settore di investimento, se lo conoscete e capite il gioco.

Iniziate a occuparvi dei vostri business. Mantenete il vostro lavoro quotidiano, ma cominciate a comprare veri attivi, non passivi.

Per quanto riguarda le piccole compagnie, la mia strategia di investimento prevede di rivendere le azioni entro un anno. Viceversa, la mia strategia per il real estate prevede di iniziare in piccolo e continuare via via con proprietà più grandi, rimandando così il pagamento delle tasse sull'incremento degli utili. Ciò permette un notevole aumento di valore. Di solito trattengo gli immobili per non più di sette anni.

Per anni, anche quando ero alle dipendenze della Marina o della Xerox, feci quello che mi suggeriva il padre ricco. Tenevo il lavoro quotidiano, ma nel frattempo mi occupavo dei miei affari. Mi impegnavo cioè a incrementare la colonna degli attivi scambiando beni immobili e piccole azioni. Il padre ricco insisteva sempre sull'importanza dell'educazione finanziaria. Meglio comprendevo la contabilità e la sua gestione e più sarei stato capace di analizzare gli investimenti, finendo per fondare una mia propria azienda.

Non incoraggio nessuno a creare business se non lo desidera davvero. Sapendo ciò che so sulla gestione aziendale, non auguro a nessuno di assumersi tale onere. Ci sono periodi in cui non si riesce a trovare lavoro, per cui fondare una società può apparire come la soluzione migliore. Ma le probabilità cospirano contro il successo: nove aziende su dieci falliscono entro i primi cinque anni. Di quelle che superano i primi cinque anni, poi, nove su dieci falliscono. Perciò, vi consiglio di farlo solo se avete davvero il desiderio di possedere un vostro business. Altrimenti, tenetevi il vostro lavoro dipendente e curate i vostri interessi.

Con questo, voglio dire che dovete costruire e rafforzare la colonna degli attivi. Ogni volta che ci inserite 1 dollaro, non fatevelo sfuggire. Ragionate così: se 1 dollaro entra nella colonna degli attivi, diventa un vostro dipendente. La cosa più bella dei soldi è che lavorano ventiquattr'ore al giorno, anche per le generazioni successive. Tenete il vostro lavoro quotidiano, siate dipendenti zelanti e stacanovisti, ma continuate a corroborare la colonna dei vostri attivi.

Aumentando il cashflow, potrete permettervi qualche bene di lusso. I ricchi comprano beni di lusso come ultima cosa, mentre poveri e classe media li comprano spesso per prima cosa. Questi ultimi acquistano case enormi, diamanti, pellicce, gioielli o barche perché vogliono sembrare facoltosi. Lo sembrano, ma in realtà sprofondano nei debiti. I ricchi che sono tali da lungo tempo si sono preoccupati anzitutto di strutturare bene la colonna degli attivi; poi, col reddito generato da tale colonna acquistano beni di lusso. Poveri e ceto medio si comprano gli sfizi col sudore, col sangue e l'eredità dei figli.

Un bene di lusso è la ricompensa per aver investito in veri attivi e averli sviluppati. Per esempio, quando io e mia moglie Kim abbiamo avuto soldi in più grazie all'affitto dei nostri appartamenti, lei è andata a comprarsi una Mercedes. Non ha dovuto lavorare di più né correre alcun rischio, perché le rendite immobiliari le hanno pagato l'auto. Tuttavia, aveva dovuto aspettare quattro anni che gli investimenti cominciassero a produrre denaro supplementare, sufficiente a pagarsi l'auto. Ma il bene di lusso, la Mercedes, era una vera ricompensa perché mia moglie aveva dimostrato di saper accrescere la colonna degli attivi. Per lei, quell'auto significa qualcosa di più di un bell'oggetto: vuol dire aver usato l'intelligenza finanziaria per potersela permettere.

La maggior parte della gente, invece, agisce d'impulso e compra la macchina nuova, o un altro sfizio, a credito. Forse si annoia e vuole un giocattolo nuovo. Ma alla fine comprarlo a credito induce a odiarlo perché il debito diventa un peso finanziario.

Dopo esservi dedicati a costruire e a investire nei vostri business, ora siete pronti ad apprendere il più grande segreto dei ricchi, quello che li fa precedere di molto la massa.

SESSIONE DI STUDIO

Capitolo 3

LEZIONE 3: OCCUPARSI DEI PROPRI BUSINESS

Capitolo 3

LEZIONE 3: OCCUPARSI DEI PROPRI BUSINESS

Riassunto

Nel 1974, un amico di Robert ebbe modo di sentir parlare Ray Kroc, il fondatore di McDonald's, all'Università del Texas, a Austin. Alla fine della lezione Ray accettò di unirsi agli studenti per bere una birra nel loro locale preferito.

Chiese agli studenti di quale settori si occupasse. All'inizio si misero tutti a ridere e poi risposero che naturalmente il suo settore fosse nella vendita di hamburger.

Ray disse invece che lui non si occupava affatto di hamburger, ma che era nel business del real estate. Sapeva che l'immobile e la localizzazione di ogni punto vendita erano i fattori più importanti del suo successo. Oggi, McDonald's è il più grande proprietario immobiliare del mondo, occupando i più costosi incroci e angoli stradali.

L'amico di Robert imparò bene quella lezione e oggi possiede diversi autolavaggi, ma il suo business è la terra su cui essi sorgono.

Molte persone lavorano per qualcun altro: il proprietario dell'azienda, lo Stato (tasse) e la banca (mutuo). È ciò che Ray Kroc e il padre ricco conoscevano come il terzo segreto dei ricchi: occupati dei tuoi affari. Non trascorrere tutta la vita a lavorare per qualcun altro.

C'è una grande differenza tra la propria professione e i propri affari. Spesso Robert chiede alla gente: "Di cosa ti occupi?" e si sente rispondere: "Sono un banchiere". Allora chiede se possiedono la banca e loro rispondono: "No, ci lavoro". In questo caso, hanno confuso il loro mestiere con i loro affari. Di professione sono bancari, ma devono ancora capire quali sono i propri business.

Troppi passano la vita a servire gli interessi altrui rendendo ricche altre persone.

Occuparsi dei propri business non significa fondare un'impresa, anche se ciò può valere per alcuni. Il vostro business è determinato dalla colonna degli attivi non da quella dei redditi e delle spese.

Avanzare nella carriera o trovare un lavoro migliore contribuirà ad arricchirvi solo se userete il denaro aggiuntivo per comprare attivi che generano reddito.

Il motivo principale per cui la maggioranza dei poveri e del ceto medio è fiscalmente conservatrice è che non hanno una base finanziaria. Devono tenersi stretto il loro lavoro e giocare sul sicuro. Non possono permettersi di correre dei rischi.

E quando arrivano i tempi duri, ciò che molti ritengono essere attivi non li aiuteranno a sopravvivere a una crisi finanziaria. Quell'auto ha perso gran parte del suo valore. E quelle mazze da golf? Stessa cosa.

Troppo spesso le voci che una banca permette di elencare come attivi nel rendiconto di una persona non sono veri attivi.

A Robert una volta fu negato un prestito perché alla banca non piaceva che facesse tanti soldi con gli affitti e trovava preoccupante il fatto che non avesse un lavoro normale. Non metteva però in dubbio il suo numero di vestiti, la collezione di quadri e altri effetti personali come attivi.

L'utile netto non è l'unità di misura che la gente pensa che sia. Molti dei cosiddetti attivi su cui le persone basano il loro utile netto non ha il valore che ritengono che abbiano oppure, nel caso in cui vengano venduti, innescano la tassazione sul guadagno ottenuto.

Perciò l'invito di Robert è di occuparvi dei vostri affari. Mantenete il vostro lavoro quotidiano, ma cominciate a comprare veri attivi, non passivi o effetti personali che perdono valore reale non appena li portate a casa. Tenete basse le spese, riducete i passivi e costruite diligentemente una solida base di attivi.

I genitori devono insegnarlo ai propri figli prima che vadano via di casa, affinché capiscano cosa sia un vero attivo e non si facciano intrappolare in uno stile di vita pieno di debiti.

I veri attivi, come dice Robert, sono compresi in queste categorie:

1. *Gli affari che non richiedono la sua presenza* – Li possiedi, ma sono gestiti da altre persone. Se devi lavorarci, non è un affare, ma diventa la tua occupazione.
2. *Azioni*
3. *Obbligazioni*
4. *Immobili o proprietà fondiarie che producono rendite*
5. *Cambiali attive (pagherò)*
6. *Diritti d'autore su opere d'ingegno come musica, brevetti e sceneggiature*
7. *Qualsiasi altra cosa che abbia valore, produca reddito, si rivaluti e abbia già un mercato*

Comprate attivi che vi piacciono. Robert adora gli immobili, perciò la maggior parte del suo tempo lo trascorre a studiarli e ad andare a comprarli. Se non vi piace il real estate, non investiteci sopra.

A Robert piacciono inoltre le azioni delle piccole start-up, perché lui stesso è un imprenditore. Molti hanno paura del rischio che si può correre con le small-cap, ma lui le vede come un'opportunità con cui far fortuna. La sua strategia prevede di rivendere le azioni entro un anno. La sua strategia per i beni immobili, invece, prevede di iniziare con poco e continuare a scambiare i beni con proprietà più grosse (rimandando così le tasse sulle rendite), tenendo gli immobili per non più di sette anni.

Anche quando era alle dipendenze della Marina o della Xerox, Robert si occupò dei suoi business. Teneva il lavoro quotidiano ma si impegnava a incrementare la sua colonna degli attivi, scambiando beni immobili e piccole azioni.

Più comprendeva la contabilità e la sua gestione e più era capace di analizzare gli investimenti, riuscendo infine a fondare una sua azienda.

Non consiglia a nessuno di fondare un'azienda se non lo desidera davvero. Piuttosto, incoraggia a conservare il proprio lavoro dipendente e a curare i propri interessi, costruendo e rafforzando la colonna degli attivi.

Aumentando il cashflow, ci si può comprare qualche bene di lusso – ma solo se supportati da questo. Strutturate bene la colonna degli attivi e lasciate che sia il reddito generato da quella colonna a pagare i beni di lusso.

Momento dell'emisfero sinistro: È quando gli attivi generano abbastanza reddito per coprire i beni di lusso che li potete comprare.

Momento dell'emisfero destro: Pensate con creatività a quale possa essere il vostro affare, il vostro business, che non sia la vostra professione.

Momento del subconscio: Acquistate il tipo di attivi che amate, perché ve ne prenderete più cura e vi piacerà occuparvi di essi.

Cosa intendeva dire Robert

È ora di riflettere. Chiedetevi: "*Cosa* intendeva dire Robert con questa frase?" E "*Perché* dice così?" In questa parte non dovete concordare o meno con Robert. L'obiettivo è *capire* quello che Robert sta dicendo.

Ricordate, le frasi qui elencate sono ideate per essere di aiuto e di sostegno. Due menti sono meglio di una. Se non capite le parole di Robert, non rinunciate. Fatevi aiutare per capire meglio. Prendetevi il tempo necessario per analizzare ciascuna frase fino ad averla compresa a fondo.

> "Per essere finanziariamente sicura, una persona deve pensare al suo interesse".
>
> "I ricchi si concentrano sulla colonna degli attivi mentre tutti gli altri pensano a redditi e spese".
>
> "I problemi finanziari derivano spesso dal fatto che molti lavorano tutta la vita per qualcun altro. Alla fine dei giorni lavorativi, dei loro sforzi non resterà in mano nulla".
>
> "Una delle ragioni principali per cui l'utile netto non è preciso dipende dal fatto che, non appena si vendono gli attivi, si è tassati sull'utile ottenuto".

“Ogni volta che ci inserite 1 dollaro, non fatevelo sfuggire. Ragionate così: se 1 dollaro entra nella colonna degli attivi, diventa un vostro dipendente. La cosa più bella dei soldi è che lavorano ventiquattr’ore al giorno, anche per le generazioni successive”.
“I ricchi comprano beni di lusso come ultima cosa, mentre poveri e classe media li comprano spesso come prima cosa”.
“Poveri e ceto medio si comprano beni di lusso col sudore, col sangue e l’eredità dei figli”.

Domande aggiuntive

È il momento di riprendere le storie descritte in questo capitolo insieme alla comprensione di ciò che Robert intendeva e applicarle a voi stessi e alla vostra vita. Fatevi le domande che seguono e discutetene con il vostro compagno di studio. Siate sinceri con voi stessi e con chi vi è vicino. Se non vi piacciono alcune delle risposte che date, chiedetevi se desiderate cambiare e accettare la sfida di cambiare i vostri pensieri e il vostro modo di ragionare:

1. Qual è la vostra professione e qual è il vostro business? Che differenza hanno?
2. Quali sono le cose che avreste incluso nel vostro utile netto prima di leggere questo capitolo? Ora come le considerate?
3. Gli attivi che acquistate sono del tipo che piace a voi? Se così non fosse, avreste modo di cambiarli?
4. Vi è capitato di comprare un bene di lusso che il vostro cashflow non potesse giustificare? E vi è capitato di farlo quando il cashflow avrebbe giustificato l’acquisto? Confrontate la sensazione che avete provato nelle due situazioni, sia al momento dell’acquisto sia dopo.
5. C’è un vostro famigliare che ha passato tutta la vita a lavorare per qualcun altro, per poi finire con nulla in mano? Quale consiglio gli avreste dato, se aveste potuto?

Definizione dei termini:

OBBLIGAZIONE (BOND): Un titolo di debito emesso da un'entità autorizzata che attribuisce al suo possessore, alla scadenza, il diritto al rimborso del capitale prestato, più un interesse su tale somma.
IMPRENDITORE: Colui che crea un sistema che offra un prodotto o servizio e ne tragga un profitto. Gli imprenditori si assumono un certo livello di rischio per la realizzazione di opportunità e all'interno di una società capitalistica godono di un'altissima considerazione.
RENDICONTO FINANZIARIO: Il rendiconto del vostro reddito, delle spese, degli attivi e dei passivi. È la vostra "pagella" a scuola finita, che la banca vuole vedere prima di prestarvi dei soldi.
AZIONE: Il capitale raccolto da una società attraverso la distribuzione di azioni.

NOTE

NOTE

Capitolo 4

LEZIONE 4: LA STORIA DELLE TASSE E IL POTERE AZIENDALE

Il padre ricco praticava un gioco intelligente, e lo faceva attraverso le aziende, il più grande segreto dei ricchi.

Mi ricordo che a scuola ci raccontavano la storia di Robin Hood e della sua allegra brigata. Il mio insegnante lo presentava come un eroe romantico, che rubava ai ricchi per dare ai poveri. Il padre ricco non considerava Robin Hood un eroe: secondo lui era un furfante.

Robin Hood se n'è andato da un pezzo, ma i suoi seguaci sono ancora vivi e vegeti. Spesso sento dire: "Perché i ricchi non pagano le tasse?" oppure "I ricchi dovrebbero pagare più tasse e distribuire la ricchezza ai poveri".

È questa fantasia di prendere ai ricchi per dare ai poveri ad aver causato i più grossi problemi agli stessi poveri e al ceto medio. Il motivo per cui la classe media è tanto tassata dipende da questo ideale alla Robin Hood. La realtà è che i ricchi non vengono tassati, mentre la classe media, specie quella istruita e con redditi medio-alti, paga le tasse a favore dei poveri.

Per capire come funzionano veramente le cose, sarà utile dare un'occhiata alla storia dei tributi. Sebbene il padre più colto fosse un esperto della storia dell'istruzione, il padre ricco era fiero di essere un esperto della storia delle tasse.

Il padre ricco spiegò a Mike e a me che originariamente, in Inghilterra e in America, non esistevano le tasse. A volte venivano imposti dei tributi temporanei per sostenere le spese militari. Il re o il presidente facevano circolare la voce che tutti i sudditi dovevano contribuire allo sforzo bellico. Dal 1799 al 1816, in Inghilterra furono raccolti i tributi per le guerre contro Napoleone e la Francia, mentre in America le prime tasse coprirono le spese per la Guerra Civile (1861-1865).

Nel 1874 la Gran Bretagna rese l'imposta sul reddito un tributo permanente sui cittadini. Negli USA, l'imposta sul reddito diventò obbligatoria nel 1913 in seguito all'adozione del Sedicesimo Emendamento alla Costituzione. Una volta, gli americani erano contro le tasse. Era stata l'eccessiva imposta sul tè a portare al famoso incidente (rovesciamento in mare del carico inglese di tè) di Boston Harbor, che poi scatenò la Rivoluzione Americana. Ci vollero cinquant'anni, sia in Inghilterra sia negli USA, per convincere il popolo della plausibilità dell'idea di una regolare imposta sul reddito.

Ciò che non rivelano queste date è che in entrambi i casi il tributo doveva colpire inizialmente soltanto i ricchi. Il padre ricco voleva che io e Mike comprendessimo bene soprattutto questo punto. Ci spiegava che l'idea delle tasse veniva divulgata, e fatta accettare dalla maggioranza, dicendo ai poveri e alla classe media che si creava l'imposizione erariale solo per punire le persone abbienti. Ecco perché le masse votarono a favore della legge e perché questa diventò legale, costituzionale. Benché intendesse punire i ricchi, in realtà essa finì per castigare gli stessi che l'avevano votata, i poveri e il ceto medio.

"Una volta assaggiato il gusto dei soldi, l'appetito dello Stato crebbe", diceva il padre ricco. "Io e tuo padre siamo agli antipodi. Lui è un burocrate statale, io un capitalista. Guadagniamo abbastanza, ma il nostro successo si misura in base a comportamenti opposti. Lui viene pagato per spendere e assumere la gente: più spende, più insegnanti assume e più si ingrandisce la sua organizzazione. Nel settore pubblico, una grande organizzazione è un'organizzazione che gode di un certo rispetto. Invece nella mia organizzazione, meno persone assumo, meno soldi spendo, e più sono rispettato dai miei investitori. Ecco perché non mi piace chi lavora per lo Stato: ha sempre obiettivi diversi da quelli degli uomini d'affari. Se aumentano le organizzazioni statali, ci sarà bisogno di sempre più tasse per finanziarle".

Il padre istruito credeva sinceramente che lo Stato dovesse aiutare la gente. Sosteneva John F. Kennedy, in modo particolare l'idea dei Corpi della pace. Gli piacevano tanto che, insieme a mia madre, si impegnò nell'addestramento di volontari destinati a recarsi in Malesia, Tailandia e nelle Filippine. Come Provveditore agli studi, si impegnava sempre per ottenere maggiori sovvenzioni governative per poter assumere altri dipendenti, anche quando era a capo dei volontari all'estero.

Quando avevo 10 anni, il padre ricco cominciò a dirmi che i dipendenti pubblici non hanno voglia di lavorare, mentre il padre povero mi diceva che i ricchi erano persone avide che avrebbero dovuto pagare più tasse. Ognuno aveva le sue ragioni; ma per me, era difficile lavorare per uno dei più grandi capitalisti del paese e tornare a casa da un eminente servitore statale. Non era facile sapere a quale padre dare retta.

Il padre ricco non considerava Robin Hood un eroe: secondo lui era un furfante.

Tuttavia, studiando la storia fiscale, si aprì un'interessante prospettiva. Come già detto, la creazione delle tasse fu possibile solo perché le masse erano state indotte a credere nella teoria economica di Robin Hood: prendere soldi ai ricchi per distribuirli a tutti. Il problema è che l'appetito statale per i soldi crebbe al punto tale che in poco tempo divenne necessario imporre tasse anche alla classe media, con uno stillicidio continuo verso i ceti inferiori.

20 ANNI DOPO...

I RICCHI NON VENGONO TASSATI

I ricchi non saranno mai tassati. Gli stati utilizzano sempre più spesso le leggi fiscali per incentivare gli imprenditori e gli investitori a creare posti di lavoro e abitazioni. Questi incentivi riducono le tasse ai ricchi. Perciò l'unica fonte che garantisce allo stato un'entrata fiscale è la classe media.

Ma i ricchi videro in ciò un'occasione perché non seguono le stesse regole. Conoscevano i vantaggi delle compagnie marittime, quelle che avevano fatto fortuna al periodo delle scoperte geografiche. I ricchi avevano creato aziende e società come mezzo per limitare il rischio dei beni investiti in ciascun viaggio. In pratica, avevano messo parte dei loro soldi per finanziare l'impresa. La società ingaggiava una ciurma per navigare verso il Nuovo Mondo e cercare tesori. Se la nave affondava, la ciurma perdeva la vita, mentre i ricchi avrebbero perso solo il denaro investito in quel viaggio.

Il grafico seguente mostra come la struttura aziendale si situi al di fuori del conto Profitti e Perdite e dello Stato patrimoniale.

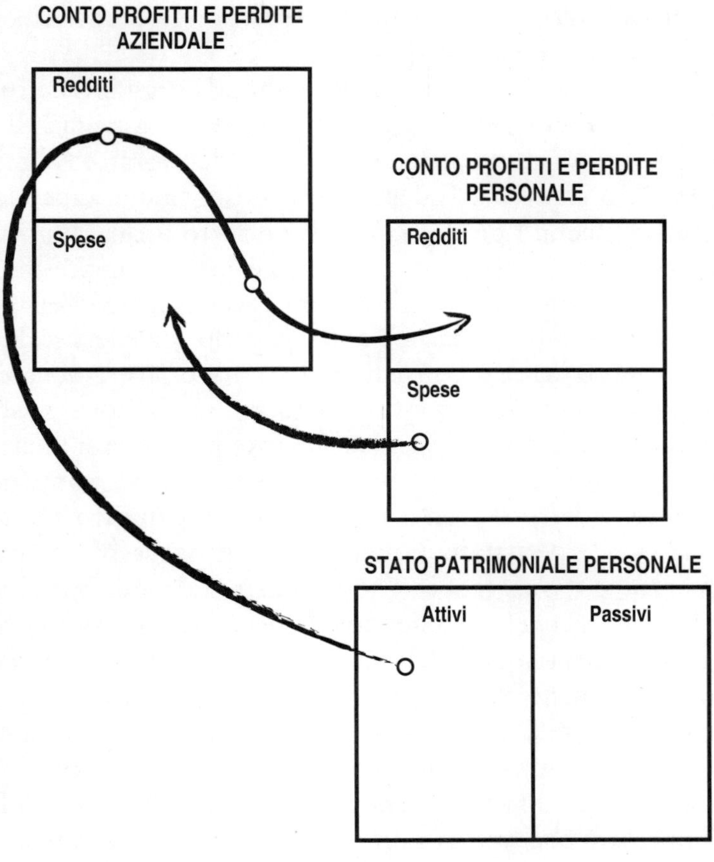

È la conoscenza del potere della struttura legale delle aziende a conferire ai ricchi il grande vantaggio sui poveri e sulla classe media. Avendo due padri, uno socialista e uno capitalista, a darmi lezioni, mi accorsi ben presto che la filosofia del secondo era finanziariamente più sensata. Mi sembrava che, alla fine, i socialisti penalizzassero se stessi a causa della loro carente istruzione economica. A prescindere dal grido di battaglia delle masse ("prelevare dai ricchi"), i ricchi trovavano sempre la maniera di essere più furbi. Ecco perché furono imposte le tasse anche al ceto medio. I ricchi sono sempre più furbi degli intellettuali solo perché comprendono il potere del denaro, una materia che a scuola non si insegna.

Ma come hanno fatto i ricchi a spuntarla sugli intellettuali? Una volta promulgata la legge del "prelevare dai ricchi", il denaro ha cominciato ad affluire nelle casse dello Stato. All'inizio la gente era contenta. Il denaro era consegnato ai dipendenti statali e ai ricchi. I primi lo ricevevano sotto forma di posti di lavoro e pensioni; i secondi attraverso le loro fabbriche che ottenevano contratti statali. Lo Stato riceveva una gran quantità di denaro, ma il problema era come gestirlo a livello fiscale. La politica dei burocrati consiste nell'evitare di avere denaro in eccesso. Chi non riesce a spendere tutti i finanziamenti rischia di perderli nelle sovvenzioni successive, perché non viene ritenuto efficiente. Gli imprenditori, invece, sono ricompensati se hanno eccesso di denaro e vengono per questo reputati efficienti. Perpetuandosi questo ciclo progressivo di spese statali, aumentava il fabbisogno di denaro e si modificava l'idea di "tassare i ricchi", includendovi la necessità di tassare anche i redditi inferiori, quelli della gente (poveri e classe media) che aveva inizialmente votato per l'introduzione delle tasse.

I veri capitalisti usarono allora la loro conoscenza finanziaria per trovare una scappatoia. Si rifugiavano sotto la protezione dell'azienda. Ma quello che non sa chi non ha mai fondato un'impresa è che questa non è una cosa tangibile, bensì una cartella di documenti legali conservata nell'archivio di un avvocato, debitamente registrati presso un ufficio statale. Un'impresa non è un grande edificio, né una fabbrica, né il gruppo di persone che vi lavora. È solo un documento che crea un istituto legale amorfo. Così, era di nuovo possibile proteggere i soldi dei ricchi. La pratica di fondare aziende fu popolare perché l'aliquota sui proventi aziendali era inferiore a quella sui redditi individuali. Inoltre, un'azienda poteva sostenere certe spese usando denaro non ancora tassato.

Questa guerra tra abbienti e non abbienti continua da secoli. La battaglia infuria ogni volta che vengono varate delle leggi e sempre infurierà. Il fatto è che i perdenti sono i disinformati: quelli che si alzano tutte le mattine per andare al lavoro e pagare diligentemente le tasse. Se solo capissero il modo in cui giocano i ricchi, potrebbero comportarsi analogamente anche loro. Allora si metterebbero sulla strada dell'indipendenza finanziaria. Ecco perché rabbrividisco quando sento un genitore che suggerisce al figlio di applicarsi nello studio per poi trovarsi un lavoro sicuro. Un impiegato con un lavoro sicuro, ma senza educazione finanziaria, è perduto.

Oggi un americano medio lavora da quattro a cinque mesi all'anno per lo Stato, cioè per pagare le tasse, prima di poter pensare ai suoi affari. A mio avviso, è troppo. Più lavora duro e più sovvenziona lo Stato. Ecco perché ritengo che l'idea del "prelevare dai ricchi" si sia ritorta contro la gente che l'ha sostenuta.

Ogni volta che si tenta di punire i ricchi, questi semplicemente non si adeguano. Reagiscono. Hanno denaro, potere e volontà di cambiare le cose. Non si limitano a subire e pagare sempre più tasse. Cercano piuttosto dei modi con cui minimizzare il loro peso fiscale. Assumono bravi avvocati e commercialisti, convincono i politici a modificare le leggi o a creare scappatoie legali. Usano le proprie risorse per imporre i cambiamenti.

Negli Stati Uniti, la legge permette anche altre possibilità per ridurre le tasse. Questi mezzi sono adottabili da tutti, ma sono i ricchi a trovarli perché si occupano dei loro affari. Per esempio, il cosiddetto 1031 è il codice degli introiti fiscali che consente a un venditore di differire il pagamento delle tasse su un immobile venduto per ricavare un utile (sul capitale) mediante scambio con un immobile più costoso. Gli immobili negli Stati Uniti sono un mezzo di investimento che possiede grandi vantaggi fiscali. Finché si fanno scambi di questo genere, si evitano le tasse sull'utile fino alla liquidazione finale. Chi non sfrutta tali esenzioni legali perde una grande occasione di incrementare la sua colonna degli attivi.

I poveri e la classe media non possiedono le stesse risorse. Sono passivi e lasciano che le siringhe statali effettuino il continuo prelievo di sangue. Sono sempre sconvolto dal numero di persone che pagano più tasse, o effettuano minori detrazioni fiscali, solo perché hanno paura dello Stato. Ho amici che hanno dovuto chiudere l'attività per poi scoprire che c'era stato un errore di calcolo erariale. Ne sono consapevole. Ma lavorare da gennaio a maggio è un prezzo troppo alto per quel tipo di intimidazione. Il padre povero non ha mai reagito. Se è per questo, nemmeno il padre ricco: lui praticava un gioco intelligente, e lo faceva attraverso le aziende, il più grande segreto dei ricchi.

20 ANNI DOPO...

IL FISCO

Il fisco pretende ciò che noi gli permettiamo. Il sistema fiscale è fondamentalmente giusto per il fatto che vale per tutti coloro che si trovano nella stessa situazione. Se desiderate investire, le leggi fiscali saranno a vostro vantaggio. Se volete semplicemente spendere denaro e comprare passivi, la legge fiscale non vi darà tregua... e probabilmente pagherete più tasse possibile.

Forse ricordate la prima lezione che ho ricevuto dal padre ricco. Avevo 9 anni e mi aveva fatto attendere finché non si degnò di rivolgermi la parola. Mi aveva lasciato in attesa, davanti al suo ufficio, a spazientirmi. Mi ignorava di proposito. Voleva che riconoscessi il suo potere, che desiderassi che un giorno anch'io lo avrei avuto. In tutti gli anni di apprendimento, mi ha ricordato sempre che la conoscenza è potere. E il denaro non fa eccezione: ci conferisce il potere che

Se lavorate per il denaro, delegate il potere al vostro datore di lavoro. Se il denaro lavora per voi, avete il potere nelle vostre mani e lo tenete sotto controllo.

richiede la giusta conoscenza per mantenerlo e moltiplicarlo. Senza di questa, il mondo ci prende in giro. Il padre ricco diceva sempre a me e Mike che i più grandi prepotenti non erano il capufficio o caporeparto, ma gli agenti delle tasse. Il fisco è sempre pronto a pretendere di più se glielo permettiamo.

La prima lezione di non lavorare per i soldi, ma far lavorare il denaro per me, in realtà verteva tutto sul potere. Se lavorate per il denaro, delegate il potere al vostro datore di lavoro. Se il denaro lavora per voi, avete il potere nelle vostre mani e lo tenete sotto controllo.

Ogni dollaro nella colonna degli attivi era un ottimo impiegato che mi rendeva nuovi dipendenti, permettendo al loro capo di comprarsi una Porsche nuova con soldi non ancora tassati.

Una volta che avevamo ben acquisito il concetto del potere del denaro, il padre ricco voleva che diventassimo finanziariamente intelligenti e che non permettessimo a niente e a nessuno di manipolarci. Se non conosci le cose, è facile che tu venga manipolato. Se sai il fatto tuo, hai la possibilità di combattere. Ecco perché lui stesso retribuiva bene i suoi brillanti avvocati e commercialisti. Costava meno pagare loro che lo Stato. La sua miglior lezione è stata: "Chi sa di essere dalla parte della ragione non ha paura di reagire", anche se ha di fronte Robin Hood e la sua allegra brigata.

Il mio istruitissimo padre mi incitava sempre a trovare un buon posto in un'azienda solida. Mi spiegava le virtù della "carriera da fare salendo progressivamente la gerarchia aziendale". Non capiva che, affidandomi solo alla busta-paga, sarei stato una mucca docile pronta a farsi mungere.

Quando gli svelai il consiglio di mio papà, il padre ricco si mise a sogghignare. "Perché non possedere la gerarchia?" fu il suo unico commento.

Da ragazzo, non comprendevo ciò che il padre ricco voleva dire con possedere un'azienda in proprio. Mi sembrava arduo, se non impossibile. Sebbene l'idea mi galvanizzasse, l'inesperienza non mi permetteva di immaginare che, un giorno, degli adulti avrebbero lavorato per me.

Il punto è che, se non fosse stato per il padre ricco, avrei probabilmente seguito i consigli del mio padre istruito. Sono stati i suoi ripetuti richiami a mantenere viva in me l'idea di possedere un'azienda e a mettermi su una strada diversa. Verso i 15, 16 anni ero ormai consapevole che non avrei tenuto conto di ciò che diceva il padre istruito. Ancora non sapevo come mi sarei mosso, ma ero determinato a non imitare i miei compagni di classe. Quella decisione mi ha cambiato la vita.

20 ANNI DOPO...

POSSEDERE LA GERARCHIA

Oggi, mentre la tecnologia continua a cambiare il nostro modo di lavorare e di fare business, sento sempre più persone chiedersi: "Come faccio a possedere la gerarchia?" Il capitalismo sta prosperando e il mercato libero dimostra che gli imprenditori che riescono a offrire un prodotto migliore a un prezzo migliore hanno buone opportunità di successo.

Solo intorno ai 25 anni i consigli del padre ricco hanno cominciato ad apparirmi più chiari. Mi ero appena congedato dalla Marina e avevo iniziato a lavorare per la Xerox. Guadagnavo bene ma, ogni volta che guardavo la mia busta-paga, ero deluso. Le trattenute erano enormi e più lavoravo più esse crescevano. Siccome avevo successo, il capo mi prometteva promozioni e aumenti di stipendio. Ne ero lusingato, ma mi sembrava di sentire il padre ricco che mi sussurrava all'orecchio: "Per chi lavori? Chi stai arricchendo?"

Nel 1974, mentre ero ancora alla Xerox, fondai la mia prima azienda, cominciando a occuparmi dei miei affari. Nella colonna dei miei attivi c'erano già alcuni beni, ma ero determinato ad accrescerli sempre più. Le ingenti trattenute sulla busta-paga mi chiarivano sempre meglio i suggerimenti del padre ricco.

Già immaginavo il futuro che mi aspettava se avessi ascoltato il padre istruito.

Molti imprenditori ritengono che, se dicessero ai loro dipendenti di occuparsi dei propri affari, le cose andrebbero male per tutti. Nel mio caso, invece, preoccuparmi dei miei interessi e sviluppare i miei attivi mi rendeva un impiegato migliore perché ora avevo un obiettivo da realizzare. Arrivavo presto in azienda, lavoravo con diligenza, accumulavo quanto più denaro possibile per reinvestirlo in beni immobili. Le Hawaii stavano attraversando un boom economico e si potevano fare grandi fortune. Più mi rendevo conto delle prospettive rosee e più apparecchi della Xerox vendevo. Più ne vendevo e più denaro accumulavo e, naturalmente, più tasse mi venivano trattenute dalla paga. La cosa mi motivava. Volevo uscire dalla trappola dell'impiegato, per cui lavoravo ancora di più per poter investire di più. Nel 1978 ero sempre tra i primi cinque venditori. Volevo disperatamente uscire dalla Corsa dei Topi.

In meno di tre anni guadagnavo di più con la mia finanziaria di beni immobili di quanto ricevessi dalla Xerox. E i soldi che aggiungevo nella colonna degli attivi della mia società lavoravano per me, una cosa diversa dal bussare di porta in porta per vendere le copiatrici Xerox. I consigli del padre ricco prendevano sempre più senso. In breve, il cashflow delle mie proprietà era così grande da permettermi di comprare la prima Porsche. I colleghi venditori della Xerox pensavano che spendessi le mie commissioni. Errore. Avevo investito le commissioni in attivi.

I miei soldi lavoravano duro e mi fruttavano altri soldi. Ogni dollaro nella colonna degli attivi era un ottimo impiegato che mi rendeva nuovi dipendenti, permettendo al loro capo di comprarsi una Porsche nuova con soldi non ancora tassati. Così, lavoravo ancora più di buona voglia per la Xerox. Il piano funzionava e la Porsche ne era la dimostrazione.

Applicando le lezioni impartitemi dal padre ricco, sono riuscito a uscire presto dalla Corsa dei Topi. Sono riuscito a farlo grazie all'intelligenza finanziaria che avevo acquisito attraverso le lezioni del padre ricco.

Senza tale intelligenza, che io chiamo QI finanziario, la strada verso l'indipendenza economica si sarebbe rivelata molto più difficile. Oggi insegno agli altri nella speranza di condividere le mie conoscenze.

Ripeto a tutti che il QI finanziario è composto dalla cultura in quattro settori principali:

1. *La contabilità*
   La contabilità è l'ABC finanziario o la capacità di capire i numeri. Si tratta dell'abilità essenziale per chi voglia costruire un impero. Più denaro gestite e più accuratezza è richiesta, altrimenti crolla la casa. Siamo ancora nell'emisfero cerebrale sinistro, quello che si cura dei dettagli. L'ABC finanziario è la capacità di leggere e capire la contabilità, che a sua volta vi permette di individuare i punti di forza e le debolezze di ogni impresa economica.

2. *Gli investimenti*
   Gli investimenti sono la scienza del "denaro che produce denaro". Qui sono implicate formule e strategie che impiegano l'emisfero cerebrale destro, la parte creativa.

3. *Capire i mercati*
   È la scienza della domanda e dell'offerta. Occorre conoscere gli aspetti tecnici del mercato, che sono influenzati dalle emozioni, oltre agli aspetti fondamentali o economici di un investimento. Un investimento ha senso, oppure no, in base alle condizioni generali?

4. *La legge*
   Un'azienda incentrata sulle abilità tecniche di contabilità, investimento e mercato può contribuire a una sua crescita esplosiva. Un imprenditore capace di sfruttare le esenzioni fiscali e le protezioni legali di un'azienda può arricchirsi molto più rapidamente di chi fa l'impiegato o

possiede un piccolo business individuale. C'è la stessa differenza tra chi vola e chi cammina. Anzi, a lungo termine la differenza si fa abissale.

- **Vantaggi fiscali**
  A differenza di un dipendente, una società può fare tante cose, come per esempio pagare le spese prima delle tasse. Questo è un settore molto eccitante da gestire. Un dipendente guadagna, viene tassato e cerca di vivere con ciò che gli resta. Un'azienda guadagna, spende tutto ciò che può e viene tassata su quello che resta. Questa è una delle scappatoie fiscali, del tutto legali, che usano i ricchi. È facile servirsene e costa anche poco se si possiedono investimenti che producono un buon cashflow. Per esempio, per chi possiede un'azienda, le sue vacanze possono essere alle Hawaii, dove si tengono le riunioni del consiglio di amministrazione. I costi per l'acquisto, l'assicurazione, la riparazione dell'auto e l'iscrizione a un centro benessere sono a carico della ditta. I pasti al ristorante sono parzialmente scaricabili e così via. Tutto però fatto legalmente con soldi non ancora tassati.
- **Protezione giudiziaria**
  Viviamo in una società litigiosa: tutti vorrebbero una parte dei nostri soldi. I ricchi li nascondono usando mezzi come le imprese e i monopoli per difendere i propri attivi dai creditori. Quando si cita un ricco in tribunale, di solito si va a sbattere contro un muro di avvocati, i quali riescono a dimostrare che in realtà l'accusato non possiede nulla. I ricchi controllano tutto, ma non possiedono niente. I poveri e la classe media cercano di possedere tutto, ma se lo fanno portare via dallo Stato e dai concittadini cui piace intentare causa contro chi ha soldi. L'hanno appreso dalla storia di Robin Hood: prendere ai ricchi per darlo ai poveri.

Con questo libro non mi propongo di spiegarvi in dettaglio come si fa a possedere una società per azioni. Mi limito a dire che, se avete qualsiasi tipo di beni legittimi, fareste meglio a informarvi al più presto sui vantaggi e sulle protezioni legali di un'azienda. Sull'argomento esistono molti libri specializzati sui vantaggi e sui passi da seguire per creare un'azienda. Il QI finanziario è in realtà una sinergia di parecchie qualità e talenti. Direi che è la combinazione delle quattro abilità tecniche elencate sopra a rappresentare la conoscenza di base. Se aspirate ad arricchirvi in modo considerevole, dovete abbinare le quattro qualità per acuire la vostra intelligenza finanziaria.

Per riassumere:

Gli imprenditori che possiedono le aziende	**I dipendenti che lavorano per le aziende**
1. Guadagnano	1. Guadagnano
2. Spendono	2. Pagano le tasse
3. Pagano le tasse	3. Spendono

Nella vostra strategia finanziaria complessiva, vi raccomando di informarvi sulla protezione che gli enti legali possono fornire ai business e agli attivi.

SESSIONE DI STUDIO

Capitolo 4

LEZIONE 4: LA STORIA DELLE TASSE E IL POTERE AZIENDALE

Capitolo 4

LEZIONE 4: LA STORIA DELLE TASSE E IL POTERE AZIENDALE

Riassunto

Molti considerano Robin Hood un eroe, che rubava ai ricchi per dare ai poveri. Il padre ricco non era della stessa opinione: secondo lui era un furfante.

Anche se il pensiero comune è che i ricchi debbano pagare più tasse e distribuire la ricchezza ai poveri, in realtà è la classe media, specie quella istruita e con redditi medio-alti, che viene fortemente tassata.

Per capire come funzionino le cose, Robert presenta una breve storia dei tributi.

Originariamente, in Inghilterra e in America, non esistevano le tasse, ma solo dei tributi temporanei per sostenere le spese militari in tempo di guerra.

Nel 1874 la Gran Bretagna rese l'imposta sul reddito un tributo permanente sui cittadini. In America – dove una tassa sul tè aveva portato alla protesta del Boston Tea Party fino a scatenare la Rivoluzione Americana – con l'adozione del Sedicesimo Emendamento nel 1913 l'imposta sul reddito diventò obbligatoria.

Questi paesi riuscirono a far accettare alla maggioranza l'idea delle tasse perché inizialmente dovevano colpire soltanto i ricchi. Benché l'imposta sul reddito intendesse punire i ricchi, in realtà finì per castigare gli stessi che l'avevano votata, i poveri e il ceto medio.

Il padre ricco spiegava che lui e il padre povero erano agli antipodi. Il padre povero, come impiegato statale, veniva pagato per spendere e assumere la gente, ingrandendo la sua organizzazione. Per il padre ricco, invece, meno persone assumeva e meno soldi spendeva, più veniva rispettato dai suoi investitori.

E se aumenta l'organizzazione statale, aumenta anche la necessità di tasse che la finanzino.

Il padre povero credeva sinceramente che lo Stato dovesse aiutare la gente. Insieme alla madre di Robert, era impegnato nei Corpi della pace, nell'addestramento di volontari destinati a recarsi in Malesia, Tailandia e nelle Filippine. Cercavano sempre di ottenere maggiori sovvenzioni per poter assumere altre persone.

Per Robert era difficile lavorare per uno dei più grandi capitalisti del paese e tornare a casa da un eminente servitore dello stato. Non era facile sapere a quale padre dare retta.

Ma con il tempo, studiando la storia fiscale, Robert notò una prospettiva interessante: con la crescita dell'appetito statale per i soldi, fu presto necessario imporre tasse alla classe media, e da lì lo stillicidio fu continuo.

Ma i ricchi videro un'occasione perché non seguono le stesse regole. Le compagnie marittime, quelle che avevano fatto fortuna ai tempi delle scoperte geografiche, offrirono un modo per aggirare le tasse. La conoscenza della struttura legale delle aziende conferiva ai ricchi un grande vantaggio e li rendeva più furbi degli intellettuali.

La politica dei burocrati consiste nell'evitare di avere denaro in eccesso. Chi non riesce a spendere tutti i finanziamenti rischia di perderli nelle sovvenzioni successive. Gli uomini d'affari, invece, sono ricompensati se hanno eccesso di denaro e vengono riconosciuti per la loro efficienza. E mentre lo Stato perpetuava la sua politica e spendeva sempre più soldi, cresceva l'esigenza di imporre più tasse, questa volta sulla classe media e poi sui poveri.

Un'impresa è solo un documento che crea un istituto legale. Non si tratta di una cosa tangibile, di una fabbrica o di un gruppo di persone. Offre però un'aliquota sui proventi aziendali inferiore a quella sui redditi individuali e certe spese possono essere sostenute dall'azienda con denaro non ancora tassato.

Se quelli che si alzano per andare al lavoro e pagare le tasse capissero il modo in cui giocano i ricchi, potrebbero farlo anche loro.

Il problema è che più si lavora duro e più si deve pagare lo Stato. Le tasse finiscono per punire le stesse persone che le hanno sostenute.

I tentativi di punire i ricchi funzionano raramente, perché i ricchi trovano dei modi di minimizzare il loro peso fiscale. Uno di questi è il codice 1031 degli introiti fiscali, che consente a un venditore di differire il pagamento delle tasse su un immobile venduto per ricavare un utile sul capitale mediante uno scambio con un immobile più costoso. Finché si fanno scambi di questo genere, si evitano le tasse sull'utile fino alla liquidazione finale. Chi non sfrutta tali esenzioni legali perde una grande occasione di incrementare la sua colonna degli attivi.

In tutti gli anni di insegnamento a Robert, il padre ricco gli ricordava che la conoscenza è potere. E il denaro conferisce il potere che richiede la giusta conoscenza per mantenerlo e moltiplicarlo. Senza di essa, il mondo ci prende in giro.

Il fisco è un prepotente, sempre pronto a pretendere di più se glielo permettiamo. Non permettiamoglielo facendo lavorare il denaro per noi.

La consulenza di abili commercialisti e avvocati vale la loro parcella, perché costa meno che pagare lo Stato. Non conoscere le leggi risulta più costoso.

Intorno ai 25 anni, dopo essersi congedato dalla Marina e aver iniziato a lavorare per la Xerox, Robert era deluso dalle enormi trattenute che vedeva dalla sua busta-paga. Questa cosa lo motivò a fondare la sua prima azienda nel 1974 e a dedicarsi più duramente al suo lavoro quotidiano per accumulare più denaro possibile per reinvestirlo in beni immobili.

Diventò tra i primi venditori della Xerox e in meno di tre anni guadagnava di più con la sua finanziaria di beni immobili di quanto ricevesse dalla società di copiatrici. La sua attività gli permise di comprarsi la sua prima Porsche, prova del fatto che il suo piano stava funzionando.

Grazie alle lezioni che il padre ricco gli aveva impartito, è riuscito a uscire presto dalla Corsa dei Topi e ora vuole insegnare agli altri a fare lo stesso.

Il QI finanziario, o intelligenza finanziaria, è ciò che rende questo possibile. È composto da quattro cose: contabilità (l'ABC finanziario o l'abilità di capire i numeri e di valutare i punti di forza e le debolezze di qualsiasi business), investimenti (la scienza e le strategie del denaro che produce denaro), capire i mercati (la scienza della domanda e dell'offerta, delle condizioni del mercato) e la legge (esenzioni fiscali e protezioni legali).

La comprensione dei vantaggi legali è fondamentale quando si tratta di ricchezza a lungo termine. Per esempio, un'azienda può pagare le spese prima di essere tassata, mentre un dipendente viene tassato prima e cerca di pagare le spese con ciò che gli resta. Per un'azienda, le riunioni del consiglio di amministrazione alle Hawaii, l'assicurazione, le riparazioni dell'auto e l'iscrizione al centro benessere possono essere spese non ancora tassate.

Le aziende offrono inoltre una protezione giudiziaria. Quando si cita un ricco in tribunale, di solito si va a sbattere contro un muro di avvocati per poi scoprire che l'accusato in realtà non possiede niente.

Il consiglio di Robert a chiunque possieda attivi legittimi è di informarsi bene sui vantaggi e le protezioni legali di un'azienda. I libri di Garret Sutton sono tra quelli che possono risultare utili.

Per riassumere:

Gli imprenditori che possiedono le aziende

1. Guadagnano
2. Spendono
3. Pagano le tasse

I dipendenti che lavorano per le aziende

1. Guadagnano
2. Pagano le tasse
3. Spendono

Momento dell'emisfero sinistro: La contabilità è l'ABC finanziario o la capacità di capire i numeri. È un'abilità essenziale se volete costruire un impero. Maggiore è la quantità di denaro di cui avete la responsabilità, maggiore è la precisione richiesta, altrimenti la casa crollerà.

Momento dell'emisfero destro: Gli investimenti sono la scienza del "denaro che produce denaro". Qui sono implicate formule e strategie che utilizzano la parte creativa del cervello.

Momento del subconscio: Capire i mercati è la scienza della domanda e dell'offerta. Occorre conoscere gli aspetti tecnici del mercato, che sono influenzati dalle emozioni, oltre agli aspetti fondamentali o economici di un investimento.

Cosa intendeva dire Robert

È ora di riflettere. Chiedetevi: "*Cosa* intendeva dire Robert con questa frase?" E "*Perché* dice così?" In questa parte non dovete concordare o meno con Robert. L'obiettivo è *capire* quello che Robert sta dicendo.

Ricordate, le frasi qui elencate sono ideate per essere di aiuto e di sostegno. Due menti sono meglio di una. Se non capite le parole di Robert, non rinunciate. Fatevi aiutare per capire meglio. Prendetevi il tempo necessario per analizzare ciascuna frase fino ad averla compresa a fondo.

> "Il padre ricco praticava un gioco intelligente, e lo faceva attraverso le aziende, il più grande segreto dei ricchi".
>
> "La realtà è che i ricchi non vengono tassati, mentre la classe media, specie quella istruita e con redditi medio-alti, paga le tasse a favore dei poveri".

"Ogni volta che si tenta di punire i ricchi, questi semplicemente non si adeguano. Reagiscono. Hanno denaro, potere e volontà di cambiare le cose. Non si limitano a subire e pagare sempre più tasse".

"Se lavorate per il denaro, delegate il potere al vostro datore di lavoro. Se il denaro lavora per voi, avete il potere nelle vostre mani e lo tenete sotto controllo".

"Un imprenditore capace di sfruttare le esenzioni fiscali e le protezioni legali di un'azienda può arricchirsi molto più rapidamente di chi fa l'impiegato o possiede una piccola impresa individuale. C'è la stessa differenza tra chi vola e chi cammina".

"Un dipendente guadagna, viene tassato e cerca di vivere con ciò che gli resta. Un'azienda guadagna, spende tutto ciò che può e viene tassata su quello che resta. Questa è una delle scappatoie fiscali, del tutto legali, che usano i ricchi".

Domande aggiuntive

È il momento di riprendere le storie descritte in questo capitolo insieme alla comprensione di ciò che Robert intendeva e applicarle a voi stessi e alla vostra vita. Ponetevi le domande che qui seguono e discutetene con il vostro compagno di studio. Siate sinceri con voi stessi e con chi vi è vicino. Se non vi piacciono alcune delle risposte che date, chiedetevi se desiderate cambiare e accettare la sfida di cambiare i vostri pensieri e il vostro modo di ragionare:

1. Siete d'accordo con l'opinione del padre ricco, che considerava Robin Hood un furfante? Perché sì o perché no?
2. Le tasse hanno creato un problema maggiore con le spese statali?
3. Pensate che la classe media e i poveri si rendano conto del fatto che il peso fiscale si è riversato su di loro? Quali sono gli effetti che riscontrate?

4. Le vostre opinioni rientrano più sotto la bandiera del capitalismo o del socialismo? Quali sono i vantaggi e gli svantaggi di ciascun modo di pensare?
5. Fanno bene i ricchi a sfruttare i vantaggi di cui godono le aziende per evitare di pagare le tasse? Pensate che più persone potrebbero fare lo stesso se comprendessero meglio il sistema?
6. Quali sono i modi specifici con cui potreste godere dei vantaggi di un'azienda per i vostri attivi?

Definizione dei termini:

1031: Il codice degli introiti fiscali che consente a chi vende di differire il pagamento delle tasse su un immobile venduto per ricavare un utile sul capitale mediante scambio con un immobile più costoso.

IMPRESA: Un documento che crea un istituto legale amorfo. Non è un grande edificio, né una fabbrica, né il gruppo di persone che vi lavora. Usandola, i soldi dei ricchi vengono protetti.

QI FINANZIARIO: L'intelligenza finanziaria che risulta dall'istruzione finanziaria. Chi ha un alto QI finanziario impara a usare il denaro degli altri per diventare ricco.

ABC FINANZIARIO: La capacità di leggere e comprendere i rendiconti finanziari, che permette di identificare i punti di forza e le debolezze di qualsiasi business.

NOTE

Capitolo 5

LEZIONE 5: I RICCHI INVENTANO IL DENARO

Nel mondo reale, spesso non sono i più bravi che vanno avanti, ma i più audaci.

Ieri sera ho smesso di scrivere e mi sono messo a guardare un programma televisivo che raccontava la storia di Alexander Graham Bell. Il giovane Bell aveva da poco brevettato il telefono e si trovava in crescenti difficoltà, perché la domanda della sua invenzione era particolarmente alta. Aveva bisogno di una grande azienda che lo aiutasse, così si recò dal colosso del tempo, la Western Union, per chiedere se volessero comprargli il brevetto e la sua piccola impresa. Per tutto il pacchetto, voleva 100.000 dollari. Il presidente della Western Union gli rise in faccia, disse che il prezzo era assurdo e lo congedò. Il resto è storia. Da quell'evento è nata infatti la AT&T, una società multimiliardaria.

Al programma su Bell seguì il telegiornale. La prima notizia erano i licenziamenti di un'azienda locale. I dipendenti erano arrabbiati e si lamentavano dell'egoismo dei proprietari. Un manager licenziato, sui 45 anni, aveva portato alla manifestazione di protesta la moglie e i due figli. Davanti alla fabbrica, chiedeva alle guardie di farlo passare: voleva parlare con i proprietari e implorare che lo riassumessero. Aveva comprato la casa da poco tempo e temeva di perderla. La telecamera mostrava in primo piano la sua disperazione, di modo che la vedesse tutto il mondo. Va da sé che non è sfuggita alla mia attenzione.

È dal 1984 che tengo lezioni e conferenze a livello professionale. Quest'esperienza mi piace, la trovo gratificante. Tuttavia, è anche inquietante perché incontro migliaia di persone e vedo che tutti, me incluso, abbiamo una cosa in comune. Tutti abbiamo incredibile potenzialità, talenti e doni personali. Eppure, una cosa che ci limita è l'indecisione. Non è la scarsità di conoscenze tecniche a limitarci, ma la mancanza di fiducia. E qualcuno è più indeciso di altri.

Uscendo da scuola, quasi tutti sanno che nella vita non contano i voti o le lauree. Nella realtà extra accademica ci vuole qualcosa di più. L'ho sentito definire in molti modi: coraggio, audacia, faccia tosta, palle, spacconeria, astuzia, tenacia, temerarietà o intelligenza. È questo fattore, chiamatelo come volete, a decidere del futuro personale, non la scuola.

Dentro ognuno di noi ci sono queste qualità di coraggio, audacia e intelligenza. Ma c'è anche l'altra faccia della medaglia: la capacità di mettersi in ginocchio e di mendicare, se necessario. Dopo un anno in Vietnam come pilota dei Marines, ho scoperto di avere dentro di me le due facce della medaglia e so che si equivalgono.

Tuttavia, come insegnante mi accorgevo che la troppa paura e la mancanza di fiducia sono i peggior nemici del genio personale. Mi si spezzava il cuore nel vedere corsisti che sapevano la risposta ma non avevano il coraggio di agire in base a tale risposta. Nel mondo reale, spesso non sono i più bravi che vanno avanti, ma i più audaci.

Secondo la mia esperienza, il genio finanziario richiede sia coraggio sia conoscenze tecniche. Se prevale la paura, il genio muore. Durante le lezioni, incito sempre gli studenti ad assumersi dei rischi, a essere coraggiosi, a lasciare che il loro genio trasformi la paura in potere e intelligenza. Con alcuni ho successo, altri li spavento. Mi sono reso conto che la maggioranza, quando si tratta di denaro, preferisce giocare sul sicuro. Mi facevano domande del genere: "Perché correre dei rischi?", "Perché dovrei preoccuparmi di sviluppare il mio QI finanziario?", "Perché dovrei imparare l'ABC finanziario?" Io rispondevo: "Per avere più opzioni e possibilità".

Ci sono grossi cambiamenti in vista. Nei prossimi anni ci saranno altri personaggi come il giovane inventore Alexander Graham Bell. Centinaia di innovatori come Bill Gates e società in perenne sviluppo come la Microsoft. In tutto il mondo si creeranno nuove opportunità, ma ci saranno anche bancarotte, licenziamenti e ristrutturazioni aziendali.

Perché quindi sviluppare il proprio QI finanziario? Ognuno può rispondere solo per sé. Tuttavia, posso spiegarvi il mio punto di vista. Io lo faccio perché la cosa mi piace, mi eccita, rende piccante la mia vita. I cambiamenti mi affascinano, non ne ho paura. Preferisco fare milioni piuttosto che chiedermi perché non mi danno l'aumento. Il periodo storico che stiamo vivendo è particolarmente stimolante, molto più dei decenni passati. Le prossime generazioni si guarderanno indietro e diranno: che periodo eccitante era quello! Moriva il vecchio e nasceva il nuovo. Tutto era sottosopra e c'era la possibilità di divertirsi.

Perché quindi sviluppare il proprio QI finanziario? Perché se lo fate vi arricchirete, e non poco. In caso negativo, vivrete i cambiamenti con terrore. Vedrete alcuni progredire coraggiosamente mentre altri si terranno aggrappati al salvagente, che non si sa se funzionerà ancora.

20 ANNI DOPO...

OPPORTUNITÀ

L'elenco delle storie imprenditoriali di successo continua a crescere e nomi come Jobs, Zuckerberg, Bezos e Brin sono riconosciuti in tutto il mondo. Le startup tipo Uber vanno di moda... nella Terra delle Opportunità e in un'economia globale.

Trecento anni fa la ricchezza era la terra: chi la possedeva era ricco. Poi la ricchezza passò alle fabbriche e alla produzione, e l'America assunse la leadership mondiale. Gli industriali possedevano la ricchezza. Oggi la ricchezza è nell'informazione: chi possiede quella più aggiornata è ricco. Il problema è che le notizie circolano alla velocità della luce. La nuova ricchezza non può essere ristretta in angusti confini, come lo erano terra e industrie. I cambiamenti saranno sempre più rapidi e traumatici. Ci sarà un notevole aumento di multimilionari. Ma anche tanti che rimarranno indietro.

Oggi incontro molte persone in difficoltà, che spesso si ostinano a lavorare di più, solo perché restano aggrappate a idee antiquate. Vogliono che le cose restino com'erano e fanno resistenza al cambiamento. Conosco gente che perde il lavoro o la casa, incolpando di ciò la tecnologia, l'economia o il capufficio. Purtroppo, non si accorgono che spesso il problema sono loro stessi. Le idee superate sono il loro maggior passivo. Sono un passivo perché non si rendono conto che quell'idea o quel modo di fare che ieri erano un attivo, oggi non lo sono più.

Una volta stavo insegnando gli investimenti mediante il gioco che avevo inventato, *CASHFLOW®*. Un'amica aveva chiamato altre persone. C'era una signora che aveva divorziato da poco e che, dopo essere rimasta scottata dalle clausole del divorzio, cercava nuove risposte. La sua amica riteneva che la lezione potesse servirle.

Il gioco è strutturato in modo tale da insegnare a chi vi partecipa come funziona il denaro[1]. Giocando, si impara il rapporto esistente tra il conto Profitti e Perdite e lo Stato patrimoniale: si vede come il flusso di cassa tra i due determini la ricchezza

---

[1] Il gioco è disponibile in italiano presso le nostre edizioni. Nel tempo sono nati numerosi Cashflow Club nel mondo e anche in Italia dove è possibile iscriversi per giocare e aumentare così la propria intelligenza finanziaria secondo gli insegnamenti di Robert Kiyosaki. Trova il Cashflow Club più vicino a te e inizia a giocare! (ndr).

personale. In pratica, la ricchezza dipende dall'incremento del cashflow mensile derivante dalla colonna degli attivi, così che esso superi le spese mensili. Fatto ciò, si esce dalla Corsa dei Topi e ci si immette sulla Corsia veloce.

Come già detto, ad alcuni questo gioco non piace, altri lo adorano, altri ancora non ne vedono l'utilità. Quella donna non riuscì a imparare una lezione preziosa. Al primo giro estrasse una carta "extra" con la barca. All'inizio era felice: "Che bello, ho vinto la barca!" Poi, però, quando la sua amica le spiegò come funzionavano le cifre, la signora disse che la matematica non le era mai piaciuta. Mentre tutti ascoltavano la relazione tra il cashflow, i redditi, le spese, gli attivi e i passivi, la donna capì all'improvviso il funzionamento dei numeri e che la barca le stava portando via tutto il patrimonio. Per lei fu un gioco terribile.

Puoi giocare a CASHFLOW online su www.richdad.com a casa tua o iscriverti al Cashflow Club più vicino a te e imparare come lavora il denaro.

Dopo la lezione, la sua amica venne a dirmi che era arrabbiata: era venuta per imparare qualcosa sugli investimenti e non le era piaciuto sprecare tempo con uno stupido gioco.

L'amica cercò di dirle di analizzarsi per vedere se il gioco la rispecchiasse in qualche modo. Invece lei richiese indietro i soldi della partecipazione. A suo avviso, l'idea che un gioco potesse riflettere il suo carattere era assurda. Il denaro le fu subito restituito e lei se ne andò.

Dal 1984, ho guadagnato molto facendo ciò che non fa il sistema scolastico. A scuola gli insegnanti danno lezioni teoriche spesso noiose.

Nel 1984 ho iniziato a insegnare con i giochi e le simulazioni e ancora mi affido a questi strumenti. Incoraggio sempre i miei studenti adulti a considerare i giochi come qualcosa che riflette quello che sanno o che hanno bisogno di imparare. Ma la cosa più importante è che i giochi riflettono il comportamento. Sono sistemi di feedback immediati. Anziché un maestro con i suoi discorsi, abbiamo un gioco che ci offre una lezione personalizzata, fatta su misura per noi.

L'amica della donna che se n'era andata mi ritelefonò per aggiornarmi sulla situazione. Disse che l'altra stava bene e si era calmata: tutto sommato, ammetteva di vedere una certa relazione tra il gioco e la sua vita. Anche se lei e l'ex marito non possedevano una barca, avevano tutto il resto che si poteva immaginare. Era arrabbiata per il divorzio, sia perché lui si era unito a una donna più giovane sia perché, dopo vent'anni di matrimonio, non avevano accumulato niente come attivo. In pratica, non avevano niente da dividere. Vent'anni di unione felice, ma nelle loro mani restava solo una tonnellata di cose inutili.

I giochi riflettono il comportamento. Sono sistemi di feedback immediati.

Si era resa conto che la sua rabbia contro i numeri – lo Stato patrimoniale e il conto Profitti e Perdite – derivava dalla sua incapacità di capirli. Aveva sempre creduto che le finanze famigliari dovessero essere appannaggio del marito. Lei mandava avanti la casa e curava i rapporti sociali, lui si preoccupava delle finanze. Era certa che, negli ultimi cinque anni di matrimonio, il marito le avesse nascosto dei soldi. In fondo, era arrabbiata con se stessa per non aver capito dove finiva il denaro di famiglia, oltre a non essersi accorta dell'altra donna.

Come in un gioco da tavolo, la vita ci offre sempre un feedback più o meno istantaneo. Se facessimo più attenzione, potremmo imparare molto da essa. Qualche tempo fa mi lamentavo con mia moglie che la lavanderia mi aveva ristretto i pantaloni. Sorridendo, mi diede una botta sulla pancia per dirmi che i pantaloni non si erano ristretti. Qualcos'altro si era allargato... io!

Ho inventato *CASHFLOW* per dare a ogni giocatore un suo feedback personale. Il suo scopo è di darvi più opzioni. Se esce la carta con la barca e vi ritrovate indebitati, la domanda è: "Cosa posso fare ora? Quante opzioni finanziarie si possono escogitare?" Questo è l'obiettivo del gioco: insegnare ai partecipanti a creare nuove possibilità finanziarie. Migliaia di persone ci giocano nel mondo. Quelle che riescono a uscire dalla Corsa dei Topi più in fretta sono di solito le persone che capiscono i numeri e hanno una mentalità creativa in senso finanziario. Si accorgono delle opzioni esistenti. I ricchi sono solitamente più creativi e disposti a correre rischi calcolati. Quelli che ci mettono di più sono gli individui che non sanno maneggiare i numeri e spesso non comprendono il potere degli investimenti.

Alcune persone che giocano a *CASHFLOW* accumulano un sacco di soldi, ma non sanno cosa farne. Anche se sono ricche, sembra che tutti le precedano. E lo stesso accade nella realtà. C'è molta gente che ha soldi, ma non procede economicamente.

Giocate a CASHFLOW online su www.richdad.com a casa vostra o cercate un Cashflow Club vicino a voi. Giocando, cosa avete imparato sul vostro vero comportamento?

Limitare le opzioni equivale a restare aggrappati a idee obsolete. Un mio vecchio amico di scuola svolge attualmente tre mestieri. Vent'anni fa era il più ricco dei miei ex amici di scuola. Quando venne dismessa la piantagione di zucchero, dovette chiudere anche l'azienda per cui lavorava. Dentro di sé, lui riteneva di avere una sola scelta, la vecchia idea del lavorare di più. Il problema è che non riusciva a trovare un posto che gli riconoscesse l'anzianità di servizio nella precedente occupazione. Così, adesso svolge tre lavori inferiori alla sua qualifica, dai quali riceve salari inferiori. Fatica tanto, ma sopravvive appena.

Ho visto gente giocare a *CASHFLOW* e lamentarsi del fatto che non capitassero mai le carte giuste, con le occasioni adatte. Perciò si mette ad aspettare. Conosco persone che si comportano allo stesso modo nella vita reale. Aspettano l'occasione giusta.

Ho visto gente a cui capita la carta giusta, ma non ha abbastanza soldi. Allora si lamenta che sarebbe potuta uscire dalla Corsa dei Topi se avesse avuto più denaro. Perciò si mette ad aspettare. Conosco persone che nella vita reale fanno ancora lo stesso. Vedono le grandi occasioni, ma non hanno i soldi per attivarsi.

E ci sono quelli che pescano la carta con una grande occasione, la leggono ad alta voce e non capiscono che si tratta di una grande occasione. Possiedono i soldi, il momento è quello giusto, hanno la carta, ma non vedono l'occasione che li fissa negli occhi. Non capiscono che essa potrebbe permettere loro di uscire dalla Corsa dei Topi. E conosco più persone come queste di tutte le altre messe insieme. A molti capita che l'occasione della vita scorra loro davanti agli occhi senza che riescano a vederla. Se ne accorgono un anno dopo, quando si sono arricchiti tutti gli altri.

L'intelligenza finanziaria consiste nel sapersi creare varie opzioni. Se non vi capitano le occasioni, cos'altro potete fare per migliorare la vostra posizione finanziaria? Se vi capita una chance improvvisa, ma non avete soldi e la banca non vuole nemmeno parlare con voi, che altro potete fare per sfruttarla? Se il vostro intuito sbaglia e ciò su cui contate non accade, come potete trasformare un fiasco in milioni? Questa è intelligenza finanziaria. Non ciò che accade, ma le diverse soluzioni finanziarie che potete escogitare per spremere milioni da un limone. È la vostra creatività nel risolvere guai finanziari.

Molti conoscono un'unica soluzione: lavorare duro, risparmiare e chiedere prestiti. Perché, quindi, voler affinare l'intelligenza finanziaria? Per essere il tipo di persona che si crea la sua fortuna. Si prende ciò che capita e lo si rende migliore.

Pochi si rendono conto che la fortuna va cercata e creata, come il denaro. E se volete avere più fortuna, creare soldi anziché lavorare di più, l'intelligenza finanziaria è importantissima. Se siete il tipo di persona che aspetta l'occasione giusta, potreste anche attendere troppo. Sarebbe come aspettare che diventino contemporaneamente verdi le luci di tutti i semafori nel giro di cinque miglia prima di partire.

Da ragazzi, io e Mike sentivamo dire spesso al padre ricco che "il denaro non è reale". Lui ci ricordava come ci fossimo avvicinati molto all'essenza dei soldi il primo giorno che ci eravamo messi insieme, forgiando le monetine di piombo con gli stampini in gesso di Parigi. "I poveri e la classe media lavorano per i soldi", diceva. "I ricchi fanno i soldi. Più ritenete che essi siano veri e più duro lavorerete per averli. Se riuscite a capire che il denaro non è reale, non ci metterete molto ad arricchirvi".

"E che cos'è?" gli chiedevamo spesso io e Mike. "Cos'altro è se non è reale?"

"Ciò che concordiamo che sia", si limitava a rispondere il padre ricco.

Il bene più potente che abbiamo è la nostra mente. Se la esercitiamo bene, possiamo creare enormi ricchezze in un attimo. Una mente pigra può provocare uno stato di estrema povertà che si tramanda per generazioni.

Nell'attuale Era dell'informazione, il denaro cresce in modo esponenziale. Certe persone diventano dei nababbi dal nulla, basandosi solo su idee e accordi. Chiedetelo a chi scambia azioni o altri beni di investimento: loro lo vedono tutti i giorni. A volte si fanno milioni dal nulla. Con nulla voglio dire che non si verificano passaggi di denaro. Basta un accordo: il cenno di una mano nel recinto delle "grida"; il segnale sullo schermo inviato da un trader di Lisbona a un trader di Toronto, e viceversa; una telefonata al mio broker per comprare e subito dopo per vendere. Il denaro non è passato di mano in mano, solo i segnali. E gli accordi.

Perché, quindi, sviluppare il genio finanziario? Solo voi potete rispondere a questa domanda. Io posso spiegarvi perché l'ho fatto io: per fare soldi in breve tempo. Non perché ne abbia bisogno, ma perché lo voglio. È un processo di apprendimento molto affascinante. Perfeziono il mio QI finanziario, perché desidero partecipare al gioco più rapido e grande del mondo. Nel mio piccolo, voglio far parte di questa evoluzione umana, che non ha precedenti storici: l'era in cui gli uomini lavorano solo con il cervello, non con il corpo. Inoltre, è qui la festa, la modernità, il divertimento e il brivido di paura.

Il bene più potente che abbiamo è la nostra mente. Se la esercitiamo bene, possiamo creare enormi ricchezze in un attimo.

Ecco perché investo nella mia intelligenza finanziaria e sviluppo il bene più produttivo che abbia. Voglio essere con la gente che determina il progresso. Non con chi resta indietro, abbarbicato al passato.

Riporto ora un semplice esempio di come si inventa il denaro. All'inizio degli anni Novanta, la città di Phoenix, in Arizona, attraversava un brutto momento economico. Un giorno stavo guardando la televisione quando un programmatore finanziario cominciò a prevedere lacrime e sangue, veri e propri disastri. Il suo consiglio era di risparmiare denaro. "Mettete via 100 dollari al mese", diceva. "Nel giro di quarant'anni diventerete multimilionari".

Risparmiare soldi ogni mese non è una cattiva idea, è una delle opzioni disponibili, quella che scelgono molti. Il problema è che rende cieca la persona rispetto a ciò che le succede intorno. La porta a perdere le occasioni migliori per far fruttare i soldi che ha. Il mondo va avanti e quella persona non se ne accorge.

Come dicevo, allora l'economia era ai minimi livelli. Per gli investitori, è una perfetta condizione di mercato. Parte dei miei soldi era investita nel mercato azionario e parte in appartamenti. Mi mancava il contante. Siccome la gente vendeva le proprietà, io compravo. Non risparmiavo soldi, li investivo. Io e mia moglie avevamo più di 1 milione di dollari che circolavano in un mercato rialzista, l'occasione migliore per investire. L'economia era orribile: non potevo farmi sfuggire le occasioni.

Le case che prima costavano 100.000 dollari venivano vendute a 75.000 dollari. Tuttavia, invece di acquistarle presso le agenzie immobiliari, ho cominciato a comprarle negli uffici degli avvocati o nelle aste giudiziarie. In questi posti ci sono i beni di chi è fallito, così un appartamento da 75.000 dollari lo potevo comprare a 20.000 dollari, o anche meno. Come anticipo, davo a un avvocato un assegno circolare da 2.000 dollari, prestati da un amico per 90 giorni con interesse di 200 dollari. Mentre si perfezionava l'acquisto, mettevo un annuncio dicendo che vendevo a 60.000 dollari una casa da 75.000 dollari, senza anticipo.

Il telefono squillava continuamente. Scremavo gli acquirenti potenziali e, quando la proprietà diventava mia, permettevo loro di vedere la casa. Era una scarica di adrenalina: la vendevo in pochi minuti. Chiedevo 2.500 dollari come rimborso spese, che mi concedevano volentieri, dopodiché facevo lavorare la società a cui avevo affidato la gestione dei titoli. Restituivo i 2.000 dollari al mio amico, più i 200 richiesti. Lui era felice, il compratore della casa

---

20 ANNI DOPO...

PERCHÉ CHI RISPARMIA PERDE

Negli anni Settanta potevamo "risparmiare per la pensione". I libretti di risparmio procuravano degli interessi a doppia cifra e i conti di risparmio potevano veramente far crescere i nostri soldi.
Quei tempi sono andati. Digitate la voce tassi d'interesse negativi o tassi d'interesse sotto lo zero. Oggi molte banche fanno pagare i "risparmiatori" per tenere i loro soldi... e chi risparmia è davvero un perdente.

---

era felice, l'avvocato era felice e io ero felice. Per 60.000 dollari avevo venduto una casa che me ne era costata 20.000. Avevo creato 40.000 dollari con i soldi della colonna dei miei attivi sotto forma di pagherò cambiario ricevuto dall'acquirente. Quantità di lavoro totale: cinque ore.

Perciò, ora che state acquisendo una certa capacità finanziaria e capite come leggere i numeri, vi dimostro perché questo è un esempio di invenzione del denaro.

40.000 dollari vengono creati nella colonna degli attivi. I soldi vengono inventati senza essere tassati.
Al 10% di interesse, 4.000 dollari all'anno in cashflow si aggiungono al reddito.

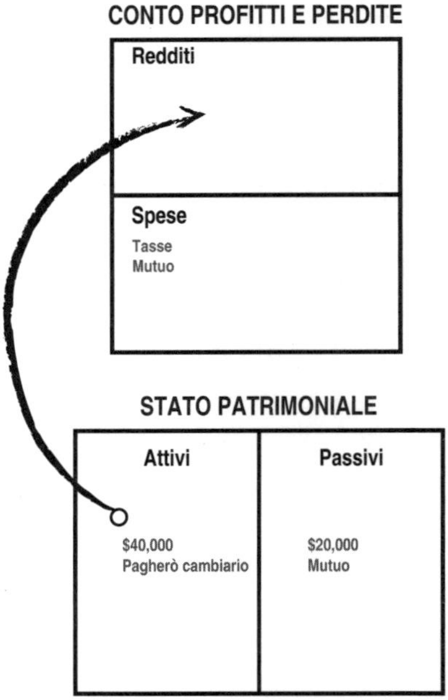

Durante la depressione del mercato, io e mia moglie abbiamo potuto compiere sei operazioni di questo genere nel tempo libero. Mentre il grosso dei nostri soldi era investito in azioni e proprietà ancora più grandi, siamo stati capaci di inventare 190.000 dollari di attivi (pagherò al 10% di interesse) con le sei transazioni di "acquisto, creazione e rivendita". Ciò ammonta a circa 19.000 dollari all'anno di ricavo, in gran parte protetto dalla nostra azienda privata. E infatti ci è servito per pagare le auto aziendali, la benzina, i viaggi, le assicurazioni, le cene con i clienti e altre cose. Prima che lo Stato potesse applicare la tassazione su quel reddito, era stato speso legalmente per pagare i costi di esercizio.

A quanto dovrebbe ammontare il vostro reddito se lo Stato trattenesse il 50% in tasse?

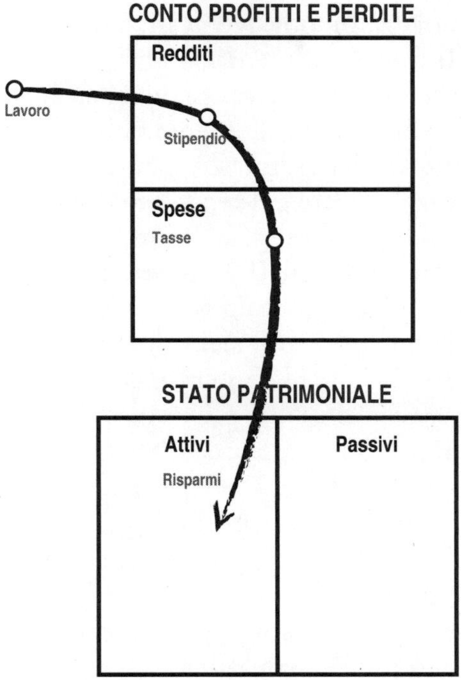

Quanto tempo impieghereste a risparmiare 40.000 dollari?

Questo è un semplice esempio di come si inventa, crea e protegge il denaro usando l'intelligenza finanziaria.

Chiedetevi: quanto tempo ci vorrebbe per risparmiare 190.000 dollari? La banca vi darebbe il 10% di interesse sui depositi? E il pagherò vale trent'anni. Spero che non mi paghino mai i 190.000 dollari. Se mi versano i soldi, devo pagare una tassa e, inoltre, 19.000 dollari pagati per trent'anni mi rendono più di 500.000 dollari.

Qualcuno mi domanda cosa succede se la persona non paga. Accade, ma è una buona notizia. Quella casa da 60.000 dollari avrebbe potuto essere ripresa e rivenduta a 70.000, con altri 2.500 dollari chiesti come rimborso spese. Per il nuovo compratore, sarebbe stata ancora una transazione senza anticipo. E il processo potrebbe continuare.

La prima volta che ho venduto la casa ho restituito i 2.000 dollari, quindi, tecnicamente, non ho soldi nella transazione. Il mio rendimento sugli investimenti (ROI) è infinito. Un esempio di mancanza di denaro che produce un sacco di soldi.

Nella seconda transazione, rivendendo la casa, mi metterei 2.000 dollari in tasca e prolungherei il prestito per trent'anni. Quale sarebbe il rendimento sugli investimenti se ricevessi dei soldi per fare soldi? Non lo so, ma di sicuro più di un accantonamento di 100 dollari al mese, che in realtà inizierebbero da 150 perché è un reddito tassato per quarant'anni a un basso interesse. E poi siete di nuovo tassati sugli interessi. Non è intelligente. Sarà sicuro, ma non è furbo.

Qualche anno più tardi, a Phoenix, con un mercato immobiliare più forte, le case che avevamo venduto a 60.000 dollari ne valevano 110.000. C'erano ancora preclusioni del diritto ipotecario, ma erano diventate più rare. Andare a cercarle richiedeva un bene molto prezioso, il mio tempo. Migliaia di compratori erano alla ricerca di quei pochi affari. Il mercato era cambiato. Era ora di muoversi, di cercare altre occasioni per rimpolpare la colonna degli attivi.

"Non puoi farlo qui", "È contro la legge", "Stai mentendo".

Mi sento rivolgere questi commenti molto più spesso di una semplice domanda: "Puoi spiegarmi come possa farlo anch'io?" L'aritmetica è semplice. Non c'è bisogno di equazioni algebriche. E la società che mi gestisce gli atti si occupa delle transazioni legali e dei successivi pagamenti. Non ho tetti da riparare né gabinetti da sturare, perché lo fanno i proprietari. È la loro abitazione. A volte capita che qualcuno non paghi. Meglio così, perché ci sarebbero spese in più, oppure traslocano e vendo di nuovo la proprietà. Ci pensa il sistema giudiziario.

Forse la cosa non funziona nella vostra zona. Le condizioni di mercato potrebbero essere diverse. Ma l'esempio illustra come un semplice processo finanziario possa creare centinaia di migliaia di dollari partendo da zero e con pochi rischi. È un esempio di denaro che esiste solo negli accordi. Lo può fare chiunque abbia un diploma delle medie.

Tuttavia, molti non vogliono, si attengono al consiglio più comune: "Lavora duro e risparmia il denaro".

Con appena trenta ore di lavoro ho inventato 190.000 dollari da inserire nella colonna dei miei attivi, senza pagarci tasse.

Cosa vi sembra più difficile?

1. **Lavorare duro. Pagare il 50% di tasse. Risparmiare ciò che resta. I risparmi vi renderanno poi il 5%, che saranno tassati ulteriormente.**

OPPURE

2. **Prendere il tempo necessario per acuire la vostra intelligenza finanziaria. Sfruttare il potere della mente e la colonna degli attivi.**

Se sceglíete la prima opzione, assicuratevi di considerare quanto tempo vi ci vuole per risparmiare 190.000 dollari. Il tempo è uno dei vostri beni più preziosi.

Adesso capite perché scuoto la testa, e taccio, quando sento dei genitori dire: "Mio figlio va bene a scuola e riceve un'ottima istruzione". Sarà anche buona, ma è adeguata?

Sono consapevole del fatto che la strategia di investimento citata prima sia un esempio limitato. L'ho presentata per dimostrare il processo di sviluppo del denaro. Devo ripetere che il mio successo attesta l'importanza di avere una solida base monetaria, che ha le sue fondamenta in una valida istruzione finanziaria.

L'ho già detto, ma vale la pena ripeterlo. L'intelligenza finanziaria si compone di queste quattro abilità fondamentali:

1. *Contabilità*
   La contabilità è l'ABC finanziario o la capacità di leggere i numeri. È un'abilità essenziale per chi voglia costruire business o investimenti.
2. *Investimenti*
   Gli investimenti sono la scienza del denaro che produce denaro.
3. *Capire i mercati*
   La scienza della domanda e dell'offerta. Alexander Graham Bell diede al mercato ciò di cui esso aveva bisogno. Lo stesso dicasi per Bill Gates. Anche la casa da 75.000 dollari, offerta a 60.000 dollari e costata 20.000 dollari, era il risultato dell'occasione colta in un mercato favorevole. Alcuni compravano, altri vendevano.
4. *La legge*
   La legge è la consapevolezza delle norme e dei regolamenti aziendali, statali e federali relativi alla contabilità. La mia raccomandazione è di rispettare le regole.

Servono tali abilità, spesso abbinate, per riuscire ad arricchirsi; le evenienze particolari possono variare: compravendita di case, di appartamenti, di imprese, azioni, obbligazioni, metalli preziosi, figurine di baseball, ecc.

Qualche anno dopo, il mercato immobiliare aveva ripreso quota e volevano entrarci tutti. Quello azionario era in grande espansione e volevano entrarci tutti. L'economia americana si stava riprendendo. Cominciai a vendere e a viaggiare tra Perù, Norvegia, Malesia e Filippine. Il panorama degli investimenti era cambiato. Non acquistavamo più dal mercato immobiliare.

Adesso osservo l'impennata dei valori nella colonna degli attivi e probabilmente inizierò a vendere. Penso di riuscire a chiudere alcuni dei sei contratti immobiliari di cui parlavo, convertendo così in contante le cambiali da 40.000 dollari. Devo accordarmi con il mio commercialista per chiedergli di trovare il modo di metterle al sicuro.

Ciò che voglio sottolineare è che gli investimenti vanno e vengono, il mercato sale e scende, le economie migliorano o crollano. Il mondo ci offre sempre occasioni eccezionali, ogni giorno dell'anno, ma spesso siamo noi che non ce ne accorgiamo. Ma esse esistono. E più il mondo cambia e più le tecnologie cambiano, maggiori opportunità ci saranno per mettere finanziariamente al sicuro la nostra famiglia nelle generazioni a venire.

20 ANNI DOPO...

BEI TEMPI...

Un guadagno del 5% su un conto di risparmio? Bei tempi! Molte cose sono cambiate in questi vent'anni e il consiglio che prima sembrava buono oggi è diventato vecchio, obsoleto. Come il latte che è in giro da troppo tempo, il consiglio di "risparmiare denaro" ha superato la sua data di scadenza.

Perché quindi sviluppare l'intelligenza finanziaria? Di nuovo, potete saperlo solo voi. Io so perché continuo a imparare e a migliorare. Perché so che ci sono cambiamenti in vista. Preferisco accogliere il cambiamento piuttosto che restare aggrappato al passato. So che ci saranno boom commerciali e crolli di mercato. Voglio continuare ad affinare la mia intelligenza finanziaria perché, ogni volta che crolla un mercato, ci saranno persone in ginocchio costrette a cercarsi un nuovo posto di lavoro. Altri, però, sfrutteranno gli insuccessi della vita – e a tutti possono capitare – trasformandoli in successi monetari. Questa è intelligenza finanziaria.

Spesso mi chiedono come ho fatto a superare le battute d'arresto e ad arricchirmi. Di solito, esito a rispondere, perché temo di apparire vanitoso o comunque interessato a farmi pubblicità. Non è certo questa la mia intenzione. Uso qualche esempio di investimento solo come prova numerica e cronologica di fatti reali, affinché si sappia che è facile comportarsi così. Ed è tanto più facile quanto più si padroneggiano i quattro pilastri dell'intelligenza finanziaria.

Personalmente uso due mezzi principali per arricchirmi: i beni immobili e azioni delle small-cap. I primi rappresentano la mia base. Giorno dopo giorno le mie proprietà producono un continuo cashflow e talvolta un notevole accrescimento finanziario. Le azioni delle small-cap le uso per arricchimenti improvvisi.

Non pretendo di raccomandare tutto quello che faccio. Gli esempi non sono che esempi. Se l'occasione che intravedo è troppo complicata e non capisco l'investimento, lascio perdere. Semplici conteggi e buonsenso è tutto ciò che serve per arricchirsi.

Esistono cinque ragioni per usare gli esempi:

1. Motivano la gente a imparare di più.
2. Le fanno sapere che è facile, purché la base sia solida.
3. Dimostrano che chiunque può diventare molto ricco.
4. Dimostrano che ci sono milioni di modi per realizzare i propri obiettivi.
5. Attestano che non si tratta di fantascienza.

Nel 1989 andavo a fare jogging per tenermi in forma nella graziosa periferia di Portland, Oregon. Vedevo bellissime case monofamiliari dappertutto: erano un vero spettacolo. Mi aspettavo che da un momento all'altro uscisse Cappuccetto Rosso per andare dalla nonna nel bosco.

C'erano un sacco di cartelli con la scritta "In vendita". Il mercato del legname era al ribasso, quello azionario era crollato e l'economia in cattive acque. In una stradina ho notato un cartello di vendita molto più vistoso degli altri. Sembrava vecchio. Qualche giorno dopo, passandoci davanti mi sono imbattuto nel proprietario della casa, che mi pareva turbato.

"Quanto vuole per la casa?" gli chiesi.

Lui mi sorrise incerto. "Faccia un'offerta", disse. "È da un anno che cerco di venderla. Ormai non viene più nessuno a guardarla".

"Do un'occhiata", replicai. Gli comprai l'immobile mezz'ora dopo per 20.000 dollari meno del prezzo che aveva fissato.

Era una villetta a due stanze, con vistose decorazioni alle finestre. Dipinta di azzurro con rilievi grigi, risaliva al 1930. All'interno aveva un bel camino di pietra e due stanzette. Una perfetta casa da affittare.

Anticipammo al proprietario 5.000 dollari sui 45.000 accordati per una casa che ne valeva davvero 65.000, solo che nessuno voleva comprarla. Lui traslocò in una settimana, felice di essersene liberato e il mio primo inquilino, un professore universitario, vi si insediò subito. Dopo il pagamento del mutuo, delle imposte e delle spese di gestione, mi mettevo in tasca 40 dollari al mese, una somma poco eccitante.

Un anno dopo, il mercato immobiliare dell'Oregon cominciò a tendere di nuovo verso l'alto. Gli investitori californiani, pieni di soldi perché da loro le cose andavano ancora bene, si stavano attivando più a nord, comprando tutto quello che c'era sul mercato immobiliare dell'Oregon e del limitrofo Stato di Washington.

Vendemmo la villetta per 95.000 dollari a una giovane coppia californiana che riteneva di aver fatto un affare. Collocammo il nostro utile

Il problema degli investimenti "sicuri" è che spesso sono scremati, cioè gli utili che danno sono inferiori.

del capitale di circa 40.000 dollari in uno scambio con differimento fiscale come previsto dall'articolo 1031 e andai alla ricerca di un altro investimento per questa somma. Dopo un mese trovammo una casa con dodici appartamenti nei pressi della fabbrica della Intel, a Beaverton, Oregon. I proprietari vivevano in Germania, non avevano idea di quanto valesse l'ubicazione e anche loro volevano lasciare il posto. Offrii 275.000 dollari per un edificio che ne valeva 450.000. Loro tennero duro su 300.000 e ci accordammo. La comprai e la tenni per due anni. Usando il 1031, rivendetti l'edificio per 495.000 dollari e comprai un complesso con trenta monolocali a Phoenix, Arizona. Nel frattempo Kim e io ci eravamo trasferiti a Phoenix, perché non ne potevamo più del clima piovoso, per cui avevamo bisogno di vendere. Come in precedenza nell'Oregon, il mercato immobiliare di Phoenix era in ribasso. Il prezzo dell'edificio di Phoenix ammontava a 875.000 dollari, di cui 225.000 come anticipo. Il cashflow dei trenta appartamentini produceva poco più di 5.000 dollari al mese.

Il mercato dell'Arizona stava però riprendendo quota e nel 1996 un investitore del Colorado ci offrì 1.200.000 dollari per l'intera proprietà.

Quest'esempio dimostra come una piccola somma possa mutarsi in un bel gruzzolo. Di nuovo, basta capire la situazione finanziaria, le strategie di investimento, avere senso del mercato e delle leggi.

Chi non è portato per queste materie deve per forza seguire il dogma prevalente, che consiste nel coprirsi le spalle, diversificare il rischio e mettere i soldi solo in investimenti sicuri. Il problema degli investimenti "sicuri" è che spesso sono scremati, cioè gli utili che danno sono inferiori.

Di solito, per proteggere se stesse e i loro clienti, le grandi agenzie di intermediazione non toccano le transazioni speculative. Questa è una politica prudente. Gli affari migliori non vengono offerti ai novizi del ramo. Spesso i contratti più redditizi sono riservati a chi capisce il gioco. È tecnicamente illegale offrire dei contratti speculativi a chi è ritenuto poco sofisticato, ma naturalmente accade anche questo. Più divento sofisticato e più occasioni mi capitano.

Un altro motivo per affinare sempre l'intelligenza finanziaria è che così vi capiteranno più opportunità. E più sarete intelligenti in questo senso più vi sarà facile distinguere un affare positivo da uno negativo, o rendere positivo uno che non lo è. Più imparo – e c'è molto da imparare – più soldi accumulo, semplicemente perché gli anni mi permettono di acquisire esperienza e saggezza. Abbiamo degli amici che ancora giocano sul sicuro, impegnandosi nella loro professione e perdendo la possibilità di acquisire attitudine finanziaria, che ha bisogno di un certo tempo per maturare.

In fondo, la nostra filosofia consiste nel piantare semi nella colonna degli attivi. È la mia formula: cominciare dal piccolo e seminare bene. Alcuni semi germinano, altri no. Nella nostra società immobiliare abbiamo proprietà per diversi milioni di dollari. È il nostro REIT, Real Estate Investment Trust (fondo comune di investimento immobiliare).

Ciò che intendo precisare è che all'inizio gran parte di quei milioni erano piccoli investimenti da 5.000-10.000 dollari. Tutti gli anticipi pagati sfruttavano un mercato in rapida crescita e le esenzioni fiscali. Abbiamo operato numerose compravendite nel susseguirsi degli anni.

Possediamo inoltre un portafoglio titoli, una società che Kim e io definiamo il nostro "personale fondo comune di investimento". Abbiamo amici che trattano con investitori come noi e investono mensilmente il loro surplus di denaro. Noi compriamo aziende private ad alto rischio speculando sul loro prossimo ingresso nel mercato azionario americano o canadese. Un esempio di come ci si possa procurare rapidamente degli utili sono le 100.000 azioni acquistate a 25 centesimi l'una prima che l'azienda si faccia quotare in borsa. Sei mesi dopo, l'azienda è quotata e le 100.000 azioni valgono 2 dollari ciascuna. Se questa è amministrata bene, il prezzo continua a salire, fino a 20 o più dollari. Ci sono anni in cui i nostri 25.000 dollari aumentano fino a 1 milione.

Non è gioco d'azzardo se sai come muoverti. È gioco d'azzardo se investi denaro in un affare pregando che funzioni. Il trucco consiste nell'usare le conoscenze tecniche, la saggezza e l'amore per il gioco al fine di ridurre gli incerti e minimizzare il rischio. Ovviamente un certo pericolo esiste sempre. È l'intelligenza finanziaria a migliorare le possibilità. Così, ciò che è rischioso per una persona lo è meno per un'altra. Ecco perché incito sempre gli altri a investire di più sull'istruzione finanziaria che sulle azioni, sui beni immobili o su altri mercati. Più si è svegli e più si è in grado di invertire le probabilità contrarie.

Le azioni in cui ho investito erano molto rischiose per la maggioranza della gente e sicuramente non consigliate. È un gioco che faccio dal 1979 e ho perso la mia parte, anche più del dovuto. Ma se capite perché questi investimenti appaiono rischiosi per molti, potrete organizzare la vita in modo diverso, di modo che 25.000 dollari possano trasformarsi in 1 milione nel giro di un anno senza rischi per voi.

Come già evidenziato, nulla di quello che scrivo vale come consiglio. È solo un esempio di ciò che è semplice e possibile. Quello che faccio è poco nel grande schema delle cose, eppure per un individuo medio avere un reddito di natura finanziaria superiore ai 100.000 dollari annuali è bello e non tanto complicato da realizzare. A seconda delle condizioni di mercato e dell'intelligenza personale, lo si può concretizzare in un periodo da cinque a dieci anni. Tenendo basse le spese vive, avere 100.000 dollari come proventi aggiuntivi non può che essere piacevole, a prescindere dal fatto che si mantenga un'occupazione. Potete

Non è gioco d'azzardo se sai come muoverti. È gioco d'azzardo se investi denaro in un affare pregando che funzioni.

anche farlo, oppure ritagliarvi del tempo per attivarvi e sfruttare il sistema fiscale invece di farvi dissanguare dalle tasse.

Io mi affido al real estate. Gli immobili mi piacciono perché sono stabili e poco mutevoli, mi aiutano ad avere basi solide. Il cashflow è continuo e, se gestito bene, ha ottime possibilità di apprezzarsi. Il bello della solidità immobiliare è che mi permette di rischiare un po' di più, come faccio nelle speculazioni azionarie.

Se ottengo grandi profitti nel mercato azionario, pago le mie tasse sull'utile del capitale così conseguito e reinvesto il rimanente in immobili, corroborando ulteriormente i miei attivi.

Le grandi occasioni non si vedono con gli occhi. Si vedono con la mente.

Un'ultima annotazione sui beni immobili: ho viaggiato in tutto il mondo, insegnando a investire. Dappertutto mi dicono che non è possibile comprare case e terre a buon mercato. Eppure, la mia esperienza è diversa. Perfino a Tokyo o New York, o magari nell'immediata periferia della città, ci sono affari trascurati da molti. A Singapore, dove i prezzi degli immobili sono alle stelle, esistono ancora occasioni da trovare nel raggio di pochi chilometri. Perciò, quando sento qualcuno dire: "Qui non si può fare", rispondo che la frase più giusta sarebbe: "Qui non so ancora come farlo".

Le grandi occasioni non si vedono con gli occhi. Si vedono con la mente. Molti non si arricchiscono mai semplicemente perché non sono abituati a riconoscere le opportunità esistenti.

Spesso mi domandano: "Come si fa a iniziare?"

Nell'ultimo capitolo di questo libro presento le dieci fasi che ho seguito per raggiungere l'indipendenza finanziaria. Ricordate però sempre che è importante divertirsi. Quando avrete imparato le regole e il linguaggio degli investimenti e inizierete a costruire la vostra colonna degli attivi, penso che lo troverete il gioco più divertente che abbiate mai fatto. A volte si vince, altre volte s'impara. Ma divertitevi! Molti non vincono mai perché hanno troppa paura di perdere. Ecco perché ho sempre trovato inutile la scuola. A scuola si impara che gli errori sono negativi, talvolta si viene persino puniti per averli commessi. Eppure, la natura umana è fatta in modo tale che impariamo commettendo errori. Cadendo impariamo a camminare, è l'unico modo per farlo. Lo stesso vale per la bicicletta: ho ancora le cicatrici sulle ginocchia, ma oggi so pedalare automaticamente. Lo stesso vale per la ricchezza. Purtroppo, la ragione principale per cui molti non sono ricchi sta nel fatto che hanno una paura terribile di perdere soldi. I vincenti non temono di perdere; i perdenti sì. Il fallimento è una parte essenziale del processo che porta al successo. Chi evita di fallire evita anche la vittoria.

Io considero il denaro alla stregua delle mie partite di tennis. Gioco duro, commetto errori, li correggo, ne faccio altri, mi ricorreggo e miglioro. Se perdo, mi avvicino alla rete, stringo la mano al mio avversario, sorrido e dico: "Ci vediamo sabato prossimo".

Ci sono due tipi di investitori.

1. Il primo tipo, il più comune, sono gli individui che comprano a pacchetto. Chiamano una società commerciale, per esempio un'agenzia immobiliare, un agente di borsa o un promotore finanziario, e comprano qualcosa. Può essere un fondo comune di investimento, un REIT (fondo comune di investimento immobiliare), un'azione o un'obbligazione. È un modo semplice e pulito di investire. Si comportano come quelli che si recano in una rivendita di computer scegliendone uno esposto sullo scaffale.

2. Il secondo tipo sono gli investitori che creano investimenti. Di solito assemblano degli affari nello stesso modo in cui una persona compra i componenti e costruisce un computer. In un computer, io non saprei da dove

iniziare. Ma so come abbinare le occasioni finanziarie che si presentano, e conosco gente che sa come fare.

È il secondo tipo ad essere l'investitore più professionale. A volte ci vogliono anni perché tutti i tasselli vengano messi insieme. E a volte non si assemblano mai. Il padre ricco mi incoraggiava sempre a diventare questo secondo tipo di investitore. È importante imparare ad assemblare tutte le tessere, perché solo allora si intascano grossi proventi (ma si verificano enormi perdite in caso di inattesa bassa marea).

Se volete essere questo secondo tipo di investitore, dovete sviluppare tre qualità principali.

1. **Saper cogliere un'occasione mancata da altri.**
   Vedere con la mente ciò che altri non vedono con gli occhi. Per esempio, un mio amico aveva comprato una casa vecchia e fatiscente; sembrava abitata dai fantasmi. Tutti si chiedevano perché l'avesse acquistata. Lui si era però accorto che la vendevano con quattro appezzamenti di terreno libero. Lo aveva scoperto dopo essersi recato da chi aveva il diritto di proprietà. Dopo l'acquisto, fece demolire la baracca e rivendette i cinque lotti di terra a una società edile per una cifra tre volte superiore a quella che aveva sborsato per l'intero pacchetto. Così, guadagnò 75.000 dollari con due mesi di lavoro. Non è moltissimo, ma certo più di uno stipendio medio. E tecnicamente non è difficile.

2. **Procurarsi denaro.**
   La persona media si affida solo alle banche. Il secondo tipo di investitore deve sapere come procurarsi del capitale ed esistono numerose maniere da cui sono escluse le banche. Per iniziare, ho imparato a comprare case senza una banca d'appoggio. A essere impagabili non sono state tanto le case quanto le capacità (apprese) di raccogliere denaro.
   Spesso la gente mi dice: "La banca non mi presterà i soldi" oppure: "Non ho soldi per comprare". Se volete

essere un investitore del secondo tipo, dovete apprendere a fare ciò che blocca la maggior parte delle persone. In altre parole, molti permettono che la mancanza di denaro impedisca loro di concludere un affare. Se riuscite a superare questo ostacolo, sarete molto più avanti di chi non impara mai tale capacità. Quante volte ho comprato una casa, delle azioni e degli appartamenti senza un dollaro in banca. Una volta, acquistai un edificio per 1.200.000 dollari "immobilizzando" il capitale con un contratto scritto tra compratore e venditore.
Poi mi procurai un deposito di 100.000 dollari, che mi dava novanta giorni di tempo per raccogliere il resto della somma occorrente. Per quale motivo? Perché sapevo che l'affare valeva 2 milioni di dollari. Non ho mai raccolto il denaro. La persona che mi aveva fornito i 100.000 dollari me ne ha dati 50.000 per aver scoperto l'affare, ha preso il mio posto e io mi sono ritirato. Tempo di lavoro totale: tre giorni. Di nuovo, conta più ciò che si sa di quello che si compra. Investire non significa comprare. È più una questione di conoscenza.

3. **Organizzare le persone intelligenti.**
   I saggi assumono persone più intelligenti di loro, o sollecitano la loro collaborazione. Quando avete bisogno di consigli, assicuratevi di scegliere bene i vostri consiglieri.

C'è molto da imparare, ma le ricompense possono essere astronomiche. Se non desiderate approfondire la materia, vi basta essere il primo tipo di investitore, anzi ve lo raccomando cordialmente. È ciò che sapete a rappresentare la vostra ricchezza più grande. È ciò che non sapete a rappresentare il vostro rischio più grande.

Il rischio esiste sempre, per cui imparate a gestirlo invece di evitarlo.

SESSIONE DI STUDIO

Capitolo 5

LEZIONE 5: I RICCHI INVENTANO IL DENARO

Capitolo 5
LEZIONE 5: I RICCHI INVENTANO IL DENARO

Riassunto

Robert riporta due esempi contrastanti. Il primo è la storia di Alexander Graham Bell che, travolto dalla domanda della sua invenzione, cercava di vendere la sua impresa alla Western Union per una cifra di 100.000 dollari. La Western Union non riconobbe l'opportunità e lo congedò e così nacque una società multimiliardaria.

Il secondo esempio è quello di un telegiornale che riportava la notizia dei tagli di un'azienda locale e di un manager licenziato che, davanti alle telecamere, implorava che lo riassumessero. Aveva comprato la casa da poco tempo e temeva di perderla.

Tutti proviamo paura e indecisione. Robert tiene lezioni e conferenze a livello professionale dal 1984 e lo vede in migliaia di persone oltre che in se stesso. Abbiamo tutti incredibili potenzialità e siamo tutti indecisi.

Il coraggio è ciò che può fare la differenza per condurre una vita di successo. In veste di mentore, Robert dice che gli si spezzava il cuore nel vedere che i suoi studenti conoscevano la risposta ma non avevano il coraggio poi di agire.

Il genio finanziario richiede sia coraggio sia conoscenze tecniche. Assumetevi dei rischi, siate coraggiosi, lasciate che il vostro genio trasformi quella paura in potere e intelligenza: sono consigli che spaventano certe persone, perché molti preferiscono giocare sul sicuro quando si tratta del proprio denaro.

Ci sono molti cambiamenti in vista nel nostro mondo. E sviluppare il QI finanziario ci permette di vedere quel futuro cambiamento attraverso la lente del divertimento, non del terrore. Riconoscerete le opportunità e agirete in base a esse, diversamente da quelli che permettono di farsi mettere a bordocampo e vedono gli altri progredire coraggiosamente.

Trecento anni fa la ricchezza era la terra. Più tardi la ricchezza passò alle fabbriche e alla produzione. Oggi la ricchezza è nell'informazione, che però viaggia in tutto il mondo alla velocità della luce e i cambiamenti saranno sempre più rapidi e traumatici. Ci sarà un notevole aumento di nuovi multimilionari. Ma anche tanti che rimarranno indietro.

Alcune persone si aggrappano a idee antiquate e, quando hanno dei problemi, danno la colpa alla tecnologia o all'economia. Ciò che non vedono è il fatto che le idee superate sono il loro maggior passivo. Un'idea o un modo di fare che ieri poteva essere un attivo, oggi non lo è più.

Robert riporta l'esempio di una donna che si era presentata a una sua lezione con il gioco che lui aveva inventato, *CASHFLOW®*. Il gioco insegna come funziona il denaro e il rapporto che c'è tra il conto Profitti e Perdite e lo Stato patrimoniale.

Alcuni adorano il gioco, ad altri non piace e altri ancora non ne vedono l'utilità. La donna in questione faceva fatica a riconoscere che le cose che lei riteneva fossero attivi – come la barca – avessero un impatto negativo sul suo cashflow. Estrasse delle carte difficili e il gioco andò malissimo. Alla fine si arrabbiò e chiese di essere rimborsata, rifiutandosi di riconoscere come il gioco la rispecchiasse.

I giochi sono uno strumento potente con cui insegnare, perché riflettono il comportamento e sono sistemi di feedback immediati. Robert fu poi aggiornato sulla donna che era rimasta delusa. Si era calmata e aveva cominciato a vedere una certa relazione tra il gioco e la sua vita, una vita in cui non aveva mai prestato attenzione alle finanze sue e del suo ex marito rimanendone scottata.

L'obiettivo del gioco *CASHFLOW®* è insegnare ai partecipanti a escogitare e creare nuove e varie possibilità finanziarie. Alcuni lo fanno facilmente; altri fanno fatica. Chi ha una mentalità creativa in senso finanziario esce più in fretta dalla Corsa dei Topi.

Certe persone, durante il gioco, accumulano un sacco di soldi, ma non sanno cosa farne. Accade lo stesso nella vita.

Alcuni, mentre giocano, si lamentano del fatto che non capitano loro le carte giuste e si mettono ad aspettarle. Altri pescano una carta con una grande occasione, ma non hanno abbastanza soldi per approfittarne. Altri ancora possiedono i soldi, pescano una bella carta, ma non vedono l'occasione che c'è dietro. Tutti questi comportamenti si ripetono anche nella vita reale.

L'intelligenza finanziaria consiste semplicemente nell'avere più opzioni, trovando dei modi in cui creare delle opportunità o modificare delle situazioni a proprio vantaggio.

La fortuna va creata. Perciò, createvi la vostra.

Il denaro – che tra l'altro non è reale, ma ciò che concordiamo che sia – non è il nostro bene più potente. Lo è la nostra mente. Allenatela bene. Si possono fare milioni da nulla più che semplici idee e accordi.

Mettere da parte dei soldi ogni mese è una buona idea, ma può impedirvi di vedere cosa sta accadendo realmente e portarvi a perdere delle occasioni per una crescita molto più significativa.

All'inizio degli anni Novanta, Phoenix si trovava in un momento economico disastroso. Robert e sua moglie Kim sfruttarono questa cosa investendo nel settore immobiliare. Riporta l'esempio di aver acquistato una casa del valore di 75.000 dollari per 20.000 dollari, con un acconto di 2.000 dollari che un amico gli aveva prestato con un interesse di 200 dollari. Mentre l'acquisto veniva perfezionato, mise un annuncio per la vendita a 60.000 dollari di una casa da 75.000 dollari, senza anticipo. Non appena la casa fu legalmente sua, la vendette nell'arco di pochi minuti. Tutti erano felici. Ed erano stati creati 40.000 dollari con i soldi della colonna degli attivi di Robert sotto forma di pagherò ricevuto dall'acquirente. Al 10% di interesse, si sono aggiunti al reddito 4.000 dollari all'anno di cashflow. Quantità di lavoro totale: cinque ore.

E se il compratore alla fine non avesse pagato, si sarebbero semplicemente ripresi la casa rivendendola. L'aritmetica è ancora vincente con il risparmio mensile di denaro che verrebbe ulteriormente tassato.

È legale, la società che gestisce gli atti si occupa delle transazioni legali e dei pagamenti e Robert e Kim non hanno né tetti né gabinetti da riparare perché spetta al proprietario.

Qualche anno dopo il mercato a Phoenix era in ripresa e non conveniva più perdere il loro tempo alla ricerca di occasioni, quindi andarono altrove.

Le condizioni di mercato potrebbero essere diverse nella vostra zona, quindi questa strategia potrebbe non fare al caso vostro. L'esempio però illustra come un semplice processo finanziario possa creare centinaia di migliaia di dollari, con pochi soldi e a basso rischio. È un esempio di denaro che esiste solo negli accordi.

Preferireste lavorare duro, pagare le tasse e risparmiare ciò che resta – con un'ulteriore tassazione sulla rendita – oppure investire del tempo utile per sviluppare la vostra intelligenza finanziaria?

I mercati salgono e scendono e gli investimenti vanno e vengono. Il mondo ci offre sempre occasioni eccezionali; dobbiamo solo saperle riconoscere.

Robert riporta un altro esempio sull'acquisto di una casa per 45.000 dollari in un mercato depresso a Portland, Oregon, che poi affittò per un profitto molto scarso. Un anno dopo, però, con la ripresa del mercato, riuscì a venderla per 95.000 dollari, reinvestendo l'utile del capitale in una casa con dodici appartamenti da 300.000 dollari a Beaverton, Oregon. Due anni dopo, fu rivenduta e il profitto utilizzato nell'acquisto di un edificio di trenta monolocali a Phoenix per 875.000 dollari. Qualche anno più tardi, un investitore offrì 1.200.000 dollari per l'intera proprietà. È un esempio di come una piccola somma possa trasformarsi in una grossa cifra.

Più svilupperemo la nostra intelligenza finanziaria – cosa che richiede del tempo – più occasioni ci verranno offerte.

La filosofia di Robert consiste nel piantare semi nella colonna degli attivi. Cominciare dal piccolo e seminare bene. Alcuni semi germinano; altri no. Alcuni crescono in milioni grazie a piccoli investimenti.

Robert e Kim possiedono inoltre un portafoglio titoli dove comprano aziende private ad alto rischio speculando sul loro prossimo ingresso nel mercato. È rischioso, ma più si sviluppa l'intelligenza finanziaria, più si riduce il rischio. Più si è svegli e più si è in grado di invertire le probabilità avverse.

Qualcuno potrebbe obiettare che nella propria zona non ci sia la possibilità di fare affari nel real estate, ma Robert sostiene che ovunque esistano grandi opportunità che non vengono riconosciute.

Mentre sviluppate il vostro QI finanziario e iniziate a metterlo in pratica, ricordatevi di divertirvi. A volte vincerete, a volte perderete, ma divertitevi sempre. Non abbiate paura di perdere, perché il fallimento fa parte del successo.

Ci sono due tipi di investitori: 1) Quelli che comprano un investimento a pacchetto da una società commerciale, come un promotore finanziario e 2) Quelli che creano investimenti; si tratta degli investitori più professionali.

Se volete essere questo secondo tipo di investitore, dovete sviluppare tre qualità principali. La prima, cogliere le occasioni mancate di altri. La seconda, procurarsi denaro. E la terza, organizzare persone capaci e assumere chi è più intelligente di noi.

Il rischio esiste sempre, per cui imparate a gestirlo invece di evitarlo.

Momento dell'emisfero sinistro: Piccole somme di denaro possono essere trasformate in grandi cifre grazie a investimenti astuti e tempestivi.

Momento dell'emisfero destro: Robert incoraggia sempre gli studenti adulti a considerare i giochi come qualcosa che rispecchia ciò che sanno e ciò che devono imparare. Ma, soprattutto, i giochi riflettono il proprio comportamento. Sono metodi con feedback immediato. Invece di avere un maestro che dà lezioni, il gioco ci offre un insegnamento personalizzato, fatto su misura per noi.

Momento del subconscio: Tutti abbiamo incredibili potenzialità e tutti abbiamo talenti e doni personali. Eppure, una cosa che ci limita tutti è un certo livello di indecisione. Non è tanto la scarsità di conoscenze tecniche a limitarci, quanto la mancanza di fiducia in se stessi.

Cosa intendeva dire Robert

È ora di riflettere. Chiedetevi: "*Cosa* intendeva dire Robert con questa frase?" E "*Perché* dice così?" In questa parte non dovete concordare o meno con Robert. L'obiettivo è *capire* quello che Robert sta dicendo.

Ricordate, le frasi qui elencate sono ideate per essere di aiuto e di sostegno. Due menti sono meglio di una. Se non capite le parole di Robert, non rinunciate. Fatevi aiutare per capire meglio. Prendetevi il tempo necessario per analizzare ciascuna frase fino ad averla compresa a fondo.

> "Nel mondo reale, spesso non sono i più bravi che vanno avanti, ma i più audaci".
>
> "Come insegnante mi accorgevo che la troppa paura e la mancanza di fiducia sono i peggiori nemici del genio personale. Mi si spezzava il cuore nel vedere corsisti che sapevano la risposta ma non avevano poi il coraggio di agire".
>
> "Le idee superate sono il maggior passivo di alcune persone. Sono un passivo perché non si rendono conto che quell'idea o quel modo di fare che ieri era un attivo, oggi non lo è più".
>
> "I ricchi di solito sono più creativi e più disposti a correre rischi calcolati".
>
> "Perché voler affinare l'intelligenza finanziaria? Per essere il tipo di persona che si crea la sua fortuna".
>
> "Il bene più potente che abbiamo è la nostra mente. Se la esercitiamo bene, possiamo creare enormi ricchezze in un attimo. Una mente pigra può provocare uno stato di estrema povertà che si tramanda per generazioni".

"Se l'occasione che intravedo è troppo complicata e non capisco l'investimento, lascio perdere. Semplici conteggi e buonsenso sono tutto ciò che serve per arricchirsi".
"Il problema degli investimenti 'sicuri' è che spesso sono scremati, cioè gli utili che danno sono inferiori".
"Non è gioco d'azzardo se sai come muoverti. È gioco d'azzardo se investi denaro in un affare pregando che funzioni".
"Le grandi occasioni non si vedono con gli occhi. Si vedono con la mente".
"È ciò che sapete a rappresentare la vostra ricchezza maggiore. Ed è ciò che non sapete a rappresentare il vostro rischio maggiore".

Domande aggiuntive

È il momento di riprendere le storie descritte in questo capitolo insieme alla comprensione di ciò che Robert intendeva e applicarle a voi stessi e alla vostra vita. Ponetevi le domande che qui seguono e discutetene con il vostro compagno di studio. Siate sinceri con voi stessi e con chi vi è vicino. Se non vi piacciono alcune delle risposte che date, chiedetevi se desiderate cambiare e accettare la sfida di cambiare i vostri pensieri e il vostro modo di ragionare:

1. Robert dice che non è tanto la mancanza di conoscenze tecniche che ci limita, quanto la mancanza di fiducia in se stessi. C'è un esempio nella vostra vita o nella vita di qualcun altro in cui l'indecisione abbia impedito una grande occasione?
2. Alcune persone hanno tanto denaro eppure non ce la fanno dal punto di vista finanziario. Per quale motivo?
3. Dopo aver sviluppato la vostra intelligenza finanziaria, in che modo vi ha aiutato a capire più facilmente la validità di un affare?
4. La filosofia di Robert consiste nel piantare semi nella colonna degli attivi, cominciando dal piccolo e vedendo

quello che cresce. In questo preciso istante state piantando dei semi nella vostra colonna degli attivi? Se non lo state facendo, cosa potreste fare per iniziare?

5. Robert cita due tipi di investitori: quelli che comprano pacchetti di investimenti e quelli che creano investimenti. Voi di che tipo siete? È quello che volete essere?
6. Che ruolo ha avuto la paura di fallire nella vostra vita e come vi ha impedito di cogliere certe occasioni? Cosa potete fare per dominare questa paura in futuro?

Capitolo 6

LEZIONE 6: LAVORARE NON PER I SOLDI MA PER IMPARARE

Per il padre istruito avere un lavoro sicuro era tutto; per il padre ricco imparare era tutto.

Qualche anno fa concessi un'intervista a un giornale di Singapore. La giovane giornalista arrivò puntuale e cominciò subito a farmi le domande. Ci eravamo accomodati nell'atrio di un albergo di lusso, sorseggiando caffè e discutendo dei miei impegni in città. Avrei tenuto una conferenza insieme a Zig Ziglar[1]: lui doveva parlare sulla motivazione e io su "I segreti dei ricchi".

"Un giorno mi piacerebbe essere una scrittrice di successo come lei", mi confessò la giornalista. In effetti, avevo letto alcuni suoi articoli e ne ero rimasto favorevolmente impressio-

[1] Zig Ziglar (1926-2012) è stato uno dei più grandi autori motivazionali. Tra i suoi bestseller: *I segreti del venditore* e *Ci vediamo sulla cima*, (Gribaudi), ndr.

nato. Aveva uno stile chiaro, diretto. Il lettore non poteva non farsi catturare.

"Lei scrive molto bene", dissi subito. "Cosa la trattiene dal realizzare il suo sogno?"

"Sembra che il mio lavoro sia in un vicolo cieco", replicò mesta. "Tutti dicono che i miei romanzi sono eccellenti, ma non succede nulla. Così, mi tengo stretto il mio impiego al giornale. Se non altro riesco a pagare le bollette. Mi può dare dei consigli?"

"Sì", dissi con piacere. "Qui a Singapore vive un mio amico che ha una scuola: tiene corsi di vendita per le più grandi aziende locali, comprese le società per azioni, e credo che se ne frequenterà uno la sua carriera ne sarà ottimizzata".

Si irrigidì: "Intende dire che dovrei tornare a scuola per imparare a vendere?"

Annuii.

"Non dice sul serio, vero?"

Annuii ancora. "Cosa c'è di sbagliato in questo?" avrei voluto rimangiarmi le parole. Lei si era offesa per qualcosa e ora mi stavo mordendo la lingua. Se volevo aiutarla, ero costretto a difendere il mio consiglio.

La giornalista replicò: "Sono laureata e specializzata in letteratura inglese. Perché dovrei andare a scuola per imparare a fare il venditore? Sono una professionista. Ho frequentato l'università per evitare di diventare una comune venditrice. Detesto il commercio e i venditori. Mirano solo ai soldi. Quindi, perché mai dovrei studiare le tecniche di vendita?" Stava già mettendo le sue cose in una valigetta. L'intervista era finita.

Sul tavolino, vicino al caffè, c'era la copia di un mio precedente bestseller. La presi insieme agli appunti che lei aveva trascritto sul suo taccuino a righe.

"Vede questo?" chiesi indicando i suoi appunti.

Lei abbassò lo sguardo sul taccuino. "Cosa?" balbettò confusa. Indicai di nuovo i suoi appunti. Sul taccuino aveva scritto: "Robert Kiyosaki, autore di bestseller".

"C'è scritto autore di bestseller, non ottimo scrittore". Spalancò immediatamente gli occhi.

"Non sono bravo a scrivere, tutt'altro. Lei è un'ottima scrittrice. Io sono andato a scuola dai venditori. Lei si è meritata una laurea e una specializzazione. Metta insieme il tutto e vedrà la differenza tra un 'autore di bestseller' e un''ottima scrittrice'."

Lanciava fiamme con gli occhi. "Non mi abbasserò mai tanto da imparare a vendere. La gente come lei non appartiene al mondo degli scrittori. Io sono una letterata professionista e lei è un piazzista. Non è giusto", disse furiosa.

Mise via il resto degli appunti e si precipitò fuori della grande porta a vetri dell'albergo, sparendo nell'umida mattina di Singapore.

Devo riconoscere che, il giorno dopo, la sua recensione sul giornale parlava di me in termini lusinghieri. Il mondo pullula di persone intelligenti, piene di talento, istruite e dotate di tante qualità. Le incontriamo tutti i giorni, ne siamo circondati.

Alcuni giorni fa, la mia auto aveva dei problemi. Mi sono diretto verso un'officina e il giovane meccanico me l'ha riparata in pochi minuti. Aveva capito il guasto limitandosi ad ascoltare il rumore del motore. Ero sbalordito.

Sono sempre scioccato da quanto poco guadagnino le persone di talento. Conosco persone istruite e intelligenti che non arrivano a guadagnare nemmeno 20.000 dollari all'anno. Un consulente commerciale del settore medico mi ha rivelato che molti dottori, dentisti e chiropratici sopravvivono appena. Io pensavo che, una volta laureati, si sarebbero arricchiti tutti. Lo stesso consulente ha pronunciato una frase fatidica: "Manca loro una sola qualità per l'eccellenza".

Ciò significa che un gran numero di persone ha bisogno di imparare quella qualità, dopodiché il loro reddito salirà alle stelle. Ho già sottolineato che l'intelligenza finanziaria è una questione di sinergia tra contabilità, investimenti, marketing e conoscenze legali. Abbinate queste quattro abilità tecniche e fare soldi con i soldi sarà più facile di quanto la maggior parte della gente possa credere. Per fare i soldi, l'unica abilità che molti conoscono è lavorare di più.

L'esempio classico di una sinergia di abilità è la giornalista di prima. Se imparasse le tecniche di vendita e di marketing, il suo reddito migliorerebbe notevolmente. Se fossi in lei, mi iscriverei a corsi di copywriting e comunicazione pubblicitaria oltre che di vendita. Poi, invece di lavorare per il giornale, cercherei un posto in un'agenzia pubblicitaria. Anche se guadagnasse di meno, imparerebbe a comunicare con i brevi messaggi che si usano negli spot. Nel frattempo, dovrebbe migliorare anche nelle relazioni sociali, cosa che non guasta mai. Intanto, potrebbe fare milioni con la pubblicità gratuita. Poi, di sera e nei weekend, potrebbe scrivere il suo grande romanzo. Una volta finito, potrebbe venderlo e in breve tempo diventare un'autrice di bestseller.

Quando pubblicai il mio primo libro, *Se vuoi essere ricco e felice, non andare a scuola*, un editore suggeriva di cambiare il titolo in *L'economia dell'istruzione*. Gli dissi che, con un titolo di quel genere, avrei venduto due copie: una alla mia famiglia e l'altra al mio miglior ami-

20 ANNI DOPO...

PERCHÉ IL SISTEMA SCOLASTICO STA FALLENDO

A molti insegnanti manca l'esperienza del mondo reale: non hanno fatto ciò che insegnano. In pratica non hanno sperimentato i loro insegnamenti, commesso errori, imparato da quegli errori e applicato ciò che hanno appreso continuando ad agire e a migliorare. Le scuole ci insegnano a leggere e a memorizzare.
Io credo che "studiare" sia la chiave per applicare ciò che impariamo. Kim e io incontriamo i nostri advisor molte volte all'anno e scegliamo i libri da leggere e studiare insieme.
Come dimostra il Cono dell'apprendimento (pagina 38), la discussione e la collaborazione sono ottimi mezzi con cui imparare.

co. E non solo, se la sarebbero aspettata in regalo. L'insolente titolo, *Se vuoi essere ricco e felice, non andare a scuola*, fu scelto perché sapevamo che avrebbe attirato molta attenzione. Io sono a favore dell'istruzione e sostengo una riforma radicale. Altrimenti, perché insisterei tanto per cambiare il nostro antiquato sistema scolastico? Così, ho scelto un titolo che mi avrebbe fatto ottenere passaggi radiofonici e televisivi, proprio a causa del titolo polemico. Molti mi ritenevano pazzo, ma il libro ha venduto molto bene.

Nel 1969, terminati gli studi nella Marina mercantile americana, mio padre era felice. La Standard Oil californiana mi aveva assunto nella sua flotta di petroliere come ufficiale in seconda. La paga era inferiore rispetto a quella dei miei compagni di classe, ma come primo lavoro non era affatto male. Mi davano circa 42.000 dollari all'anno, straordinari compresi, e dovevo lavorare solo per sette mesi. Avevo cinque mesi di ferie. Se avessi voluto, durante le ferie avrei potuto coprire il tragitto per il Vietnam con una compagnia consociata, raddoppiando i miei introiti.

"Occorre sapere qualcosa su tante cose", era il consiglio del padre ricco.

Davanti a me si apriva una carriera rosea, invece mi licenziai sei mesi dopo per arruolarmi nei Marines e imparare a volare. Il padre istruito era distrutto. Il padre ricco si congratulava con me.

A scuola e nel mondo del lavoro va per la maggiore l'idea della specializzazione, cioè si ritiene che per arricchirsi o avanzare di carriera sia necessario specializzarsi. Ecco perché, dopo la laurea, i medici diventano specialisti (pediatri, ortopedici, ecc.). Lo stesso vale per i commercialisti, gli architetti, gli avvocati, i piloti e altri ancora.

Il padre istruito aveva questa convinzione. Quando ottenne il dottorato di ricerca, era eccitatissimo. Diceva spesso che le scuole ricompensano chi studia su argomenti sempre più specifici.

Il padre ricco mi incitava a fare esattamente l'opposto. "Occorre sapere qualcosa su tante cose", era il suo consiglio. Ecco perché ho lavorato per anni in vari settori delle sue aziende. Per un certo periodo ho fatto esperienza nel suo ufficio amministrativo. Anche se non sarei mai diventato un commercialista, voleva che imparassi per osmosi. Lui sapeva che avrei adottato il gergo dell'ufficio e distinto ciò che è importante da ciò che non lo è. Poi ho fatto anche l'aiuto cameriere e il muratore, oltre al venditore, al segretario e all'impiegato dell'ufficio marketing. Insieme a Mike, mi stavo sgrezzando. Il padre ricco ci faceva infatti partecipare alle riunioni con i suoi esperti finanziari, avvocati, commercialisti e broker. Voleva che imparassimo i rudimenti di ogni settore del suo impero economico.

Quando mi licenziai dalla Standard Oil, il padre istruito mi prese di petto. Era sconvolto, non riusciva a capire la mia decisione di abbandonare una carriera che offriva un ottimo stipendio, grandi benefit, parecchio tempo libero e possibilità di promozioni. Una sera, quando mi chiese: "Perché ti sei licenziato?" non riuscii proprio a farmi capire nonostante i miei tentativi. La mia logica non combaciava con la sua. Il fatto è che assomigliava più a quella del padre ricco.

Per il padre istruito avere un lavoro sicuro era tutto; per il padre ricco imparare era tutto.

Il primo pensava che fossi andato a scuola per diventare ufficiale di Marina. Il secondo sapeva che ci ero andato per studiare commercio internazionale. Da studente, avevo navigato sui piroscafi per il trasporto merci, sulle petroliere e sui transatlantici che facevano la spola tra l'Oceano Pacifico e l'Oceano Indiano. Il padre ricco mi consigliava di rimanere nel Pacifico, di dimenticare l'Europa, perché sapeva che le nazioni emergenti erano quelle asiatiche. Mentre i miei compagni, incluso Mike, gozzovigliavano nella casa dello studente, io studiavo commercio, geopolitica, industria e cultura di paesi come Giappone,

Taiwan, Tailandia, Singapore, Hong Kong, Vietnam, Corea, Tahiti, Samoa e Filippine. Anch'io mi stavo divertendo, ma non nella casa dello studente. Crescevo in fretta.

Il padre istruito non riusciva a capire perché mi fossi licenziato per arruolarmi nei Marines. Gli dissi che volevo imparare a volare, ma in realtà desideravo apprendere la capacità di comandare le truppe[2]. Il padre ricco mi aveva spiegato che la parte più ardua del management aziendale è la gestione delle risorse umane. Lui era stato tre anni nell'esercito; il padre istruito era stato esentato dal servizio militare. Il padre ricco riteneva importante imparare a gestire gli uomini nelle situazioni più pericolose. "Quello che devi apprendere è la leadership", spiegava. "Se non sei un buon leader, ti sparano alla schiena, come fanno nel mondo degli affari".

Nel 1973, tornato dal Vietnam, mi congedai dall'esercito, anche se volare mi piaceva. Fui assunto dalla Xerox. Accettai per un motivo preciso, che esulava dai vantaggi economici. Ero timido e il pensiero di vendere era la cosa che più mi terrorizzava. La Xerox ha uno dei migliori programmi di formazione per venditori di tutti gli USA.

Il padre ricco era fiero di me. Il padre istruito si vergognava di me; da intellettuale, riteneva che i venditori gli fossero inferiori. Rimasi alla Xerox per quattro anni, finché non imparai a vincere la paura di bussare alla porta della gente ed essere cacciato via. Quando fui capace di rientrare costantemente tra i primi cinque venditori dell'azienda, mi licenziai di nuovo abbandonando la prospettiva di una grande carriera.

Nel 1977 formai la mia prima impresa. Il padre ricco aveva insegnato a me e Mike a rilevare le aziende altrui. Adesso dovevo imparare a metterle in piedi e gestirle. Il mio primo prodotto, i portafogli di nylon e velcro, era fabbricato in estremo

---

[2] Da non perdere su questo argomento *8 lezioni di leadership militare per imprenditori* di R. Kiyosaki (Gribaudi).

oriente e spedito via nave a un magazzino di New York, vicino a dov'ero andato a scuola. La mia istruzione formale si era completata, era giunto il momento che le mie ali si spiegassero. Se avessi fallito, sarei stato al verde. Il padre ricco riteneva che, prima dei trent'anni, potessi ancora permettermelo. "Hai tempo per recuperare", diceva. Alla vigilia del mio trentesimo compleanno, partiva il primo carico dalla Corea a New York.

Il lavoro equivale alla sopravvivenza.

Oggi tratto ancora affari a livello internazionale e, come mi insegnava il padre ricco, tengo d'occhio le nazioni emergenti. Attualmente la mia agenzia di investimenti opera in paesi sudamericani e paesi asiatici, e anche in Norvegia e Russia.

Dice una vecchia massima: "Il lavoro equivale alla sopravvivenza". Purtroppo, possono attestarlo milioni di persone. Siccome la scuola non ritiene che l'intelligenza finanziaria sia un bene prezioso, molti lavoratori sopravvivono con lo stipendio. Lavorano e pagano le bollette.

Un'altra orribile teoria del management dice: "I lavoratori si impegnano a sufficienza per non essere licenziati, mentre gli imprenditori li stipendiano il tanto che basta perché non cambino lavoro". E se guardate i livelli retributivi delle aziende, mi sembra che questa affermazione sia molto vera.

La conseguenza è che molti dipendenti non progrediscono mai. Fanno quello che è stato insegnato loro: trovarsi un posto fisso. Molti si preoccupano della paga e dei benefit a breve termine, ma a lungo termine questo modo di ragionare è disastroso.

Io piuttosto suggerisco sempre ai giovani di cercarsi un lavoro prima di tutto in base a ciò che impareranno prima che a ciò che guadagneranno. Dico loro di cogliere le occasioni per imparare le abilità di cui hanno bisogno prima di scegliere una professione specifica e rimanere intrappolati nella Corsa dei Topi.

Una volta intrappolati nell'infinita sequela del pagamento delle bollette, essi diventano come quei criceti che girano nelle ruote delle loro gabbiette. Sgambettano furiosamente con le zampette pelose, la ruota non si ferma mai; eppure, la mattina dopo ricominciano daccapo. Che lavoro!

Nel film *Jerry Maguire*, con Tom Cruise, ci sono delle splendide battute. La più memorabile credo sia: "Fammi vedere i soldi!" Ma ce n'è una che ritengo la più veritiera. Viene pronunciata nella scena in cui il protagonista lascia l'azienda. È stato appena licenziato e chiede a tutti i suoi colleghi: "Chi vuole venire con me?" Gelo totale. Solo una donna si alza per dire: "Mi piacerebbe, ma mi scatta una promozione fra tre mesi".

Forse è la frase più vera di tutto il film, la stessa a cui ricorre un sacco di gente per continuare a faticare così da essere sicura di poter pagare le bollette. So che il padre istruito si aspettava l'aumento ogni anno, ma ogni anno veniva deluso. Allora, tornava a studiare per specializzarsi ulteriormente e chiedere l'aumento, dopodiché seguiva un'altra delusione.

20 ANNI DOPO...

CHI SONO I TUOI INSEGNANTI?

Una delle lezioni del padre ricco che negli ultimi 20 anni si è rivelata chiarissima è l'importanza di scegliere degli insegnanti che abbiano realmente FATTO ciò che vogliono che tu faccia.

Una domanda che faccio spesso alla gente è: "Dove vi sta portando la vostra occupazione quotidiana?" Dentro di me, mi chiedo se si rendano conto che, come il criceto nella gabbia, le loro fatiche non conducono a nulla. Cosa riserva loro il futuro?

Nel suo libro *The Retirement Myth*, Craig S. Karpel scrive: "Ho visitato la sede di una grande azienda nazionale di consulenze pensionistiche e ho incontrato la managing director, specializzata nella valutazione di piani pensionistici di lusso per top manager. Alla mia domanda su quanto potesse aspettarsi in termini di pensione chi non avesse una posizione importante, rispose con un sorriso sicuro: 'Il Proiettile d'Argento'.

"'Cos'è Il Proiettile d'Argento?' le chiesi.

"Disse con un'alzata di spalle: 'Se i baby-boomer scoprissero di non avere abbastanza denaro con cui vivere quando saranno più vecchi, possono sempre farsi saltare il cervello'."

20 ANNI DOPO...

LA PRIMA PAURA

Vale la pena ripeterlo: la prima paura degli americani, quando invecchiano, è quella di sopravvivere al proprio denaro. Essendo cambiati molti piani pensionistici – per un "benefit definito" contro un piano di "contributo definito" con un tetto sulla disponibilità totale di dollari – sono cambiate le regole del modo in cui la gente pianifica la propria pensione e facilmente graveranno sui sussidi statali.

Karpel procede spiegando la differenza tra i vecchi piani pensionistici e i nuovi piani 401(k) più rischiosi. Non è un bel quadro per le molte persone che oggi lavorano. E questo solamente per quanto riguarda la pensione. Aggiungiamo le spese mediche e l'assistenza domiciliare a lungo termine e il quadro è spaventoso.

Già molti ospedali, nei paesi che garantiscono assistenza sanitaria, devono prendere forti decisioni come: "Chi vivrà e chi morirà?" Decidono puramente su quanto denaro hanno i pazienti e sulla loro età. Se il paziente ha una certa età, spesso dedicheranno le cure a qualcuno più giovane. Il paziente più anziano e povero viene relegato in fondo alla fila. Nello stesso modo in cui possono permettersi un'istruzione migliore, i ricchi saranno in grado di mantenersi in vita, mentre chi ha poco denaro morirà.

Perciò mi chiedo: i lavoratori stanno guardando al futuro o si limitano solo al loro prossimo stipendio, senza mai chiedersi a cosa stiano andando incontro?

Quando parlo con adulti che vogliono guadagnare di più, raccomando sempre la stessa cosa: dico loro di ampliare la prospettiva di vita. Anziché lavorare solo per i soldi e la sicurezza economica, senz'altro importanti, consiglio di trovare un secondo lavoro per imparare una diversa qualità professionale. Magari collaborando con una società di network marketing, detto anche multilevel marketing, se vogliono imparare le tecniche di vendita. Alcune di queste società hanno eccellenti programmi di formazione che aiutano a vincere le proprie paure e timidezze, che di solito sono alla base degli insuccessi commerciali. A lungo termine, l'istruzione conta più dei soldi.

Dicendo queste cose, spesso mi sento rispondere: "Ho troppo da fare", oppure: "Voglio fare solo quello che mi interessa".

Se dicono "Ho troppo da fare", io replico: "Preferisci lavorare tutta la vita regalando il 50% dei tuoi guadagni allo Stato?" Se invece dicono: "Voglio fare solo quello che mi interessa", ribatto: "Neanche a me piace andare in palestra, però ci vado perché mi interessa sentirmi bene e vivere più a lungo".

20 ANNI DOPO...

SPESE MEDICHE ALLE STELLE

La gente ha un'aspettativa di vita più lunga e le cure sono sempre più costose. Le aziende farmaceutiche alzano i prezzi e le società assicurative pagano meno. Sono quasi tutti con l'acqua alla gola. Nonostante le variazioni nelle statistiche, gran parte della ricerca indica il fatto che molti fallimenti negli Stati Uniti sono una conseguenza delle spese mediche fuori controllo.

Purtroppo è vero il proverbio americano secondo cui "a un cane vecchio non è possibile insegnare giochi nuovi". Se una persona non è pronta a cambiare, è difficile che lo faccia.

Ma a chi è preparato all'idea di aggiornarsi, offro questa incoraggiante metafora: la vita è come quando si va in palestra. Il momento più difficile è decidere di andarci. Dopodiché, il passo è facile. Quante volte ho odiato l'idea di andare in palestra, eppure, una volta arrivato ed essermi messo in movimento, è stato un vero piacere. Alla fine degli esercizi, sono sempre contento di essermi convinto ad andare.

Se proprio non volete imparare le novità e insistete a specializzarvi nel vostro campo, assicuratevi che l'azienda in cui lavorate sia sindacalizzata. I sindacati servono per difendere gli specialisti. Dopo essere caduto in disgrazia con il governatore statale, il padre istruito era diventato segretario del sindacato docenti delle Hawaii. Mi diceva che era il lavoro più duro che avesse mai fatto. Al contrario, il padre ricco ha sempre cercato di evitare i sindacati.

Personalmente, non me la sento di prendere posizione su questo perché vedo i vantaggi e le necessità di entrambe le parti. Se seguite la strada preparata dalla scuola, specializzatevi. Poi cercate la protezione sindacale. Per esempio, se avessi continuato a volare, avrei cercato una compagnia aerea con un forte sindacato dei piloti. Perché? Perché la mia vita sarebbe stata dedicata a un perfezionamento valido in un solo tipo di industria. Se mi avessero licenziato, non avrei potuto cambiare settore professionale. Un pilota anziano, con 100.000 ore di volo commerciale e pagato 150.000 dollari all'anno, non potrebbe trovare un lavoro retribuito in modo equivalente, per esempio nella scuola. Le abilità non sono trasferibili da un settore all'altro. Le abilità per cui viene pagato un pilota nel trasporto aereo non hanno la stessa importanza che possono avere, per esempio, nel sistema scolastico.

Lo stesso vale per i medici di oggi. Con tutti i cambiamenti che si sono avuti in medicina, molti specialisti hanno bisogno di aderire a organizzazioni mediche assicurative. Gli insegnanti devono iscriversi ai sindacati. Oggi, negli Stati Uniti, il sindacato degli insegnanti è il più grande e più ricco di tutti. NEA, la National Education Association, ha un forte peso politico. Gli insegnanti hanno bisogno della protezione del loro sindacato anche perché le loro capacità hanno un valore limitato al di fuori del settore educativo. Quindi la regola generale è: "Più specializzati, più sindacalizzati". È la cosa migliore da fare.

Durante le mie lezioni, chiedo: "Quanti di voi sanno cuocere un hamburger meglio di McDonald's?" e quasi tutti i partecipanti alzano la mano. Allora proseguo: "Se lo sapete fare, come mai McDonald's fa più soldi di voi?"

La risposta è facile: McDonald's è un eccellente conoscitore dei sistemi commerciali. Il motivo per cui molti individui di talento sono poveri è che imparano a cucinare gli hamburger, ma evitano di apprendere anche solo i rudimenti della vendita.

Un mio amico hawaiano è un grande artista, guadagna anche un bel gruzzoletto. Un giorno, un avvocato gli telefonò per dirgli che sua madre gli aveva lasciato in eredità 35.000 dollari: era ciò che restava di un immobile dopo aver dedotto le tasse di successione e la parcella dell'avvocato. Il mio amico intravide l'occasione di migliorare la sua posizione usando quella somma per pubblicizzarsi. Due mesi dopo è comparso il suo annuncio in quadricromia su tutta la pagina di una rivista per persone facoltose. L'annuncio è stato pubblicato per tre mesi. Lui non ha avuto nessun riscontro e così tutta la sua eredità è svanita nel nulla. Adesso vuole querelare la rivista per "falsa dichiarazione".

20 ANNI DOPO...

SISTEMI = IT

Nel mondo di oggi, i Sistemi sono IT... la vostra Internet Technology. State facendo un buon uso di tutti gli strumenti di oggi? C'è un altro esempio del modo in cui scegliere bene la nostra squadra, i nostri consulenti e i nostri insegnanti. L'attuale presidente della Rich Dad Company è un genio dell'IT e ha messo insieme un team che sfrutta le tecnologie moderne per migliorare i sistemi, le procedure e le comunicazioni... tenendo gli occhi aperti sul futuro e sui nuovi strumenti che saranno offerti a tutti noi.

Un caso esemplare di chi sa cucinare un hamburger, ma è ignorante a livello commerciale. Quando gli chiesi cosa avesse appreso dall'esperienza, disse solo: "I venditori di pubblicità sono degli imbroglioni". Allora gli domandai se voleva che gli dessi lezioni di tecniche di vendita. Replicò: "Non ho tempo né voglia di sprecare soldi".

Il mondo è pieno di persone talentuose ma povere. Troppo spesso navigano in un mare di guai finanziari o guadagnano meno di quanto potrebbero, non a causa di ciò che sanno, ma di ciò che non sanno. Si concentrano a migliorare nel loro campo, a cucinare meglio gli hamburger, ma dimenticano di imparare a venderli e a come darli al cliente. Forse McDonald's offre panini mediocri, ma li vende nella maniera e nelle situazioni giuste.

Mio padre voleva che mi specializzassi: era convinto che così mi avrebbero pagato di più. Mi ha incoraggiato a farlo perfino dopo essere stato estromesso dalla carica istituzionale – Provveditore agli studi – dal governatore delle Hawaii. In seguito, come ho già detto, ha perorato la causa del sindacato-docenti, impegnandosi per estendere i privilegi dei professionisti della pedagogia. Litigavamo spesso, ma non ha mai ammesso che l'eccessiva specializzazione è ciò che impone la necessità della protezione sindacale. Non ha mai capito che più ci si specializza, più si è in trappola e si dipende dal perfezionamento conseguito.

Il padre ricco ha sempre consigliato a me e Mike di sgrezzarci. Lo stesso fanno numerose aziende: scelgono uno studente brillante appena uscito da una facoltà di Economia e iniziano a sgrezzarlo così che un giorno possa assumere il controllo dell'impresa. Così, questi giovani impiegati e funzionari non si specializzano in un solo settore; passano da un reparto all'altro per imparare tutti i segreti del sistema aziendale. I ricchi spesso sgrezzano i figli, o quelli degli altri, in modo che acquisiscano una conoscenza generale delle operazioni di un certo business e del modo in cui interagiscono i vari reparti.

La generazione della Seconda guerra mondiale riteneva sbagliato passare da un'azienda all'altra. Oggi è un sinonimo di intelligenza. Siccome molti, invece di specializzarsi, cambiano azienda, perché non cercare di imparare più che guadagnare subito? A breve termine potreste perderci dei soldi, ma a lungo termine sarete ricompensati.

Le principali abilità gestionali necessarie per il successo sono:

1. La gestione del cashflow
2. La gestione dei sistemi
3. La gestione delle risorse umane

Le abilità più importanti sono attinenti alla vendita e al marketing. La capacità di vendere – di comunicare a un altro essere umano, che si tratti di un cliente, dipendente, capufficio, coniuge o figlio – è alla base del successo personale. Le abilità comunicative, come saper scrivere, parlare e negoziare, sono fondamentali per una vita di successo. Sono qualità che cerco di affinare sempre, frequentando corsi o acquistando materiale formativo che mi aiuti ad ampliare le mie conoscenze.

Come ho detto, il padre istruito lavorava sempre di più quanto più si specializzava. In questo modo, però, si metteva da

20 ANNI DOPO...

VENDITE = REDDITO

Il Rich Dad Advisor e grande amico Blair Singer[2] *– esperto di vendite nel nostro team – me lo sta conficcando in testa da 30 anni: Vendite = Reddito. La vostra capacità di vendere – di comunicare e indirizzare le vostre forze – ha un impatto diretto sul vostro successo.*

[3] Famoso Advisor di Rich Dad, un vero guru delle vendite e della psicologia ad esse collegata, autore del bestseller *Non devi essere un pit bull per aumentare il tuo reddito* (Gribaudi).

solo nella trappola del suo lavoro; benché gli aumentassero lo stipendio, diminuivano le sue scelte. Dopo essere stato licenziato dall'impiego statale, si rese conto di quanto fosse debole la sua posizione. Lo stesso succede agli atleti professionisti che si infortunano o sono troppo vecchi per la fatica fisica: non li vuole più nessuno, e sanno fare poche altre cose per sopravvivere. Credo che sia per questo motivo che, in seguito, mio padre si è impegnato tanto nelle organizzazioni sindacali. Aveva capito che avrebbero potuto dargli grandi vantaggi.

Il padre ricco incoraggiava me e Mike a sapere qualcosa su parecchie cose. Ci consigliava di interagire con persone più intelligenti di noi, formando gruppi di collaboratori intelligenti. Oggi si parla di sinergie professionali.

Attualmente conosco un gran numero di ex insegnanti di scuola che guadagnano centinaia di migliaia di dollari all'anno. Guadagnano così tanto perché si sono specializzati anche in altri settori. Sanno insegnare, ma anche vendere il loro servizio. Non conosco altre capacità che siano più importanti della vendita e del marketing. Possono però risultare difficili a molte persone, soprattutto per via della loro paura di essere rifiutate. Più si sa comunicare, negoziare e gestire la paura del rifiuto e più facile scivola la vita. Come lo dicevo alla giornalista che voleva diventare scrittrice, posso ripeterlo a chiunque altro.

Essere bravi in senso specialistico ha i suoi vantaggi, ma anche i suoi svantaggi. Ho degli amici veramente geniali che, però, non sanno comunicare con il prossimo e, di conseguenza, il loro reddito è penoso. Suggerisco loro di impegnarsi per un anno a imparare le tecniche di vendita. Anche se non guadagneranno niente, miglioreranno le loro abilità comunicative. Una cosa impagabile.

Oltre ad essere ottimi studenti, venditori ed esperti di marketing, dobbiamo essere bravi insegnanti. Per essere veramente ricchi, dobbiamo essere in grado di dare oltre che a ricevere. In caso di guai finanziari o professionali, la causa reale è spesso la mancanza di questo interscambio. Conosco molta gente che è in difficoltà finanziarie perché non sa imparare né insegnare.

Entrambi i miei padri erano uomini generosi, che tendevano a dare prima di ricevere. Più spendevano e più ottenevano cose in cambio. Una vistosa differenza la si notava nell'elargizione di denaro. Il padre ricco lo distribuiva generosamente: alla sua chiesa, alle organizzazioni di beneficenza, alla fondazione che aveva istituito. Sapeva che, per accumulare denaro, prima di tutto occorre elargirlo. La generosità finanziaria è il segreto di molte famiglie facoltose. Ecco perché esistono organizzazioni come la Rockefeller Foundation e la Ford Foundation, che servono per gestire il sovrappiù e distribuirlo in eterno.

Il padre istruito diceva sempre: "Quando ho dei soldi in più, li do via". Il fatto è che non ne aveva mai abbastanza. Così, lavorava di più per guadagnare altri soldi invece di concentrarsi sulla legge basilare del denaro: "Dai e riceverai". Lui credeva in un altro motto: "Prima ricevi e poi dai".

Così, ho finito per assomigliare a entrambi. In parte sono un capitalista tutto d'un pezzo che ama il gioco del denaro che produce altro denaro. L'altra parte assomiglia all'insegnante socialmente responsabile che si preoccupa del divario sempre più ampio tra abbienti e non abbienti. Personalmente, ritengo che la colpa di tale divario sia da addebitare al nostro arcaico sistema educativo.

20 ANNI DOPO...

VENTI DI CAMBIAMENTO

I venti di cambiamento – nell'istruzione e nel sistema scolastico – stanno soffiando... con nuovo vigore a Washington, nuovo slancio nella scelta della scuola e con studenti che vogliono (e addirittura esigono) insegnanti dotati di esperienza del mondo reale. Ho sempre creduto che, per cambiare le cose, il primo a dover cambiare sono io. Oggi, molti stanno scegliendo di cambiare e di sostenere il cambiamento... in un sistema antiquato, obsoleto.
I veri vincitori saranno i ragazzi, che finalmente a scuola potranno imparare come funziona il denaro.

SESSIONE DI STUDIO

Capitolo 6

LEZIONE 6: LAVORARE NON PER I SOLDI MA PER IMPARARE

Capitolo 6

LEZIONE 6: LAVORARE NON PER I SOLDI MA PER IMPARARE

Riassunto

Qualche anno fa Robert fu intervistato a Singapore da una giornalista che, nel corso della loro conversazione, gli confessò di voler diventare una scrittrice di successo come lui. Purtroppo, ai suoi romanzi, che tutti trovavano eccellenti, non succedeva mai nulla.

Robert le suggerì di frequentare un corso sulla vendita, cosa che offese la giornalista. Gli disse di avere una laurea e una specializzazione in letteratura inglese e di non capire come lo studio delle tecniche commerciali l'avrebbe potuta aiutare. Per dir la verità, detestava i venditori. Quando Robert precisò che lui era un autore di bestseller e non un ottimo scrittore, lei rispose che non si sarebbe mai abbassata tanto da imparare a vendere e se andò via.

Intorno a noi ci sono tante persone piene di talento ma con difficoltà finanziarie, come la giornalista. Come diceva un consulente commerciale: "Manca loro una sola qualità per la grandezza".

Ciò significa che siamo in troppi a specializzarci. Se invece imparassimo quell'unica qualità in più, il nostro reddito salirebbe alle stelle. Per fare soldi, l'unica abilità che molti conoscono è lavorare di più.

Se quella giornalista si iscrivesse a corsi di copywriting e comunicazione pubblicitaria oltre che di vendita e se poi si trovasse un posto in un'agenzia pubblicitaria, imparerebbe a fare milioni con la pubblicità gratuita – una tecnica che potrebbe utilizzare per trasformare il suo prossimo romanzo in un bestseller.

Quando Robert pubblicò il suo primo libro, *Se vuoi essere ricco e felice, non andare a scuola*, un editore aveva suggerito di cambiare il titolo in *L'economia dell'istruzione*. Robert però sapeva che quel titolo non avrebbe venduto. Nonostante la sua propensione all'istruzione, scelse un titolo controverso perché sapeva che gli avrebbe fatto ottenere più passaggi in radio e in televisione. E la cosa funzionò.

Nel 1969, quando terminò gli studi nella Marina Mercantile americana, fu assunto nella flotta di petroliere della Standard Oil come ufficiale in seconda. La paga non era male, ma aveva cinque mesi di ferie all'anno. Avrebbe potuto fare una buona carriera, ma sei mesi dopo Robert se ne andò per arruolarsi nei Marines e imparare a volare.

Anziché specializzarsi – come molti fanno, compreso il padre povero – Robert era alla ricerca di nuove abilità. Il padre ricco lo incoraggiava in questo, dicendogli di sapere qualcosa su tante cose. È per questo motivo che, crescendo, Robert e il suo amico Mike avevano intrapreso così tanti lavori, per acquisire esperienze diverse.

Il padre istruito non riusciva a capire la sua decisione di licenziarsi dalla Standard Oil. Pensava che Robert fosse andato a scuola per diventare ufficiale di Marina. Ciò che invece il padre ricco sapeva era che Robert era andato a scuola per studiare commercio internazionale. E si era arruolato nei Marines per imparare a comandare le truppe. Quella capacità di leadership gli sarebbe tornata utile in qualsiasi business si sarebbe ritrovato.

Nel 1973, Robert si congedò dall'esercito e fu assunto dalla Xerox come venditore, nonostante la sua timidezza. In realtà, fu *proprio* per la sua timidezza che accettò il lavoro. La Xerox aveva uno dei migliori programmi di formazione per venditori del Paese, dove Robert riuscì a superare la sua paura di bussare alla porta della gente ed essere cacciato via. Quando diventò uno dei migliori venditori dell'azienda, si licenziò.

Robert lanciò la sua prima impresa nel 1977, con la vendita di portafogli prodotti in estremo oriente e poi spediti a un magazzino di New York. Era ora che spiegasse le sue ali. Oggi tratta ancora affari a livello internazionale.

La maggior parte della gente si preoccupa di trovarsi un lavoro sicuro, concentrandosi sulla paga e sui benefit a breve termine.

Quello che dovrebbe fare è cercare un lavoro che le insegni le abilità di cui ha bisogno.

Le persone stanno guardando a cosa stanno andando incontro o pensano solamente al loro prossimo stipendio? Nel suo libro *The Retirement Myth*, Craig S. Karpel descrive le numerose sfide che dovrà affrontare chi andrà in pensione e il quadro spaventoso che il futuro gli riserva.

Robert fa una raccomandazione lungimirante: anziché lavorare solo per i soldi e la sicurezza economica, trovate un secondo lavoro per imparare un'altra qualità professionale. Molti non accetteranno perché non sono pronti al cambiamento. Eppure sarà come andare in palestra. Potreste dovervi imporre di andare, ma alla fine degli esercizi sarete contenti di averlo fatto.

Se proprio non volete imparare cose nuove e insistete a specializzarvi nel vostro campo, assicuratevi che l'azienda in cui lavorate sia sindacalizzata. Diversamente, le vostre abilità potrebbero essere inutili al di fuori del vostro settore.

Robert chiede ai suoi studenti quanti sappiano cuocere un hamburger meglio di McDonald's e quasi tutti alzano la mano. Ma il motivo per cui McDonald's fa i milioni e loro no è che McDonald's è un ottimo conoscitore dei sistemi commerciali.

Il mondo è pieno di persone talentuose ma povere. Devono prendersi il tempo di acquisire più abilità, come i sistemi commerciali di McDonald's, per riuscire.

Il padre povero voleva che Robert si specializzasse, nonostante nella sua vita la cosa non avesse funzionato molto. Non ha mai capito che più ci si specializza, più si è in trappola e si dipende dal perfezionamento conseguito.

Il padre ricco, d'altro canto, incoraggiava Mike e Robert a sgrezzarsi e a conoscere bene i vari settori del business.

Per la generazione della Seconda guerra mondiale, passare da un'azienda all'altra era ritenuto sbagliato. Oggi è un sintomo di intelligenza. Consente di apprendere meglio e di essere ricompensati a lungo termine.

Le principali abilità gestionali per il successo sono: 1) La gestione del cashflow; 2) La gestione dei sistemi e 3) La gestione delle risorse umane. E le abilità specialistiche più importanti sono attinenti alla vendita e al marketing. Le abilità comunicative come saper scrivere, parlare e negoziare sono fondamentali per una vita di successo. Sono qualità che Robert cerca sempre di affinare, frequentando corsi o acquistando materiale formativo che lo aiuti a espandere le sue conoscenze.

Per molti le tecniche di vendita e di marketing possono risultare difficili, soprattutto per la loro paura di essere rifiutati. Più si sa comunicare, negoziare e gestire la paura del rifiuto, più facile scorre la vita.

Essere tecnicamente specializzati ha i suoi vantaggi e svantaggi. Chi appartiene a questa categoria deve migliorare le sue abilità comunicative.

Dobbiamo imparare tutti a essere bravi insegnanti oltre che bravi studenti. Per essere veramente ricchi, dobbiamo saper dare oltre che ricevere.

L'insegnamento era uno dei modi in cui sia il padre ricco sia il padre povero davano agli altri. Il padre ricco però elargiva anche il suo denaro alla chiesa, alle organizzazioni di beneficenza e alla sua fondazione. Sapeva che, per ricevere il denaro, doveva anche elargirlo. Il padre povero diceva sempre che avrebbe dato dei soldi quando ne avrebbe avuti in più – ma non li aveva mai quei soldi in più. Più che a "Dai e riceverai", lui credeva in "Prima ricevi e poi dai".

Robert assomiglia a entrambi i padri, sia al capitalista tutto d'un pezzo che ama il gioco del denaro che produce altro denaro, sia all'insegnante socialmente responsabile che si preoccupa del divario sempre più ampio tra abbienti e non abbienti. Ritiene che la responsabilità di questo divario sia dell'arcaico sistema educativo.

Momento dell'emisfero sinistro: Lasciare un lavoro promettente per un altro potrebbe non avere una logica immediata, ma sul lungo termine le abilità che ricaveremo procureranno cifre più alte.

Momento dell'emisfero destro: Apprendere delle abilità al di fuori di ciò che riteniamo la nostra professione andrà a nostro beneficio.

Momento del subconscio: La situazione che più temiamo è l'abilità che dobbiamo apprendere e conquistare. E potrebbe anche succedere di dovercelo imporre, ma – come quando si va in palestra – saremo contenti di averlo fatto.

Cosa intendeva dire Robert

È ora di riflettere. Chiedetevi: "*Cosa* intendeva dire Robert con questa frase?" E "*Perché* dice così?" In questa parte non dovete concordare o meno con Robert. L'obiettivo è *capire* quello che Robert sta dicendo.

Ricordate, le frasi qui elencate sono ideate per essere di aiuto e di sostegno. Due menti sono meglio di una. Se non capite le parole di Robert, non rinunciate. Fatevi aiutare per capire meglio. Prendetevi il tempo necessario per analizzare ciascuna frase fino ad averla compresa a fondo.

"Per il padre istruito avere un lavoro sicuro era tutto; per il padre ricco imparare era tutto".

"Sono sempre scioccato da quanto poco guadagnino le persone di talento".

"Dice una vecchia massima: 'Il lavoro equivale alla sopravvivenza'. Purtroppo, possono attestarlo milioni di persone".

"Suggerisco sempre ai giovani di cercarsi un lavoro più in base a ciò che impareranno che a ciò che guadagneranno".

"La vita è come quando si va in palestra. Il momento più difficile è decidere di andarci. Dopodiché, il passo è facile".

"Il mondo è pieno di persone talentuose ma povere. Troppo spesso navigano in un mare di guai finanziari o guadagnano meno di quanto potrebbero, non a causa di ciò che sanno, ma di ciò che non sanno".

"Essere bravi in senso specialistico ha i suoi vantaggi, ma anche i suoi svantaggi".

"La generosità finanziaria è il segreto di molte famiglie facoltose".

Domande aggiuntive

È il momento di riprendere le storie descritte in questo capitolo insieme alla comprensione di ciò che Robert intendeva e applicarle a voi stessi e alla vostra vita. Ponetevi le domande che qui seguono e discutetene con il vostro compagno di studio. Siate sinceri con voi stessi e con chi vi è vicino. Se non vi piacciono alcune delle risposte che date, chiedetevi se desiderate cambiare e accettare la sfida di cambiare i vostri pensieri e il vostro modo di ragionare:

1. Conoscete persone di grande talento che fanno pochissimi soldi? Cosa potrebbero fare diversamente?
2. Siete andati alla ricerca di altre abilità al di là della vostra specializzazione? Che risultati avete ottenuto?
3. C'è stata una volta in cui siete rimasti in un posto sicuro piuttosto che lanciarvi in una nuova posizione che avrebbe potuto procurarvi di più sul lungo termine? Qual è stata la motivazione della vostra decisione?
4. Se qualcuno vi chiedesse un consiglio sulle abilità più importanti da apprendere nel corso della sua vita lavorativa, cosa gli direste?
5. Che ruolo ha la generosità nella vostra vita? La considerate una parte importante del vostro successo?
6. Quali altri modi avreste di dare e che al momento non state adottando?

NOTE

NOTE

Capitolo 7

SUPERARE GLI OSTACOLI

La differenza principale tra un ricco e un povero è il modo in cui affrontano la paura.

Dopo aver studiato per imparare l'ABC finanziario, occorrerà evitare gli ostacoli e rendersi economicamente indipendenti. Ci sono cinque motivi principali che impediscono a chi ha già studiato di sviluppare una colonna delle attività, capace di produrre un cashflow abbondante. Eccoli:

1. Paura
2. Cinismo
3. Pigrizia
4. Cattive abitudini
5. Arroganza

Superare la paura

Non ho mai conosciuto nessuno a cui piacesse perdere soldi. E nella mia vita, non ho mai conosciuto nessun ricco che non abbia perso del denaro. Ma ho incontrato parecchie persone in difficoltà che non hanno mai perso un centesimo – investendo, voglio dire.

La paura di perdere denaro è reale. Tutti ce l'hanno, perfino i ricchi. Ma il problema non è la paura. È il modo di gestirla. È il modo di trattare la sconfitta. Nella vita, a fare la differenza è la maniera in cui si gestiscono i fallimenti e gli insuccessi. La differenza principale tra un ricco e un povero è il modo in cui affrontano quella paura.

È normale avere paura. È normale essere codardi quando si tratta di soldi. Si può essere ricchi comunque. Tutti siamo eroi in qualche situazione e codardi in altre. La moglie di un mio amico fa l'infermiera al Pronto soccorso. Appena vede il sangue, si attiva. Appena parlo di investimenti, scappa come un fulmine. Appena vedo il sangue io, non scappo. Svengo.

Il padre ricco capiva bene le fobie finanziarie. "Alcuni hanno il terrore dei serpenti. Altri sono terrorizzati dall'idea di perdere soldi. Sono entrambe fobie", diceva. La sua soluzione per la fobia di perdere soldi era questa: "Se detesti i rischi e le preoccupazioni, gioca d'anticipo".

Se si inizia da giovani, è facile essere ricchi. Non mi dilungherò su questo argomento, ma c'è una strabiliante differenza tra chi inizia a investire a vent'anni e chi inizia a trenta.

Si dice che l'acquisto dell'isola di Manhattan sia stato uno degli affari più grandi di tutti i tempi. New York è stata comprata per 24 dollari di bigiotteria e perline. Eppure, se quei 24 dollari fossero stati investiti al tasso annuale dell'8%, nel 1995 avrebbero fruttato 28 mila miliardi di dollari. Adesso si potrebbe riacquistare Manhattan con i soldi che avanzano dall'acquisto di Los Angeles.

Ma che fare se non si ha molto tempo a disposizione o se si vuole andare presto in pensione? Come gestire la paura di perdere soldi?

Il padre povero non faceva nulla. Evitava l'argomento, preferendo glissare.

Il padre ricco, invece, mi suggeriva di pensare come i texani. "Mi piace il Texas", ripeteva spesso. "Lì tutto è più grande. Quando vincono, i texani vincono molto. E quando perdono, lo fanno in modo spettacolare".

"A loro piace perdere?" insinuavo.

"Non dico questo. A nessuno fa piacere perdere. Mostrami uno che è contento di perdere e ti mostrerò un perdente", rispondeva lui. "Sto parlando dell'atteggiamento che hanno i texani di fronte al rischio, alla ricompensa e al fallimento. Del modo in cui gestiscono l'esistenza. Vivono alla grande. Non come molta gente di queste parti, che è attaccata ai soldi come gli scarafaggi al muro, terrorizzati dal fatto che qualcuno possa illuminarli e che piangono se il cassiere del supermercato sbaglia a dare loro 25 centesimi di resto".

Il padre ricco continuava a spiegare. "Ciò che mi piace dei texani è l'atteggiamento. Sono orgogliosi se vincono e si vantano se perdono. C'è un loro proverbio che dice: 'Se devi perdere soldi, meglio ridursi sul lastrico'. Nessuno vuole ammettere di essere al verde".

Il padre ricco diceva sempre a me e Mike che la ragione principale della mancanza di successo finanziario è l'abitudine a giocare troppo sul sicuro. "La gente ha tanta paura di perdere che finisce per perdere davvero", erano le sue parole.

Fran Tarkenton, ex grande quarterback di NFL, dice lo stesso concetto in un altro modo: "Vincere significa non aver paura di perdere".

Nella mia vita ho notato che la vittoria segue spesso la sconfitta. Prima di imparare ad andare in bicicletta, sono caduto parecchie volte. Non conosco un giocatore di golf che non abbia mai perso una pallina. Non conosco persone innamorate che non abbiano mai sofferto di delusioni d'amore. E non conosco un ricco che non abbia mai perso dei soldi.

20 ANNI DOPO...

L'ARTE DI VINCERE

Il concetto di vittoria e il desiderio di vincere in tutti gli ambiti della nostra vita sono stati argomento delle elezioni presidenziali degli Stati Uniti del 2016. È un atteggiamento, un obiettivo a cui tutti possiamo aspirare e ci motiva ad accettare i nostri errori, a imparare da essi e a tenerci focalizzati sul fatto di vincere.

Quindi, il motivo per cui molta gente non vince in senso finanziario è che la sofferenza insita nel perdere soldi è di gran lunga maggiore della gioia di arricchirsi.

Un altro detto texano recita: "Tutti vogliono andare in paradiso, ma nessuno vuole morire". Molti sognano di diventare ricchi, ma sono terrorizzati dalla possibilità di perdere denaro. Così, non arrivano mai in paradiso.

Il motivo per cui molta gente non vince in senso finanziario è che la sofferenza insita nel perdere soldi è di gran lunga maggiore della gioia di arricchirsi.

Il padre ricco ci raccontava spesso dei suoi viaggi in Texas. "Se volete veramente imparare l'atteggiamento da tenere per gestire il rischio, le sconfitte e i fallimenti, andate a San Antonio e visitate Fort Alamo. Alamo è la storia di persone coraggiose che decisero di combattere pur sapendo di non aver speranza di successo. Preferirono morire che arrendersi. È una storia motivante, degna di essere studiata. Ciononostante, rimane una tragica sconfitta militare. Un fallimento, possiamo anche chiamarlo così. Ma i texani come lo considerano? Ancora oggi dicono a voce alta: Ricordate Alamo!"

Io e Mike sentivamo parlare molto di questa storia: il padre ricco ce la raccontava quando stava per trattare degli affari importanti ed era nervoso. Dopo aver fatto del suo meglio, giunto il momento di esultare o di tacere, ci raccontava questa storia. Tutte le volte in cui temeva di fare un errore o di perdere soldi, ci raccontava questa storia. Gli dava forza, gli ricordava che avrebbe sempre potuto trasformare una perdita in guadagno finanziario. Il padre ricco sapeva che le sconfitte lo rendevano più forte e intelligente. Non che desiderasse perdere. Semplicemente si conosceva bene e sapeva come avrebbe gestito una sconfitta. Avrebbe preso una sconfitta e l'avrebbe trasformata in una vittoria. Era questo a renderlo un vincente di fronte a tanti perdenti. Gli dava il coraggio di fare un passo in avanti quando gli altri retrocedevano. "Ecco perché mi piacciono i texani: hanno mutato una sconfitta in una fonte di ispirazione... oltre che a una meta turistica che rende milioni", diceva.

Gli insuccessi motivano i vincenti e sconfiggono i perdenti.

Ma oggi per me le sue parole più significative sono forse queste: "I texani non nascondono i loro insuccessi. Se ne fanno motivare. Li trasformano in grida di incitamento. Le sconfitte li ispirano a diventare dei vincenti. Questa formula e questo atteggiamento, però, non appartengono solo a loro, appartengono a tutti i vincenti".

Cadere dalla bicicletta mi ha insegnato a pedalare: ricordo che ogni caduta mi rendeva più determinato a imparare, non meno. Per i golfisti professionisti, perdere una pallina o una gara significa essere motivati a migliorare, ad allenarsi di più, ad affinare lo studio del gioco. È così che migliorano. I vincenti si fanno ispirare dalle sconfitte. I perdenti si fanno abbattere dagli insuccessi.

Mi piace citare una frase di John D. Rockefeller: "Ho sempre cercato di convertire un disastro in un'occasione favorevole".

In quanto nippoamericano lo sottoscrivo in pieno. Molti ritengono che Pearl Harbor sia stato un errore da parte degli americani. A mio avviso, è stato un errore dei giapponesi. Nel film *Tora! Tora! Tora!* un cupo ammiraglio giapponese dice ai suoi marinai esultanti: "Temo che abbiamo svegliato un gigante che dormiva". Il grido di riscatto degli americani era diventato: "Ricordate Pearl Harbor!" Esso trasformò la più grande batosta militare nella determinazione necessaria per vincere. La sconfitta corroborò la forza americana, dopodiché siamo diventati la più grande potenza mondiale.

Gli insuccessi motivano i vincenti e sconfiggono i perdenti. È il più grande segreto dei vincenti, un segreto che i perdenti non conoscono. I vincenti sanno che le battute d'arresto ispirano le vittorie, perciò non si fanno spaventare da un insuccesso momentaneo. Di nuovo la frase di Tarkenton: "Vincere significa non aver paura di perdere". La gente come lui non teme di perdere perché è consapevole della propria identità. Detesta perdere, per cui sa che la sconfitta la spingerà a migliorarsi. C'è un'enorme differenza tra odiare di perdere e temere di perdere. Molti sono così timorosi di perdere soldi che li perdono. Si riducono sul lastrico per un nonnulla. Finanziariamente, giocano troppo sul sicuro e su piccole quote. Magari comprano grandi auto, ma investono poco. Il 90% degli americani ha problemi monetari perché gioca per non perdere, non per vincere.

Vanno dai loro commercialisti, dai loro agenti finanziari o di borsa e comprano un portafoglio titoli bilanciato. Molti hanno numerosi certificati di deposito, obbligazioni a basso rendimento, alcune azioni e fondi comuni scambiabili con altri fondi comuni. Un portafoglio sicuro e sensato. Ma non vincente. Tipico di chi gioca per non perdere.

Non fraintendetemi. Si tratta probabilmente di un portafoglio titoli migliore di quello posseduto dal 70% della popolazione, e questo è spaventoso. Per chi ama la sicurezza, è un gran bel portafoglio. Tuttavia, coprirsi le spalle e non esporsi non è il modo in cui si comportano i veri investitori. Chi ha pochi soldi e vuole arricchirsi deve, prima di puntare al bilanciamento, cercare di focalizzare un obiettivo. Se guardiamo le persone di successo, all'inizio non sono mai state equilibrate. La gente equilibrata non va da nessuna parte, si radica in un posto. Per procedere bisogna innanzitutto esporsi, rompere l'equilibrio. Basta notare come si avanza camminando.

Thomas Edison non era equilibrato, era focalizzato. Bill Gates non era equilibrato, era focalizzato. Donald Trump è focalizzato. George Soros è focalizzato. George Patton teneva allineati i suoi carri armati, li focalizzava sul nemico e così ha sfondato le linee di difesa tedesche. I francesi avevano lasciato ampi spazi nella Linea Maginot e sappiamo com'è andata a finire.

Se volete essere ricchi, dovete focalizzarvi. Non fate come i poveri e il ceto medio, che mettono le loro poche uova in molti panieri. Mettete molte uova in pochi panieri e focalizzatevi, seguite un obiettivo fino a centrarlo.

Se odiate perdere, giocate sul sicuro. Se perdere vi indebolisce, copritevi le spalle. Investite in modo bilanciato. Se avete più di 25 anni e siete terrorizzati dai rischi, non cambiate. Giocate sul sicuro, ma cominciate subito. Cominciate subito a raccogliere il prossimo uovo perché ci vuole del tempo.

Se invece sognate la libertà – di uscire dalla Corsa dei Topi – la prima domanda che dovete porvi è: "Come reagisco al fallimento?" Se la sconfitta vi rende più determinati a vincere, forse dovreste provarci, forse... Se la sconfitta vi indebolisce o vi innervosisce – come le persone viziate che chiamano l'avvocato e sporgono querela ogni volta che va loro storto qualcosa – allora giocate sul sicuro. Tenetevi stretto il vostro lavoro da dipendenti. Oppure comprate obbligazioni e fondi comuni di investimento. Ma ricordate che c'è un po' di rischio anche in questi strumenti finanziari, benché possano sembrare più sicuri.

Lo dico, citando sempre i texani e Fran Tarkenton, perché rimpolpare la colonna degli attivi è facile. È un gioco da ragazzi, non ci vuole molta istruzione, basta l'aritmetica della quinta elementare. Ma rafforzare la colonna degli attivi è un gioco in cui l'atteggiamento ricopre un ruolo principale. Servono coraggio, pazienza e un'ottima disposizione verso le battute d'arresto. I perdenti le evitano. Gli insuccessi trasformano i perdenti in vincenti. Ricordate Alamo.

Superare il cinismo

"Sta cadendo il cielo! Sta cadendo il cielo!" Molti conoscono la storia di Chicken Little, il pulcino che correva in ogni angolo dell'aia per avvisare dell'imminente disastro. Conosciamo tutti delle persone che gli assomigliano. C'è un Chicken Little dentro ognuno di noi.

Come già detto, il cinico è un pulcino. Diventiamo tutti come un pulcino quando la paura e i dubbi ci offuscano la ragione.

Abbiamo tutti dei dubbi: "Non sono intelligente", "Non sono abbastanza bravo", "Il tal dei tali è meglio di me". Spesso i nostri dubbi ci paralizzano. Giochiamo al "cosa succederebbe se...?" "E se l'economia crollasse subito dopo che ho investito?" "Cosa succede se perdo il controllo e non riesco a rimborsare i soldi?" "E se le cose non vanno come previsto?" Oppure abbiamo amici o parenti che ci rammentano i nostri difetti. Spesso dicono: "Cosa ti fa credere di poterlo fare?" "Se è un'idea tanto brillante, come mai nessun altro ci ha pensato prima?" "Non funzionerà mai. Non sai quello che dici". Queste parole di sfiducia sono talmente fastidiose da bloccarci. Ci viene un orribile mal di stomaco. A volte non ci dormiamo la notte. Non riusciamo a procedere. Allora preferiamo giocare sul sicuro, perdendoci le occasioni migliori. La vita ci passa davanti mentre ce ne stiamo seduti immobili con il nostro peso sullo stomaco. Tutti ci siamo sentiti così una volta nella vita, qualcuno anche più di una.

Peter Lynch, diventato famoso per i fondi di investimento Fidelity Ma-

20 ANNI DOPO...

GLI ERRORI SONO OPPORTUNITÀ DA CUI IMPARARE

La scuola ci ha condizionati a evitare gli errori – e punisce gli studenti quando li commettono. Nel mondo reale io ho imparato che gli errori – se riconosciuti, esaminati e utilizzati come uno strumento per migliorare le decisioni future – sono preziosissimi. Un po' di paura va sempre bene, ma non dovremmo vivere nella paura di sbagliare. Gli errori sono positivi, se scopriamo la lezione che si trova in ogni fallimento.

gellan, si riferisce agli avvertimenti sul cielo che cade come a un "rumore" che ci ronza in testa.

Quel rumore lo creiamo da soli oppure proviene dall'esterno, spesso dagli amici, dai parenti, dai colleghi di lavoro e dai mezzi di comunicazione. Lynch fa notare che negli anni Cinquanta, quando incombeva la minaccia di una guerra nucleare, la gente costruiva rifugi antiatomici, facendo incetta di cibo e acqua. Se avesse investito i soldi sul mercato, invece di costruirsi un rifugio antiatomico, oggi sarebbe finanziariamente indipendente.

Quando in una città scoppiano episodi di violenza, in tutto il paese cresce la vendita di armi da fuoco. Se una persona muore dopo aver mangiato carne al sangue nello Stato di Washington, il Dipartimento Sanitario dell'Arizona ordina a tutti i ristoranti di cuocere bene la carne. Una società farmaceutica fa circolare in TV uno spot commerciale a febbraio in cui si mostra la gente influenzata. I raffreddori aumentano così come le vendite della medicina contro l'influenza.

Molti sono in difficoltà economiche perché, quando si tratta di investire, il mondo è pieno di pulcini che gridano nell'aia: "Il cielo sta cadendo! Il cielo sta cadendo!" E i vari Chicken Little riescono nella loro impresa, perché ognuno di noi è un pulcino. Spesso ci vuole grande coraggio per impedire che il rumore e i proclami di disastri imminenti facciano leva sui nostri dubbi e timori. Ma l'investitore esperto sa che quelli che sembrano i tempi peggiori sono in realtà i migliori per far soldi.

Qualche anno fa il mio amico Richard venne da Boston a Phoenix per fare una visita a Kim e a me. Era impressionato da quello che avevamo realizzato con azioni e real estate. Il mercato del real estate a Phoenix aveva prezzi bassi. Abbiamo passato due giorni a studiare le opportunità migliori per aumentare il suo cashflow e rivalutare il suo capitale.

Kim e io non siamo veri agenti immobiliari, preferiamo investire in azioni. Tuttavia, dopo aver individuato una casa a schiera, con due stanze da letto, abbiamo telefonato all'agenzia, che l'ha venduta al mio amico il pomeriggio stesso. Il prezzo ammontava a 42.000 dollari. Il prezzo medio per abitazioni simili era di 65.000 dollari. Avevamo fatto un affare. Richard ha comprato ed è tornato contento a Boston.

Due settimane dopo, l'agenzia ci ha richiamato per comunicarci che Richard aveva receduto dal contratto. Gli telefonai subito per chiedergliene il motivo. Si limitò a dirmi che ne aveva parlato con un vicino di casa, il quale riteneva che non fosse un affare conveniente. L'aveva pagato troppo. Gli chiesi se il vicino fosse un esperto di investimenti. Richard disse di no. Allora, protestai che non doveva prestargli ascolto, ma il mio amico si mise sulla difensiva dicendo che voleva solo stare ancora alla finestra, in attesa di altre occasioni.

Il mercato immobiliare di Phoenix ebbe un'impennata e, qualche anno dopo, quella casa rendeva un affitto mensile di 1.000 dollari, 2.500 nei mesi invernali. Valeva 95.000 dollari. A Richard bastava anticipare 5.000 dollari e avrebbe avuto la possibilità di cominciare a uscire dalla Corsa dei Topi. Oggi, non ha ancora fatto nulla.

Il recedere dal contratto di Richard non mi aveva sorpreso più di tanto. Si chiama rimorso del compratore, una malattia che colpisce più o meno tutti. Il pulcino aveva vinto, e la possibilità di rendersi liberi era andata perduta.

Altro esempio: tengo una piccola parte dei miei asset in tax lien[1] invece che in certificati di deposito. Così, guadagno un interesse del 16% annuale, certamente superiore ai tassi che le banche offrono in certificati di deposito. Questi certificati sono legati a immobili e garantiti dallo Stato, che è meglio delle banche. La formula con cui li si acquista li rende sicuri. Però hanno scarsa liquidità. Li considero quindi depositi con scadenza da due a sette anni. Ogni volta che dico a qualcuno,

[1] Per un approfondimento sui tax lien vedi *Il grande libro del real estate* di Robert Kiyosaki e Advisor (Gribaudi).

specie se ha investito in certificati di deposito, che investo così i miei soldi, mi fa notare che è rischioso, che non dovrei farlo. Se gli chiedo come fa a saperlo, mi risponde che gliel'ha detto un amico o l'ha letto su una rivista di economia. Non ci ha mai provato, ma insiste a spiegare a uno che lo fa, perché non dovrebbe farlo. Il rendimento minore che mi aspetto è del 16%, mentre chi è pieno di dubbi è disposto ad accettare un rendimento ben più basso. Il dubbio costa.

Voglio dire che sono le esitazioni e il cinismo a tenere in povertà molta gente che gioca sul sicuro. Il mondo aspetta che ci arricchiamo. Solo i dubbi personali ci costringono alla povertà. Come ho detto, uscire dalla Corsa dei Topi è tecnicamente facile, non ci vuole tanta istruzione. Eppure, le incertezze paralizzano un sacco di gente.

"I cinici non vincono mai", spiegava il padre ricco. "Dubbi e paure incontrollate creano persone ciniche". "I cinici criticano, i vincenti analizzano" era un'altra frase che ripeteva spesso. Affermava che le critiche accecano mentre l'analisi apre gli occhi. Chi analizza vede le occasioni che sfuggono agli altri. E cogliere ciò che sfugge agli altri è la chiave di ogni successo.

Il real estate è un potente strumento di investimento per chiunque cerchi la libertà o l'autonomia finanziaria. Direi unico. Eppure, quando ne parlo, spesso mi si dice: "Non voglio riparare i gabinetti". È quello che

20 ANNI DOPO...

UTILIZZARE LE LEGGI FISCALI

Oggi sono in molti a offrire la loro consulenza finanziaria. Alcuni suggeriscono di tagliare le carte di credito; altri raccomandano di liberarsi dei debiti. Kim e io tuttora seguiamo le lezioni del padre ricco nell'utilizzare le tasse e i debiti per far crescere la nostra ricchezza. L'istruzione finanziaria, conoscere la differenza tra debito buono e debito cattivo e sfruttare le leggi fiscali come fanno i ricchi: tutto questo fa parte della nostra formula.

Lynch definiva rumore mentale. Ed è quello che il padre ricco avrebbe indicato come il parlare in modo cinico. Parla così chi critica e analizza, chi permette a dubbi e timori di offuscare il cervello.

Quindi, se qualcuno dice: "Non voglio riparare i gabinetti", mi viene la tentazione di replicare: "Cosa ti fa credere che io voglia farlo?" In fondo, chi si esprime così presume che il gabinetto sia più importante dei suoi desideri. Io parlo di libertà dalla Corsa dei Topi e lui pensa ai gabinetti. È questo modello mentale a tenere in povertà molti individui; criticano invece di analizzare.

"I non voglio nascondono la chiave del successo", diceva il padre ricco. Poiché nemmeno io voglio sturare i gabinetti, cerco di trovare un amministratore condominiale a buon mercato che lo faccia fare. Così, aumenta il mio cashflow. Inoltre, un ottimo amministratore mi consente di concentrarmi a comprare altre proprietà invece di pensare ai gabinetti da sistemare. Un ottimo amministratore è cruciale per far soldi in questo settore. Per me, trovarne uno abile è più importante degli appartamenti in sé. Infatti, i bravi amministratori vengono a sapere degli affari in vista molto prima delle agenzie immobiliari, il che li rende preziosissimi.

Ecco cosa voleva dire il padre ricco con "I non voglio nascondono la chiave del successo". Siccome neppure io desidero riparare gabinetti, ho trovato il modo di acquistare più immobili e accelerare la mia uscita dalla Corsa dei Topi. Chi ripete di "non voler riparare i gabinetti" si nega l'uso di questo grande mezzo di investimento. Così, rende i gabinetti molto più importanti della sua libertà.

A proposito del mercato azionario, spesso sento dire: "Non voglio perdere soldi". Ma cosa fa pensare che a me o ad altri piaccia perdere soldi? Non si arricchisce perché decide di non perdere denaro. Invece di analizzare, chiude il cervello a un altro potente strumento di investimento, il mercato azionario.

Ero in macchina con un mio amico e passavamo di fronte al benzinaio del quartiere. Lui notò che il prezzo della benzina era aumentato, così come era aumentato il prezzo del petrolio. Devo dire che non è un cuor di leone, per lui il cielo cade sempre, come per il pulcino, e infatti spesso si fa schiacciare.

Arrivati a casa, mi mostrò le statistiche secondo cui il prezzo del petrolio sarebbe cresciuto per diversi anni consecutivi, statistiche che non avevo mai visto, sebbene possedessi già un buon numero di azioni di una compagnia petrolifera. In base alla notizia, cominciai subito a cercare una nuova compagnia sottovalutata che si stesse impegnando per trovare pozzi petroliferi. La individuai e il mio agente di borsa era eccitato come me: abbiamo comprato 15.000 azioni a 65 centesimi l'una.

Tre mesi dopo passavo con il mio stesso amico davanti allo stesso benzinaio e, certo, il prezzo al gallone era aumentato quasi del 15%. Di nuovo, il pulcino si lamentava e piagnucolava. Io ridevo, perché nel mese precedente la piccola compagnia petrolifera aveva trovato un nuovo pozzo e le mie 15.000 azioni valevano 3 dollari l'una più di quanto le avevo pagate. E, se le informazioni del mio amico sono esatte, il prezzo del petrolio continuerà a salire.

Se la gente capisse come funziona uno "stop" nei mercati azionari, molti investirebbero meglio anziché investire per non perdere. Lo stop[2] è semplicemente il comando di un computer, premuto il quale si procede alla vendita automatica delle azioni quando comincia a scendere il loro valore, minimizzando così le perdite e massimizzando i guadagni. Una grande risorsa per chi ha il terrore di perdere.

Perciò, quando sento la gente dire non voglio invece di concentrarsi su ciò che preferisce, so che il rumore che ha in testa dev'essere molto alto. Il pulcino ha preso il sopravvento e il loro cervello sta gridando. "Cade il cielo e i gabinetti traboccano!" Pur di non evitare le loro fisime, sono disposti a pagare

---

[2] In gerco tecnico si chiama *stop loss*, uno degli strumenti di *money management*, ndr.

un prezzo enorme. Spesso nella vita non ottengono mai ciò che vogliono. Invece di analizzare, il pulcino offusca loro la mente.

Il padre ricco mi ha così rielaborato la storia di Chicken Little. "Fai come il colonnello Sanders", diceva. "All'età di 66 anni, perse il suo lavoro e iniziò a vivere con la pensione sociale. Ma non gli bastava. Prese a girare per il paese vendendo la sua ricetta dei polli fritti. Gliela rifiutarono per ben 1.009 volte prima che qualcuno la accettasse. Così, è diventato milionario a un'età in cui molti si congedano dal mondo. Era un uomo tenace e coraggioso", concludeva il padre ricco parlando di Harlan Sanders[3].

Dunque, se avete dubbi e siete spaventati, fate come il colonnello Sanders con il suo pulcino: friggetelo.

Superare la pigrizia

Le persone indaffarate sono spesso le più pigre. Tutti sappiamo di quell'uomo d'affari che lavora parecchio per guadagnare. Lo fa per la moglie e i figli. Rimane per lunghe ore in ufficio e si porta il lavoro a casa nei weekend. Un giorno, torna a casa e la trova vuota: la moglie se n'è andata via con i figli. Sapeva di avere dei problemi con sua moglie, ma anziché impegnarsi per migliorare il rapporto, preferiva dedicarsi al lavoro. Depresso, la sua performance al lavoro peggiora e perde il posto.

Incontro spesso persone che sono troppo impegnate a diventare ricche. Altre troppo impegnate a curarsi della propria salute. La ragione è identica. Si tengono indaffarate per evitare cose che non vogliono affrontare: che nessuno si permetta di dirglielo! Ma, in fondo, dentro di loro, lo sanno. Infatti, a chi glielo ricorda reagiscono con rabbia e irritazione.

Se non sono impegnate con il lavoro o con i figli, sono occupate a guardare la televisione, a pescare, a giocare a golf o a far shopping. Ma in coscienza sanno di evitare qualcosa di

[3] Fondatore della catena di ristoranti Kentucky Fried Chicken, ndt.

importante. Questa è la forma più diffusa di pigrizia: la pigrizia dell'impegno.

Qual è dunque la cura per questa malattia? La risposta è... un po' di avidità.

La maggior parte di noi è stata cresciuta con l'idea che l'avidità o il desiderio siano negativi. "Le persone avide sono cattive", mi diceva la mamma. Eppure aspiriamo tutti a possedere cose nuove e belle.

Così, per tenere sotto controllo questo sentimento, i genitori cercano di sopprimercelo con il senso di colpa. "Pensi solo a te stesso. Non sai di avere fratelli e sorelle?" era una delle frasi preferite di mia madre. "Cosa vuoi che ti compri?" esclamava mio padre. "Credi che siamo fatti di soldi? Credi che i soldi crescano sugli alberi? Non siamo ricchi, lo sai".

A disturbarmi non erano tanto le parole, quanto la rabbia e il senso di colpa che mi inculcavano.

Oppure mi colpevolizzavano in senso opposto: "Sacrifico la mia vita e ti compro questo. Lo faccio perché io da piccolo non ho mai avuto niente". Ho un vicino di casa che è nei debiti fino al collo ma non riesce a parcheggiare la macchina in garage: è pieno dei giocattoli dei bambini. A quei piccoli viziati non nega mai nulla. "Non voglio che si sentano privati di qualcosa", ripete continuamente. Non mette da parte niente per la sua pensione o per iscrivere i figli all'università, ma adesso loro hanno tutti i giocattoli del mondo. Recentemente, ha accettato una nuova carta di credito speditagli per posta e ha portato i figli in vacanza a Las Vegas. "Lo faccio per loro", ha commentato con un'espressione da martire.

Il padre ricco proibiva di dire: "Non posso permettermelo". A casa mia, era tutto quello che sentivo sempre.

Il padre ricco credeva che le parole "Non posso permettermelo" ti bloccassero la mente. "Come posso permettermelo?" apre nuove possibilità, eccita e fa sognare.

Lui invece voleva che i figli pensassero: "Come posso permettermelo?" Credeva che le parole "Non posso permettermelo" ti bloccassero la mente. Non c'è più bisogno di pensare. "Come posso permettermelo?" apre la mente e la costringe a riflettere, a trovare soluzioni.

Ma soprattutto lui riteneva che le parole "non posso permettermelo" fossero una bugia. Dentro di noi lo sappiamo. "Lo spirito umano è molto, molto potente", diceva il padre ricco. "Sa di poter realizzare qualsiasi cosa". Avere una mente pigra che dice: "Non posso permettermelo" scatena una guerra interna. Lo spirito si irrita mentre la mente oziosa difende la sua menzogna. Lo spirito si ribella: "Forza, andiamo in palestra e facciamo gli esercizi" e la mente pigra ribatte: "Sono stanca, ho lavorato molto oggi". Oppure lo spirito protesta: "Sono troppo stufo della mia situazione. Usciamo e arricchiamoci", mentre la mente pigra accampa scuse: "I ricchi sono avidi; e poi, è troppo fastidioso. Non è sicuro. Potrei perdere soldi. Lavoro già tanto adesso. Ho tanto da fare con il mio solito lavoro. Guarda quello che ho da fare stasera. Il capufficio vuole che lo finisca entro domattina".

Inoltre, "Non posso permettermelo" rattrista, crea una sensazione di impotenza che porta allo scoraggiamento e spesso alla depressione. "Come posso permettermelo?" apre nuove possibilità, eccita e fa sognare. Perciò, il padre ricco non si preoccupava se volevamo comprare qualcosa, bastava che ci ponessimo la domanda giusta, spremendo le meningi e attivando lo spirito.

Così, non regalava quasi niente a me e Mike. Ci chiedeva invece: "Come potete permettervelo?" riferendosi anche all'università, che ci siamo pagati da soli. Non voleva che ci fissassimo sull'obiettivo, ma sul processo per raggiungerlo.

Mi sembra che oggi milioni di persone si sentano in colpa per il loro desiderio o "avidità". Torna a galla il condizionamento che hanno subìto da piccoli. Certo, aspirerebbero alle cose migliori della vita, a quelle più belle, ma dal loro subconscio un'antica voce li porta a dire: "Non posso averlo", oppure "Non potrò mai permettermelo!"

Quando decisi di uscire dalla Corsa dei Topi, la domanda che mi stimolava era semplice: "Come posso permettermi di non lavorare più?" Dentro di me, scartavo ogni soluzione che mi veniva in mente; i momenti più difficili erano quando mi ricordavo delle parole dei miei genitori: "Non possiamo permettercelo", "Smettila di pensare solo a te stesso", "Perché non pensi anche agli altri?", tutti dogmi instillati per colpevolizzarmi ed eliminare la mia "avidità".

Che fare, quindi, per sconfiggere la pigrizia? Ancora una volta, la risposta è un po' di avidità. È domandarsi: "Cosa c'è nella vita per me?" Una persona deve fermarsi e chiedersi: "Come sarebbe la mia vita se non fossi più costretto a lavorare?", "Cosa farei se avessi tutti i soldi di cui ho bisogno?" Senza un po' di desiderio delle cose migliori, non c'è progresso. Il mondo va avanti perché tutti desideriamo un'esistenza migliore. Vengono create nuove invenzioni perché desideriamo qualcosa di meglio. Frequentiamo la scuola e studiamo duro perché vogliamo qualcosa di meglio. Così, quando vi accorgete di evitare una cosa che dovreste fare, basta che vi chiediate: "Che cosa ne ricaverò?" Siate un po' avidi, è la cura adatta per la malattia della pigrizia.

In compenso, troppa avidità, come ogni eccesso, è un male. Ma ricordate ciò che diceva Michael Douglas in *Wall Street*: "L'avidità è giusta". Il padre ricco lo diceva diversamente: "Il senso di colpa è peggio dell'avidità. Infatti ruba l'anima al corpo". Per me, è stata Eleanor Roosevelt a dirlo nel modo migliore: "Fate ciò che ritenete giusto nel profondo del vostro cuore, tanto sarete comunque criticati. Sarete maledetti se lo fate, e maledetti se non lo fate".

Superare le cattive abitudini

Più dell'istruzione che abbiamo ricevuto, la nostra vita riflette le abitudini che abbiamo preso. Dopo aver visto *Conan il barbaro*, con Arnold Schwarzenegger, un mio amico ha detto:

"Mi piacerebbe avere un corpo scultoreo come il suo". Gli altri amici, tutti uomini, annuivano.

"Ho sentito dire che una volta lui era gracile e mingherlino", aggiungeva un altro della compagnia.

"Sì, l'ho sentito anch'io", confermava uno. "Adesso frequenta abitualmente la palestra".

"Certo, immagino che faccia così".

"No", obiettava il cinico del nostro gruppo. "Scommetto che è nato così. Ma basta parlare di Schwarzenegger, ordiniamo le birre".

Ecco un esempio dell'abitudine che prevale sul comportamento. Ricordo che chiedevo al padre ricco quali fossero le consuetudini dei ricchi. Invece di rispondermi in modo diretto, voleva che imparassi dall'esempio, come al solito.

"Quand'è che tuo padre paga le bollette?" mi chiedeva.

"Il primo del mese", gli rispondevo.

"E gli resta qualcosa?" ribatteva lui.

"Molto poco", ammettevo.

"Ecco perché ha problemi finanziari", concludeva. "Ha cattive abitudini. Tuo padre paga prima di tutto gli altri. E, se rimane qualcosa, lo tiene per sé".

"Cosa che di solito non succede", confermavo. "Ma deve pur pagare le bollette, o no? Vuoi forse dire che non dovrebbe farlo?"

"Naturalmente no", spiegava il padre ricco. "Mi riprometto sempre di pagare le bollette entro la scadenza. Però, prima, pago me stesso. Ancor prima dello Stato".

"Ma che succede se non ti bastano i soldi?" obiettavo. "Cosa si fa in quel caso?"

"Lo stesso", precisava lui. "Prima pago me stesso. Anche se ho pochi soldi. Per me, la colonna dei miei attivi è molto più importante dello Stato".

"Ma non vieni perseguito?" chiedevo stupito.

"Sì, se non paghi", esclamava. "Non ho mica detto di non pagare. Ho solo detto che prima penso a me stesso, anche se ho pochi soldi".

"E come fai?"

"La domanda non è 'come', ma 'perché'."

"Va bene: perché?"

"Per la motivazione", esultava il padre ricco. "Chi credi che farà più chiasso se non pago i miei creditori, io o loro?"

"Sicuramente loro", dicevo con palese ovvietà. "Se non paghi te stesso, te ne starai zitto".

"Giusto; quindi, dopo aver pagato me stesso, la pressione per assolvere le tasse e gli altri debiti è talmente forte da indurmi a cercare altre forme di reddito. Tale pressione diventa la mia motivazione ad agire. Ho accettato secondi lavori, fondato imprese, operato in borsa, ho fatto di tutto per impedire che i creditori mi inseguissero. La motivazione mi ha indotto a lavorare di più, mi ha costretto a pensare e, tutto sommato, mi ha reso più attivo e intelligente, specie nelle questioni inerenti al denaro. Se mi fossi pagato per ultimo, non avrei avvertito alcuna pressione, ma sarei al verde".

Se prima pago me stesso, mi rafforzo finanziariamente, a livello sia mentale che fiscale.

"Di conseguenza, è la paura dello Stato o dei creditori a motivarti?"

"Esatto", ammetteva lui. "Vedi, gli agenti delle tasse sono dei prepotenti. Tutti i creditori lo sono. E molti cedono alle prepotenze. Pagano i debiti e non pagano se stessi. La sai la storia dell'ometto che pesava quarantatré chili e si è lasciato buttare la sabbia in faccia?"

Ho annuito: "La inseriscono in tutti i fumetti per pubblicizzare i corsi di sollevamento pesi e bodybuilding".

"Beh, molti lasciano che i prepotenti tirino loro la sabbia in faccia. Io ho deciso di sfruttare la paura dei prepotenti per rinvigorirmi. Altri si indeboliscono. Obbligare me stesso a pensare come procurarmi più soldi equivale ad andare in palestra per sollevare i pesi. Più esercito i miei muscoli mentali, più divento forte. Adesso non ho più paura di quei bulli".

Mi piaceva quello che diceva. "Così, se prima pago me stesso, mi rafforzo finanziariamente, a livello sia mentale che fiscale", dicevo.

Lui annuiva con la testa.

"E se mi pago per ultimo, o non mi pago affatto, mi indebolisco. Allora, i capufficio, i manager, gli agenti delle tasse, i creditori e i proprietari di casa (cui devo l'affitto) mi sballottano continuamente. Solo perché non ho buone abitudini finanziarie".

Il padre ricco annuiva dicendo: "Proprio come l'ometto che pesa quarantatré chili".

Superare l'arroganza

"Ciò che so mi frutta denaro. Ciò che non so me lo fa perdere. Ogni volta che sono stato arrogante, ho perso denaro. Infatti quando lo sono, credo che quanto ignoro non sia importante", mi spiegava spesso il padre ricco.

Mi sono accorto che molti ricorrono all'arroganza per nascondere la loro ignoranza. E spesso accade quando parlo di questioni finanziarie con commercialisti o altri investitori.

Cercano di imporsi nelle discussioni, a volte danno in escandescenze pur di avere ragione. Per me, diventa subito evidente che non sanno di cosa stanno parlando. Non mentono, ma non dicono nemmeno la verità.

Nel mondo del denaro, della finanza e degli investimenti, c'è un sacco di gente che non ha la minima idea di quello che dice. Nell'ambito finanziario sono molti quelli che blaterano con una parlantina degna di un venditore di auto usate. Se sapete di non conoscere bene un certo argomento, cominciate a imparare da un esperto del settore o con un libro adatto.

SESSIONE DI STUDIO

Capitolo 7

LEZIONE 7: SUPERARE GLI OSTACOLI

Capitolo 7

LEZIONE 7: SUPERARE GLI OSTACOLI

Riassunto

I cinque motivi principali per chi ha studi finanziari che possono ancora impedire di produrre un cashflow abbondante sono: 1) paura, 2) cinismo, 3) pigrizia, 4) cattive abitudini e 5) arroganza. Osserviamo ognuno nel dettaglio.

Superare la paura

A nessuno piace perdere soldi. Le uniche persone che non hanno mai perso denaro investendo sono quelle che non lo hanno mai investito.

Tutti hanno paura di perdere denaro; la differenza è come si gestisce la paura e la sconfitta. La differenza principale tra un ricco e un povero è il modo in cui affrontano questa paura.

È normale avere paura. Un modo per superarla è iniziare presto e permettere alla forza dell'interesse composto di operare per noi. C'è una strabiliante differenza tra chi inizia a investire a vent'anni e chi inizia a trenta. Ma se non si ha molto tempo a disposizione per investire o se si volesse andare in pensione presto?

Il padre ricco suggerisce di pensare come i texani. Vinci alla grande, perdi alla grande: è l'atteggiamento di fronte al fallimento che conta. I texani sono orgogliosi se vincono e si vantano se perdono.

Nella vita di Robert la vittoria ha spesso seguito la sconfitta. Non ha mai conosciuto dei ricchi che non abbiano perso denaro. Il fatto è che non permettono alla paura di farli uscire dal gioco.

La battaglia di Alamo è stata una tragica sconfitta militare, ma i texani l'hanno trasformata in un grido di incitamento – "Ricordate Alamo!" – che li spinge a grandi vittorie.

Fate come i texani, non nascondete i vostri insuccessi. Fatevi motivare da essi.

Gli insuccessi motivano i vincenti e sconfiggono i perdenti. John D. Rockefeller disse: "Ho sempre cercato di convertire un disastro in un'occasione favorevole".

Anche Pearl Harbor, che è stata una delle più grandi sconfitte degli Usa, ha portato la nazione a diventare una potenza mondiale.

I vincenti sanno che gli insuccessi motivano a vincere – e allora perché temere di perdere se ci porta alla grandezza? Dobbiamo capire che non temere di perdere non significa non odiare perdere.

Molti giocano per non perdere mentre dovrebbero giocare per vincere. Ed è per questo che tante persone sono in difficoltà economiche. Possono avere un portafoglio di titoli sicuro, sensato ed equilibrato, ma non un portafoglio vincente. Giocano per non perdere.

Un portafoglio equilibrato va bene, ma non aiuta a vincere alla grande. Non è così che gli investitori di successo conducono il gioco. All'inizio dovete esporvi un po'... ma dovete focalizzarvi. Mettete le vostre uova in pochi panieri e concentratevi.

Per rafforzare la colonna degli attivi non serve una gran matematica, servono il coraggio e il giusto atteggiamento verso gli insuccessi.

Superare il cinismo

Che si tratti dei dubbi che coviamo noi stessi o dei dubbi delle altre persone che fanno parte della nostra vita, spesso permettiamo a quei dubbi di bloccarci. Giochiamo sul sicuro e le occasioni ci passano davanti.

Spesso ci vuole coraggio per impedire a quelle voci e a quei proclami di disastri imminenti di far leva sui nostri dubbi e timori. Ma gli investitori esperti sanno che quelli che sembrano i tempi peggiori sono in realtà i migliori per far soldi. Quando tutti gli altri hanno troppa paura di agire, premono il grilletto e vengono premiati.

Robert riporta l'esempio di un amico che era sul punto di concludere un investimento con l'acquisto di una proprietà a un ottimo prezzo, ma che poi si era ritirato all'ultimo momento perché un vicino di casa – che non era un investitore – gli aveva detto che non si trattava di un affare conveniente. Se lo avesse concluso, avrebbe raddoppiato il suo investimento e avrebbe cominciato a uscire dalla Corsa dei Topi.

Robert tiene una piccola parte dei suoi asset in tax lien piuttosto che in certificati di deposito. Ci sono persone che gli dicono che non dovrebbe farlo. Loro non l'hanno mai fatto, ma insistono a spiegare a uno che lo fa, perché non dovrebbe farlo. Il rendimento minore che Robert si aspetta è del 16%, mentre chi è pieno di dubbi è disposto ad accettare un rendimento ben più basso. Il dubbio costa.

Le esitazioni e il cinismo tengono in povertà molta gente. Al padre ricco piaceva dire: "I cinici criticano, i vincenti analizzano". I vincenti tengono gli occhi aperti e vedono le occasioni che sfuggono agli altri.

Il real estate è un potente strumento di investimento per chiunque cerchi la libertà o l'autonomia finanziaria. Anzi, è uno strumento unico. Eppure, quando Robert ne parla, spesso gli dicono: "Non voglio riparare i gabinetti". Pensano solo ai gabinetti e questo li fa rimanere in povertà.

Molti evitano il mercato azionario perché non vogliono perdere denaro. Il fatto è che non fanno soldi perché chiudono il cervello verso quello strumento di investimento.

Superare la pigrizia

Una delle forme più comuni di pigrizia è essere impegnati. Troppo impegnati a curarsi della propria ricchezza, della propria salute o delle proprie relazioni.

Qual è la cura? Un po' di avidità. Potrebbe risultare difficile provarla perché la maggior parte di noi è stata cresciuta considerando l'avidità o il desiderio come qualcosa di negativo.

Anziché dire: "Non posso permettermelo", cambiate il vostro modo di pensare in "Come posso permettermelo?" Questo fa aprire la mente e la costringe a trovare delle soluzioni.

"Non posso permettermelo" è una bugia. Lo spirito umano sa di poter realizzare qualsiasi cosa. Dicendo che non possiamo fare qualcosa, creiamo un conflitto tra il nostro spirito e la nostra mente pigra. "Come posso permettermelo" rafforza la mente e dinamizza lo spirito.

Quando Robert decise di uscire dalla Corsa dei Topi, si chiedeva: "Come posso permettermi di non lavorare più?" Dentro di sé scartava ogni soluzione che gli veniva in mente, ma la parte più difficile era fare resistenza a quei vecchi dogmi che cercavano di instillare un senso di colpa ed eliminare quella sua "avidità".

Senza quel poco di avidità, cioè il desiderio di avere cose migliori, non c'è progresso. Il mondo va avanti perché tutti desideriamo un'esistenza migliore. Si creano nuove invenzioni perché desideriamo qualcosa di meglio. Frequentiamo la scuola e studiamo duro perché vogliamo qualcosa di meglio.

Troppa avidità è un male, ma un poco può spronarci ad andare avanti.

Superare le cattive abitudini

Per avere successo dobbiamo sviluppare abitudini di successo. Il padre povero pagava sempre tutti gli altri per primi e se stesso per ultimo, ma raramente gli rimaneva qualcosa. Il padre ricco pagava sempre se stesso per primo, anche se aveva pochi soldi.

Sapeva che, se non li avesse pagati, i creditori e lo Stato avrebbero fatto un chiasso tale da indurlo a cercare altre forme di reddito. Se si fosse pagato per ultimo, non avrebbe provato quel tipo di pressione produttiva. Obbligando se stesso a pensare come procurarsi più soldi per pagare i creditori lo rendeva fiscalmente più forte.

Superare l'arroganza

Il padre ricco diceva che ogni volta che era stato arrogante aveva perso denaro perché pensava che quanto ignorava non fosse importante.

Molti ricorrono all'arroganza per nascondere la loro stessa ignoranza. Robert si è accorto che, mentre parla di questioni finanziarie con commercialisti e con altri investitori, questi cercano di imporsi nelle discussioni dando in escandescenze pur di avere ragione e diventa evidente che non sanno ciò di cui stanno parlando.

Non c'è nulla di male nel non conoscere un argomento se si rimedia alla propria ignoranza cercando di imparare da un esperto del settore.

Momento dell'emisfero sinistro: Cerchiamo di analizzare invece di criticare. I cinici criticano, ma i vincenti analizzano e trovano delle opportunità che ad altri sono sfuggite.

Momento dell'emisfero destro: Superiamo le cattive abitudini sostituendole con delle nuove, come pagare noi stessi per primi e non per ultimi.

Momento del subconscio: La paura di perdere tiene troppe persone fuori dal gioco. Usiamo piuttosto la sconfitta come una motivazione per vincere, come fanno i texani nel ricordo di Alamo.

Cosa intendeva dire Robert

È ora di riflettere. Chiedetevi: "*Cosa* intendeva dire Robert con questa frase?" E "*Perché* dice così?" In questa parte non dovete concordare o meno con Robert. L'obiettivo è *capire* quello che Robert sta dicendo.

Ricordate, le frasi qui elencate sono ideate per essere di aiuto e di sostegno. Due menti sono meglio di una. Se non capite le parole di Robert, non rinunciate. Fatevi aiutare per capire meglio. Prendetevi il tempo necessario per analizzare ciascuna frase fino ad averla compresa a fondo.

"La differenza principale tra un ricco e un povero è il modo in cui affrontano la paura".

"Non conosco un giocatore di golf che non abbia mai perso una pallina. Non conosco persone innamorate che non abbiano mai sofferto di delusioni d'amore. E non conosco un ricco che non abbia mai perso dei soldi".

"Il motivo per cui molta gente non vince in senso finanziario è che la sofferenza insita nel perdere soldi è di gran lunga maggiore della gioia di arricchirsi".

"Il padre ricco sapeva che le sconfitte lo rendevano più forte e intelligente. Non che desiderasse perdere. Semplicemente si conosceva bene e sapeva come avrebbe gestito una sconfitta. Avrebbe preso una sconfitta e l'avrebbe trasformata in una vittoria".

"I texani non nascondono i loro insuccessi. Se ne fanno motivare. Li trasformano in grida di incitamento".

"Diventiamo tutti come un pulcino quando la paura e i dubbi ci offuscano la ragione".

"Uscire dalla Corsa dei Topi è tecnicamente facile, non ci vuole tanta istruzione. Eppure, le incertezze paralizzano un sacco di gente".

"'Non posso permettermelo' rattrista, crea una sensazione di impotenza che porta allo scoraggiamento e spesso alla depressione. 'Come posso permettermelo?' apre nuove possibilità, eccita e fa sognare".

"Se prima pago me stesso, mi rafforzo finanziariamente, a livello sia mentale che fiscale".

"Nel mondo del denaro, della finanza e degli investimenti, c'è un sacco di gente che non ha la minima idea di quello che dice".

Domande aggiuntive

È il momento di riprendere le storie descritte in questo capitolo insieme alla comprensione di ciò che Robert intendeva e applicarle a voi stessi e alla vostra vita. Ponetevi le domande che qui seguono e discutetene con il vostro compagno di studio. Siate sinceri con voi stessi e con chi vi è vicino. Se non vi piacciono alcune delle risposte che date, chiedetevi se desiderate cambiare e accettare la sfida di cambiare i vostri pensieri e il vostro modo di ragionare:

1. Avete provato la paura di perdere nella vostra vita? Siete stati in grado di superarla? Come?
2. Il padre ricco suggeriva di avere l'atteggiamento dei texani: vincere alla grande e, se si perde alla grande, vantarsene e trasformarlo in grida di incitamento. Qual è per voi l'aspetto più difficile di questo atteggiamento? Vi diverte o vi spaventa?
3. Come affrontate i cinici all'interno della vostra vita che cercano di scoraggiarvi dal correre dei rischi che invece voi credete possano risultare vincenti?
4. Avete evitato certi strumenti di investimento per via dei "non voglio" (come non voglio investire nel real estate perché non voglio riparare i gabinetti)? Sareste in grado di reagire diversamente la prossima volta?
5. Siete d'accordo con l'affermazione che un po' di avidità sia la cura contro la pigrizia? Perché sì o perché no?
6. Quale spinta ha dato l'avidità o il desiderio nella vostra vita?
7. Pagate prima voi stessi o le vostre bollette? Se vi pagate per ultimi, quali sono i passi che potete intraprendere per cambiare le cose?
8. L'arroganza ha mai compromesso un'occasione? Che lezione ne avete tratto?

9. C'è un ambito della conoscenza finanziaria che non conoscete? Quali risorse potreste cercare per istruirvi su quell'argomento?

Definizione dei termini:

STOP: Lo stop è semplicemente il comando di un computer, premuto il quale si procede alla vendita automatica delle azioni quando comincia a scendere il loro valore, minimizzando così le perdite e massimizzando i guadagni.

NOTE

NOTE

Capitolo 8

COME INIZIARE

L'oro è dappertutto.
Solo che molti non hanno imparato a vederlo.

Vorrei tanto poter dire che per me è stato semplice arricchirmi, ma non è vero.

Per rispondere alla domanda che mi rivolgono: "Come devo iniziare?" posso solo divulgare il processo mentale a cui mi sottopongo giorno dopo giorno. È davvero facile trovare grandi affari. Ve lo assicuro. Più o meno come andare in bicicletta. Prima si traballa un po', si esita, poi è delizioso come mangiare un pezzo di torta. Tuttavia, quando si tratta di denaro, ci vuole determinazione per superare le esitazioni. È una cosa soggettiva.

Per scoprire l'affare da "un milione di dollari" occorre attingere al proprio genio finanziario. Secondo me, ognuno ha questo genio particolare. Il fatto è che spesso giace addormentato, aspetta di essere evocato. È addormentato, perché la nostra cultura ci insegna a credere che l'amore per i soldi sia la fonte di ogni male. Ci incoraggia a imparare una professione così da lavorare per guadagnare, senza insegnarci mai a far sì che il denaro lavori per noi. Ci dice di non preoccuparci del nostro futuro finanziario, perché saranno la nostra ditta o lo Stato a prendersi cura di noi quando saremo in pensione. Invece, saranno i nostri figli, istruiti dallo stesso sistema scolastico, a dover pagare per questa mancanza di istruzione finanziaria. Il messaggio è tuttora quello di lavorare duro, guadagnare bene e spendere i soldi e, se li finiamo, possiamo sempre prenderne a prestito degli altri.

Purtroppo, il 90% delle persone del mondo occidentale concorda con questa teoria semplicemente perché è più facile trovare un posto e lavorare per lo stipendio. Se non fate parte della massa, vi offro 10 passi per risvegliare il genio finanziario che è in voi. Vi spiego i passi che ho seguito personalmente. Se vorrete seguirne alcuni anche voi, bene. Altrimenti, createvene di vostri. Il vostro genio finanziario è abbastanza intelligente da capire quali siano le più adatte al vostro caso.

Mentre mi trovavo in Perù, chiesi a un cercatore d'oro di 45 anni come fosse tanto sicuro di trovare una miniera aurifera. Disse: "L'oro è dappertutto. Solo che molti non hanno imparato a vederlo".

Concordo in pieno. Per quanto riguarda gli immobili, posso andare a caccia e in una giornata scovare quattro o cinque grandi affari potenziali, mentre una persona media non ne troverebbe nemmeno uno, anche se cercassimo nello stesso quartiere. Il motivo è che molti non hanno dedicato tempo a sviluppare il loro genio finanziario.

Ecco i 10 passi per perfezionare i poteri che abbiamo ricevuto dal Signore, poteri che solo voi potete controllare.

1. Trovate una motivazione più forte della realtà: Il potere dello spirito

Chiedete alla gente se vuole essere ricca o libera finanziariamente, vi risponderà di sì. Ma poi prevale la realtà. Sembra che la strada sia troppo lunga, che ci siano troppe montagne da scalare. È più facile lavorare per i soldi e passare quelli in più a un broker.

Una volta conobbi una nuotatrice che sognava di partecipare alle Olimpiadi nella squadra statunitense. La realtà è che doveva alzarsi ogni mattina alle 4 e allenarsi tre ore prima di recarsi a scuola. Non poteva far tardi la sera, nemmeno il sabato con le amiche. Inoltre, doveva studiare e prendere voti alti, come tutti gli altri.

Le chiesi cosa alimentasse la sua ambizione e i suoi sacrifici sovrumani e lei rispose semplicemente: "Lo faccio per me stessa e le persone a cui voglio bene. È l'amore a farmi superare gli ostacoli e sopportare i sacrifici".

La motivazione è una combinazione di "desideri" e "avversioni". Quando mi chiedono qual è la mia motivazione ad essere ricco, dico che è una combinazione di desideri e avversioni profondamente emotivi.

Eccone alcuni: inizio dalle avversioni, perché determinano le aspirazioni. Non voglio lavorare per tutta la vita. Non voglio quello a cui aspiravano i miei genitori, cioè la sicurezza professionale e una casa in periferia. Non voglio essere un dipendente. Odiavo il fatto che mio padre non riuscisse mai a venirmi a vedere mentre giocavo a baseball perché doveva lavorare e preoccuparsi della sua carriera. Detestavo che mio padre lavorasse tanto per poi vedersi detrarre i soldi dallo Stato, anche in punto di morte. Non ha potuto neppure trasmettere agli eredi quello per cui aveva faticato. I ricchi non lo permettono: lavorano e poi trasferiscono i loro beni ai figli.

Adesso i desideri. Voglio essere libero di viaggiare per il mondo e vivere nel modo che preferisco. Voglio essere ancora giovane mentre lo faccio. Voglio essere semplicemente libero. Voglio avere il controllo sulla mia vita e sul tempo che ho a disposizione. Voglio che il denaro lavori per me.

Queste sono le mie motivazioni più profonde e radicate. Quali sono le vostre? Se non sono abbastanza forti, forse la realtà della strada che state percorrendo è più potente delle vostre ambizioni. Ho perso soldi e subìto molte battute d'arresto, ma sono state le profonde ragioni emotive cui accennavo a tenermi in sella e permettermi di procedere. Volevo essere libero prima dei 40 anni, ma ci sono riuscito a 47, facendo parecchie esperienze nel frattempo.

Come già detto, vorrei poter dire che è stato facile. Non è così, ma non è stato nemmeno troppo difficile. Ho imparato che, senza forti motivazioni e obiettivi precisi, nella vita tutto è difficile.

SE NON AVETE UNA FORTE MOTIVAZIONE, NON HA SENSO CONTINUARE A LEGGERE. VI SEMBRERÀ CHE CI SIA TROPPO LAVORO DA FARE.

2. Scegliete tutti i giorni: Il potere della scelta

Scegliere è la ragione principale per cui la gente vuole vivere in un paese libero. Vogliamo il potere di scegliere.

Dal punto di vista finanziario, con ogni dollaro che ci arriva in tasca, abbiamo il potere di scegliere il nostro futuro: di essere ricchi, poveri o del ceto medio. Le nostre abitudini, il nostro modo di spendere, riflettono la nostra identità. I poveri hanno cattive abitudini nel loro modo di spendere. Da ragazzino ho avuto il privilegio di giocare spesso a Monopoli. Nessuno mi aveva detto che era un gioco per bambini, perciò ci giocavo come un adulto. Avevo anche un padre ricco che mi indicava la differenza tra gli attivi e i passivi. Perciò, tanto tempo fa, da ragazzino, decisi di diventare ricco, sapendo che tutto ciò che dovevo fare era imparare a procurarmi degli attivi, dei veri attivi. Mike, il mio migliore amico, aveva ricevuto una colonna degli attivi, ma doveva ancora imparare a mantenerla. Molte famiglie abbienti perdono i loro attivi di generazione in generazione semplicemente perché non c'era nessuno di preparato ad amministrarli.

Molti decidono di non essere ricchi. Per il 90% della nostra popolazione, esserlo è troppo problematico. Così, si inventano idee come: "Non sono interessato ai soldi", "Non sarò mai ricco", "Non devo preoccuparmi adesso. Sono ancora giovane", "Quando farò dei soldi, penserò al mio futuro", "A gestire le finanze di casa è mio marito/mia moglie". Il problema è che queste frasi defraudano la persona che le pensa di due cose: il tempo, che è il nostro bene più prezioso, e l'istruzione. Non avere denaro non dovrebbe essere una scusa per non imparare. Ma è una scelta che facciamo tutti i giorni: la scelta di cosa fare del nostro tempo, del nostro denaro e di ciò che ci mettiamo in testa. Questo è il potere di scegliere. Tutti possiamo scegliere. Io ho scelto di essere ricco e rinnovo questa scelta ogni giorno.

Prima di tutto investite nell'istruzione. In realtà, l'unico bene interamente nostro è la nostra mente, lo strumento più potente che abbiamo. Ognuno può scegliere cosa inserire nel proprio cervello non appena è abbastanza grande: può guardare la televisione tutto il giorno, leggere riviste di golf, andare a corsi di ceramica o a lezioni di investimento finanziario. Spetta a noi decidere. Molti fanno investimenti senza prima investire nell'imparare a investire.

La casa di una mia amica è stata di recente visitata dai ladri. Le hanno rubato i computer e hanno lasciato tutti i libri. Ed è la scelta che tutti facciamo. Il 90% della gente compra televisori, mentre solo il 10% compra libri di economia.

E io cosa faccio? Vado ai seminari. Mi piacciono quando durano almeno due giorni, perché così ho la possibilità di immergermi totalmente nell'argomento. Nel 1973 stavo guardando la televisione quando apparve un tizio che pubblicizzava un corso di tre giorni sull'acquisto di immobili senza anticipo. Spesi 385 dollari per partecipare, ma il corso mi rese come minimo 2 milioni di dollari. Soprattutto, mi ha dato respiro. Grazie a quel corso, non devo lavorare per il resto della vita. Ancora oggi frequento almeno due seminari all'anno.

Adoro i CD e gli audiolibri[1]. Il motivo è che posso riascoltare facilmente quello che ho appena sentito. Per esempio, stavo ascoltando un investitore che diceva una cosa per me assurda.

---

[1] Presso le nostre edizioni è disponibile *Padre ricco padre povero* anche in versione audio in cofanetto da 6 CD.

Invece di diventare cinico e sprezzante, ho riascoltato la parte incriminata della durata di cinque minuti per almeno venti volte, se non di più. All'improvviso, tenendo la mente aperta, ho afferrato perché si era espresso in quel modo. Una magia. Mi sembrava di avere una finestra aperta su una delle menti più illuminate del nostro tempo. Così, ho potuto intuire quanto fossero ampie le sue risorse educative ed esperienziali.

Risultato: ho ancora il mio vecchio modo di pensare, ma ora ho anche un nuovo modo di considerare lo stesso problema o situazione. Ho due modi di analizzare un problema o una tendenza ed è una cosa impagabile. Oggi dico spesso: "Come farebbe questo Donald Trump, o Warren Buffett o George Soros?" L'unica maniera che ho per accedere ai loro enormi poteri mentali consiste nell'essere umile, leggere i loro libri, ascoltare quello che dicono. Gli arroganti e i critici sono spesso persone con scarsa autostima, dei fifoni che temono di rischiare. Infatti, per imparare qualcosa di nuovo si è costretti a commettere errori allo scopo di comprendere bene la lezione.

Se siete arrivati a questo punto del libro, non avete il difetto dell'arroganza. Gli arroganti non leggono quasi mai, né ascoltano gli esperti. Perché dovrebbero? Sono già al centro dell'universo.

Esistono tante persone "intelligenti" che si mettono a litigare, o sulla difensiva, quando una nuova idea cozza contro il loro modo di pensare. In tal caso, la loro cosiddetta intelligenza, associata all'arroganza, equivale all'ignoranza. Tutti conosciamo persone istruite, spesso molto colte, o che credono di esserlo, ma il loro Stato patrimoniale mostra un quadro diverso. Un individuo davvero intelligente accoglie le idee nuove, le apprezza perché possono agire sinergicamente con quelle già conosciute. Ascoltare è più importante di parlare. Se non fosse così, Dio non ci avrebbe fatto con due orecchie e una sola bocca. Troppi ragionano con la bocca invece di assimilare nuove idee e possibilità. Discutono anziché porre domande e ascoltare.

Io ragiono a lungo termine su quanto riguarda la mia ricchezza. Non sono d'accordo con la mentalità dell'arricchimento rapido tipica dei giocatori del lotto o degli scommettitori che frequentano i casinò. Posso vincere o perdere azioni, ma il processo di istruzione è perpetuo. Se volete diventare piloti di aereo, prima vi consiglio di prendere lezioni. Sono sbalordito da chi compra azioni o proprietà immobiliari senza mai investire nel suo più grande attivo, il cervello. Il solo fatto di aver comprato una casa o due non vi rende esperti di real estate.

3. Scegliete bene gli amici: Il potere dell'associazione

Innanzitutto, non scelgo gli amici in base alla loro situazione finanziaria. Ne ho alcuni che hanno fatto voto di povertà e altri che guadagnano milioni ogni anno. Imparo da ciascuno di loro.

Devo ammettere di aver avvicinato alcune persone perché erano danarose. Non volevo però i loro soldi; tentavo di assimilare una parte della loro conoscenza. In certi casi siamo diventati cari amici. Ho notato che i miei amici facoltosi parlano di soldi. Non lo fanno per vantarsi, sono davvero interessati all'argomento. Così, imparo da loro, e loro da me. Agli amici che si trovano in cattive acque finanziarie, invece, non piace parlare di soldi, di affari o di investimenti. Pensano che sia volgare o poco intellettuale. Così, imparo anche da loro: capisco quello che non si deve fare.

Conosco persone che nella loro vita hanno accumulato in poco tempo più di un miliardo di dollari. Tre di loro, dei veri amici, mi hanno riferito lo stesso fenomeno, i loro conoscenti squattrinati non li contattano mai per chiedere loro come hanno fatto ad arricchirsi, ma per altre due cose: un prestito o un lavoro.

UN AVVERTIMENTO: Non date ascolto a chi è impaurito. Anch'io ho amici così e, pur volendo loro davvero bene, sono i Chicken Little della vita. Per loro, quando si tratta di soldi, e soprattutto di investimenti, è sempre "Il cielo sta cadendo! Il cielo sta cadendo!" Trovano invariabilmente la maniera di spiegare perché le cose non possono funzionare. Il problema è che vengono ascoltati. Ma chi dà retta alle loro spiegazioni in modo cieco e sconsiderato è un altro

Chicken Little. Come dice il vecchio proverbio, chi va con lo zoppo impara a zoppicare.

Se guardate i canali di finanza in televisione, potete ascoltare una schiera dei cosiddetti esperti. Un esperto giura che il mercato crollerà, un altro che salirà alle stelle. Se siete accorti, date retta a entrambi. Tenete la mente aperta perché tutti e due hanno motivi validi per le loro idee. Purtroppo, i meno abbienti di solito danno retta soltanto ai Chicken Little.

Ho degli amici intimi che spesso cercano di dissuadermi da un affare o da un investimento. Non molto tempo fa, uno di loro era venuto da me trafelato per dirmi che aveva trovato un certificato di deposito che gli rendeva il 6%. Gli dissi che io guadagno il 16% sui titoli di Stato. Il giorno dopo mi mandò un articolo in cui si diceva che il mio investimento era pericoloso. Sono anni che spunto un interesse del 16%, mentre lui continua ad accontentarsi del 6%.

Mi sembra che una delle cose più difficili per l'accumulo della ricchezza sia l'essere coerenti con se stessi ed evitare di seguire la massa. Questo perché, sul mercato, la folla è quella che arriva tardi e viene massacrata. Se un affare compare sulle prime pagine dei giornali, è già tardi per attivarsi. Cercate affari nuovi. Come si diceva tra surfisti: "C'è sempre un'altra onda in arrivo". Di solito, quelli che vanno incontro all'onda in ritardo sono quelli che ne vengono travolti.

Gli investitori intelligenti non pressano il mercato. Se perdono un'onda, aspettano la successiva e si preparano ad accoglierla. Questo è difficile per molti investitori perché comprare titoli sconosciuti li spaventa. Gli investitori timidi sono come pecore che seguono il gregge. Oppure si fanno guidare dall'avidità quando i più saggi si sono già accaparrati i profitti e hanno cambiato aria. Chi è saggio compra investimenti quando lo fanno in pochi. Sa di realizzare profitti quando acquista, non quando vende. È paziente, aspetta. Non pretende di fissare il tempo al mercato. Come i surfisti, si prepara per la prossima grande ondata.

Tutto è "insider trading". Ci sono forme illegali e altre legali. L'unica differenza è: a quale distanza vi trovate dal centro delle informazioni? L'utilità di avere amici ricchi in possesso di notizie privilegiate dipende dal fatto che loro sono vicini al posto in cui si fanno i soldi. L'informazione è tutto. È necessario sapere quale sarà il prossimo boom, entrarci, o evitare il prossimo crollo. Non dico che dobbiate farlo in modo illegale, ma prima imparate e migliori saranno le possibilità di accaparrare profitti con rischi minimi. Ecco a cosa servono gli amici. E questa è intelligenza finanziaria.

4. Padroneggiate una formula e poi imparatene una nuova: Il potere dell'apprendimento rapido

Per fare il pane, ogni fornaio ha una sua ricetta, magari solo memorizzata. Lo stesso vale per fare i soldi.

Conoscete certamente il proverbio: "Siamo ciò che mangiamo", io l'ho rielaborato e dico: "Diventiamo ciò che studiamo". In altri termini, fate attenzione a quello che imparate, perché la mente è tanto potente da farci diventare simili a quello con cui la nutriamo. Per esempio, chi studia da cuoco tenderà poi a cucinare. Se non vuole più fare il cuoco, dovrà studiare qualcosa di diverso.

Per quanto riguarda il denaro, le masse si attengono solitamente alla formula che hanno appreso a scuola, cioè lavorare per guadagnare. La formula che a mio avviso prevale nel mondo è che ogni giorno milioni di persone si alzano, vanno a lavorare, ricevono lo stipendio, pagano tasse e bollette, saldano le cambiali, comprano fondi comuni di investimento e tornano al lavoro. Questa è la ricetta.

Se siete stanchi di ciò che fate, o non guadagnate abbastanza, è proprio il caso di cambiare formula.

Quando avevo 26 anni partecipai a un seminario intitolato "L'acquisto delle garanzie ipotecarie sui beni immobili". Imparai la formula. Il passo seguente era mettere in pratica quanto avevo appreso. A questo punto si fermano in molti. Per tre anni, mentre lavoravo alla Xerox, dedicai il tempo libero a imparare l'arte di gestire l'acquisto delle garanzie ipotecarie. Guadagnai molti dollari usando quella formula.

Così, andai alla ricerca di altre strategie. Nei vari seminari non usavo direttamente le informazioni che apprendevo, ma imparavo sempre qualcosa di nuovo.

Ho frequentato corsi sul trading dei derivati, trading con le opzioni sulle commodity e anche un corso sulla teoria del caos. Ero decisamente fuori del mio campo, circondato da persone laureate in fisica nucleare o astronautica. Eppure, ho imparato molte cose che rendono più redditizia la mia attività di investimento in azioni e nel real estate.

Numerose università offrono corsi sulla programmazione finanziaria e sull'investimento tradizionale. Sono un ottimo livello da cui iniziare, ma io cerco sempre una formula più rapida. Ecco perché di solito realizzo in un giorno molto più di quanto la maggioranza della gente guadagna in una vita intera.

Altra annotazione collaterale: nel mondo di oggi in costante mutamento, non conta più tanto ciò che si sa, perché spesso ciò che si sa è già obsoleto. Conta la rapidità di apprendimento, che è un'abilità preziosissima perché permette di scoprire formule nuove – ricette, se vogliamo – per far lievitare il pane. Lavorare duro per guadagnare uno stipendio è una ricetta antiquata, che risale all'età della pietra.

5. Prima di tutto pagate voi stessi: Il potere dell'autodisciplina

Se non riuscite a dominarvi, non cercate neppure di diventare ricchi. Non ha senso investire, guadagnare e poi bruciare tutto. È la carenza di autodisciplina a far sì che molti vincitori del lotto si riducano sul lastrico in breve tempo. È la mancanza di autodisciplina a indurre chi ottiene un aumento di salario a spendere subito i soldi per comprare un'auto nuova o prenotare una crociera.

Difficile dire quale dei 10 passi sia il più importante. Ma questo è forse il più duro da gestire se non si è portati per l'autocontrollo. Mi azzarderei a sostenere che l'autodisciplina è il fattore principale che distingue i ricchi, i poveri e il ceto medio.

In parole semplici, chi ha scarsa autostima e poca capacità di sopportare le pressioni finanziarie non potrà mai arricchirsi. Come già detto, una delle prime lezioni del padre ricco era che il mondo ci sballotterà. Il mondo ci sballotta non perché gli altri sono dei prepotenti, ma perché molti (gli sballottati) non sanno disciplinarsi e controllarsi. Chi non è forte interiormente spesso diventa vittima di chi possiede autodisciplina.

Nei miei corsi per imprenditori, ripeto ai partecipanti di non concentrarsi sul prodotto, sul servizio o altro, ma sulle loro abilità gestionali. Le tre abilità più importanti, e necessarie per iniziare il proprio business, sono:

1. la gestione del cashflow
2. la gestione degli altri
3. la gestione del proprio tempo

Queste abilità servono comunque a tutti, non solo agli imprenditori. Infatti, deve usarle ogni individuo, sia in famiglia sia sul lavoro o negli affari, valgono tanto in un'organizzazione di beneficenza quanto in una comunità, in una città o in una nazione.

Tutte e tre le abilità vengono rafforzate dalla capacità di autodisciplina. Non prendo alla leggera il concetto "Prima paga te stesso".

L'affermazione "Prima paga te stesso" proviene dal libro di George Clason, *L'uomo più ricco di Babilonia*[2], di cui sono state vendute milioni di copie. Tuttavia, anche se molti conoscono

[2] Edizioni Gribaudi. Un bestseller che non deve mancare nella propria biblioteca del successo!

questo grande consiglio, pochi lo mettono in pratica. Come ho già accennato, la preparazione finanziaria ci permette di leggere i numeri, e i numeri fanno la storia. Analizzando il conto Profitti e Perdite e lo Stato patrimoniale di una persona, mi rendo subito conto se chi si riempie la bocca col "Prima paga te stesso" applica veramente questa nozione.

Un disegno vale più di mille parole. Perciò, rivediamo il grafico di chi paga prima se stesso rispetto a chi non lo fa.

Esaminate i grafici e fate attenzione alle differenze. Si tratta sempre di capire il cashflow, che spiega tutto. Molti si limitano ai numeri e non riescono a cogliere il significato della storia.

Chi paga prima se stesso

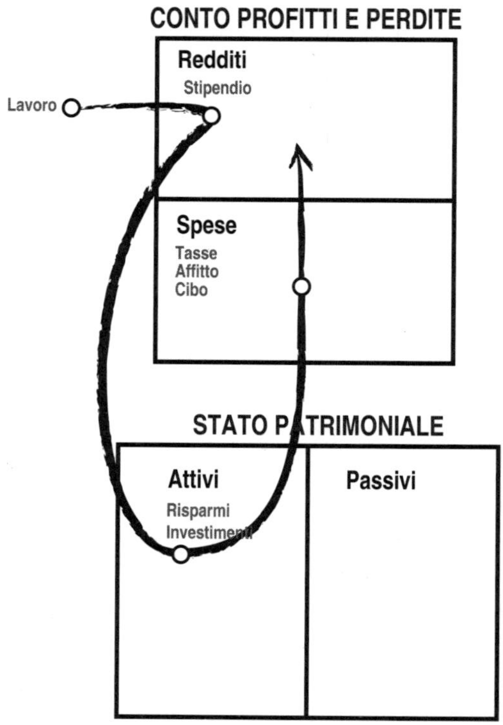

Lo vedete? Il grafico riflette le azioni di un individuo che decide prima di tutto di pagare se stesso. Ogni mese aggiunge denaro nella colonna degli attivi prima di saldare le spese mensili. Milioni di persone, anche se hanno letto il libro di Clason e capito l'espressione "Prima paga te stesso", in realtà si pagano per ultime.

Immagino già le sentite proteste di chi crede sinceramente che anzitutto occorra pagare tasse e bollette. Sento le proteste delle persone responsabili che le pagano entro la scadenza, caschi il mondo. Non sostengo che si debba essere irresponsabili, evitando di saldare i debiti. Mi limito a ripetere quello che dice Clason: "Prima paga te stesso". Il grafico precedente rispecchia l'azione corretta da eseguire.

Chi paga prima gli altri

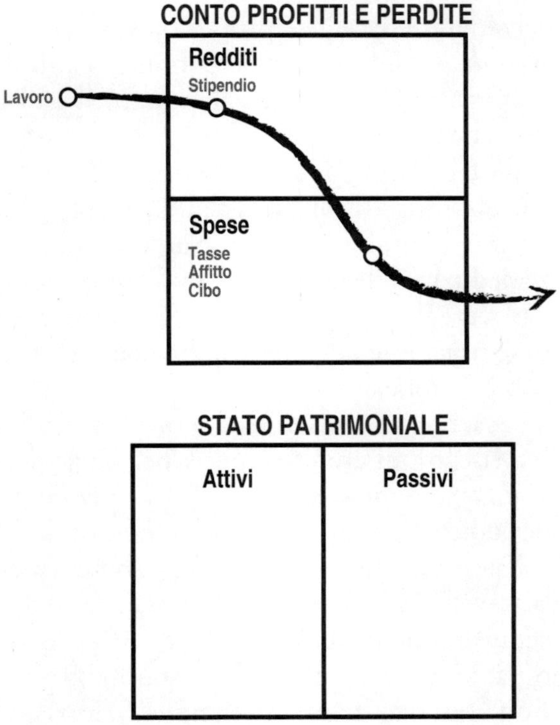

Se state cominciando veramente a capire il potere del cashflow, individuerete presto cosa c'è di sbagliato nel grafico precedente o perché il 90% della gente lavora duramente per tutta la vita e ha bisogno del sostegno dello Stato, come la previdenza sociale, quando non è più in grado di lavorare.

Kim e io conosciamo molti commercialisti, contabili ed esperti finanziari che hanno problemi con l'idea di "pagare prima se stessi". Il motivo è che questi professionisti si comportano effettivamente come la massa: si pagano per ultimi.

Nella mia vita, ci sono stati periodi in cui, per vari motivi, il mio cashflow era inferiore ai miei debiti. Eppure, prima pagavo me stesso. I miei commercialisti erano in preda al panico: "Ti tengono d'occhio. L'erario ti farà mettere in galera. Rovinerai il tuo tasso creditore. Ti taglieranno l'elettricità", dicevano. E io pagavo me stesso prima delle bollette.

"Perché?" chiederete. Perché è proprio la storia di cui parla *L'uomo più ricco di Babilonia*: per corroborare l'autodisciplina e la forza interiore. Come mi ha insegnato il padre ricco nel primo mese che lavoravo per lui, molti consentono che il mondo li sballotti. Passa l'agente del fisco e loro "pagano, altrimenti..." Il commesso dice: "Me lo può pagare con la carta di credito"; l'agente immobiliare dice: "Vai tranquillo, lo Stato ti concede una deduzione fiscale sulla casa". Di questo parla il libro di Clason: avere il coraggio di andare controcorrente e di arricchirsi. Forse non siete degli inetti, ma quando si tratta di soldi vi tremano le gambe.

Non dico di essere irresponsabili. Il motivo per cui non ho grandi debiti sulla carta di credito, specie per gli acquisti inutili, è perché prima pago me stesso. La ragione per cui tengo al minimo il mio reddito dipende dal fatto che non voglio pagarlo allo Stato. Ecco perché i miei proventi derivano dalla colonna delle attività, attraverso una società del Nevada. Se lavorassi per i soldi, me li requisirebbe lo Stato.

Sebbene io paghi le bollette alla fine, sono abbastanza intelligente da non mettermi in una situazione finanziariamente difficile. Non mi piacciono i debiti dei consumatori. Effettivamente, ho passività superiori al 99% della popolazione americana, ma non le pago. Sono altri a pagare le mie passività: si chiamano inquilini. Perciò, la prima regola per pagare prima se stessi è: non indebitarsi. Sebbene io le paghi all'ultimo, faccio in modo che le sole bollette da pagare siano piccole e irrilevanti.

Se anche dovessi trovarmi in difficoltà finanziarie, ugualmente prima pago me stesso. Lascio che i creditori, e perfino lo Stato, alzino la voce. Mi piace quando il gioco si fa duro. Perché? Perché mi fanno un favore. Mi motivano a uscire dal guscio e creare altro denaro. Così, soddisfo me stesso, invento i soldi e lascio strillare i creditori. Tanto, di solito li accontento sempre. Kim e io godiamo di ottimo credito. Non cediamo alle pressioni, non spendiamo i risparmi o liquidiamo le azioni per saldare i debiti. Non è finanziariamente intelligente.

Per riuscire a pagare prima voi stessi, ricordate sempre questo:

1. Non indebitatevi fino al punto di dover pagare subito. Tenete basse le spese. Prima aumentate gli attivi. Poi compratevi pure una grande casa o una bella macchina. Farsi intrappolare nella Corsa dei Topi non è intelligente.
2. Se vi ritrovate a corto di soldi, lasciate montare la pressione, ma non attingete a risparmi e investimenti. Usate la pressione per farvi ispirare, per risvegliare il vostro genio finanziario e trovare nuove maniere di guadagnare; poi pagate le bollette. Così, avrete migliorato la vostra capacità di fare soldi e la vostra intelligenza finanziaria.

Tante volte sono caduto in acque finanziariamente pericolose e ho usato la testa per creare nuovi proventi e profitti, difendendo con i denti i cespiti nella colonna dei miei attivi. Il mio commercialista strillava affinché coprissi il buco, ma io ero come il buon soldato che difende il forte – il Forte degli Attivi.

I poveri hanno cattive abitudini, la peggiore delle quali consiste nell'"attingere ai risparmi". I ricchi sanno che i risparmi servono solo per creare nuova liquidità, non per pagare le bollette.

So che può sembrare sgradevole ma, come già detto, se non siete duri interiormente, il mondo vi sballotterà sempre.

Se non vi piace essere pressati finanziariamente, trovate una formula che funzioni per voi. Tagliare le spese, mettere i soldi in banca, pagare più della giusta parte di imposta sul reddito, investire in fondi comuni sicuri e fare voto di povertà, come la massa, è un'idea decente, che però viola il principio del pagare prima se stessi.

Questo principio non incoraggia il sacrificio personale o l'astinenza finanziaria. Non dice di pagare prima se stessi e morire di fame. Bisogna godersi la vita. Se ricorrete al vostro genio finanziario, potrete avere tutte le benedizioni della vita, arricchirvi e pagare le tasse senza sacrificare il divertimento. Questa è intelligenza finanziaria.

6. Pagate bene i vostri agenti: Il potere dei buoni consigli

A volte, fuori delle case, vedo mettere il cartello: "In vendita. Rivolgersi direttamente al proprietario". Oppure ci sono molti che in televisione si reclamizzano come "Agenti a buon mercato".

Il padre ricco mi ha insegnato a comportarmi in modo opposto. Lui riteneva che bisognasse ricompensare bene i professionisti e io ho adottato la sua politica. Oggi pago parcelle elevate ai miei avvocati, commercialisti, agenti immobiliari e agenti di borsa. Perché? Perché se, e dico se, sono professionisti, i loro servizi mi faranno guadagnare. Così, più guadagnano loro e più guadagno io.

Viviamo nell'Era dell'Informazione: l'informazione è preziosissima. Oltre a istruirvi, un buon broker dovrebbe fornirvi notizie utili. Io ne ho parecchi che mi aiutano. Alcuni, che mi hanno insegnato la materia finanziaria quando avevo pochi soldi, ancora oggi sono con me.

La parcella con cui retribuisco un broker è piccola rispetto alle somme che mi fa guadagnare con le sue informazioni. Sono contento se i miei broker immobiliari o quelli del mercato azionario si arricchiscono, perché significa che ci guadagno molto anch'io.

Inoltre, un buon broker mi fa risparmiare tempo, per esempio come quando ho acquistato un terreno abbandonato per 9.000 dollari rivendendolo subito per più di 25.000, potendomi così comprare una Porsche.

Il broker ha i miei occhi e le mie orecchie sul mercato. Sono lì ogni giorno, mentre io posso essere altrove. Infatti, preferisco giocare a golf.

Chi vende la casa senza ricorrere a un mediatore non dà un gran valore al suo tempo. Perché risparmiare pochi dollari potendo usare il tempo per accumularne molti e spenderli con la persona amata? Trovo strano il fatto che molte persone del ceto medio lascino volontariamente una mancia tra il 15 e il 20% ai camerieri, anche se sono stati serviti male, ma si lamentano di dover pagare una percentuale dal 3 al 7% ai broker. A loro piace dare la mancia in conto spese e non darla a chi fa loro aumentare la colonna degli attivi. Questa non è intelligenza finanziaria.

Ricordate che non tutti i broker sono uguali. Purtroppo, molti sono solo dei venditori. Vendono, ma in proprio non possiedono nessun immobile. C'è un'enorme differenza tra un broker che vende case e uno che vende investimenti. Lo stesso vale per le azioni, le obbligazioni, i fondi comuni e le assicurazioni (in quest'ultimo caso si fanno chiamare programmatori finanziari).

Quando parlo con un professionista degli investimenti, cerco di sapere innanzitutto quante proprietà o azioni possieda e quale aliquota di tasse paghi. Lo faccio anche con i commercialisti e con gli avvocati fiscalisti. Ho un commercialista che sa badare ai suoi affari. La sua professione è la contabilità, ma i suoi affari sono i beni immobili. Avevo un bravo contabile che però non possedeva proprietà immobiliari. L'ho cambiato perché non avevamo gli stessi gusti finanziari.

Trovate un broker che abbia a cuore i vostri interessi. Molti dedicano parte del proprio tempo a istruire i clienti, per cui possono rivelarsi il vostro miglior investimento. Siate onesti e loro saranno quasi sempre onesti con voi. Se mirate soltanto a ridurre loro le commissioni, perché dovrebbero stare dalla vostra parte? Questa è logica, anche piuttosto semplice.

Come già detto, una delle abilità gestionali è saper gestire le persone. Molti sanno gestire solo quelli che considerano intellettualmente inferiori e su cui hanno potere. Un gran numero di manager non fa carriera perché sa trattare con i subordinati ma non con chi gli è superiore di grado. La vera abilità sta nel gestire e premiare le persone più intelligenti di noi in un certo settore tecnico. Questo è il motivo per cui le grandi imprese hanno un consiglio di amministrazione. Dovreste averlo anche voi. E questa è intelligenza finanziaria.

7. "Si chiama Pietro": Il potere dell'ottenere qualcosa senza dare nulla in cambio

Quando i primi coloni europei si insediarono in America, furono sorpresi da una pratica molto diffusa tra gli indigeni. Per esempio, se un colono aveva freddo, gli indiani gli davano una coperta. Credendola un regalo, il colono si offendeva quando gliela chiedevano indietro.

Anche gli indiani si arrabbiavano rendendosi conto che i coloni non restituivano nulla. Ecco un semplice malinteso culturale.

Nel mondo finanziario, è vitale fare come gli indiani e pretendere che le cose ci tornino indietro. La prima domanda di un investitore accorto è: "Con che rapidità mi tornerà il denaro?" Inoltre, si chiede cosa può ottenere gratuitamente, cosa che fa parte del gioco. Ecco perché il ROI, o ritorno dall'investimento, è così importante.

Per esempio, ho scoperto che un piccolo condominio a pochi isolati dal mio quartiere era ipotecato da una banca che voleva 60.000 dollari. Io ne ho offerti 50.000, che loro hanno accettato subito, anche perché avevo messo sotto il naso un assegno circolare di quell'ammontare. Così, avevano capito che facevo sul serio. Molti investitori direbbero: "Ma non hai immobilizzato una grossa somma? Non sarebbe stato meglio chiedere un prestito?" La mia risposta è: "Non in quel caso". La mia società finanziaria dà in affitto l'immobile per i mesi invernali, quando i turisti vengono in Arizona, a 2.500 dollari al mese per quattro mesi all'anno. Negli altri otto mesi fuori stagione si può applicare un affitto di 1.000 dollari al mese. Così, ho recuperato i miei soldi in tre anni. Adesso possiedo il condominio che mi rende contanti tutti i mesi.

La prima domanda di un investitore accorto è: "Con che rapidità mi tornerà il denaro?"

Lo stesso succede per le azioni. Il mio broker chiama spesso per consigliarmi di spostare una certa somma di denaro nelle azioni di una determinata azienda che a suo avviso farà qualcosa che aggiungerà valore al titolo, come per esempio l'annuncio di un prodotto nuovo. Sposto il mio denaro per un periodo da una settimana a un mese, finché le azioni si apprezzano. Poi ritiro i soldi investiti e smetto di preoccuparmi delle fluttuazioni di mercato, perché sono di nuovo pronto a trovare un altro titolo su cui puntare. I miei soldi entrano ed escono, così che mi ritrovo a possedere quasi gratuitamente dei nuovi beni.

Ammetto di aver perso dei soldi in varie occasioni, ma di solito mi muovo con quelli che posso permettermi di perdere. Su dieci investimenti colpisco il bersaglio due o tre volte, cinque o sei volte vado in pari, e altre due o tre volte ci perdo. Tuttavia, le perdite sono limitate sempre al denaro che ho disponibile per l'operazione.

Chi ha paura di rischiare mette i soldi in banca. Alla lunga, avere risparmi sicuri è meglio che non averli. Senonché, ci vuole molto per farseli restituire e non si ottiene nulla gratis.

In ogni mio investimento ci dev'essere un aspetto positivo, una tendenza al rialzo, che mi permette di ritrovarmi con qualcosa in più: un condominio, un piccolo magazzino, un terreno libero, una casa, un pacchetto azionario o un palazzo con destinazione uffici. E ci dev'essere un rischio limitato o un'idea poco rischiosa. Esistono libri incentrati su questo argomento, perciò non ne parlerò ora. Ray Kroc, il fondatore della catena McDonald's, vendeva ristoranti in franchising non perché gli piacessero gli hamburger, ma perché voleva gratuitamente i locali da concedere in franchising.

Quindi, un investitore accorto non deve mirare solo alla rendita, ma anche alle attività gratuite che ottiene dopo essere tornato in possesso del denaro. Questa è intelligenza finanziaria.

8. Usate gli attivi per comprare gli sfizi: Il potere della concentrazione

Il figlio di un mio amico aveva preso una cattiva abitudine: gli scottava il denaro tra le dita. Compiuti i 16 anni, voleva l'automobile. La scusa: "Tutti gli altri genitori prendono l'auto ai loro figli". Proponeva di attingere ai risparmi per il primo anticipo al concessionario. Fu così che suo padre mi chiamò e mi venne a trovare.

"Pensi che dovrei lasciarglielo fare o che dovrei comprargli io un'auto?"

La mia risposta fu: "A breve potrebbe calmarsi, ma a lungo termine cosa gli insegneresti? Non potresti sfruttare il suo desiderio di possedere un'auto stimolandolo a imparare qualcosa?" In quell'istante lui si illuminò e si precipitò a casa.

Due mesi dopo lo incontrai per strada. "Tuo figlio ha preso la macchina?" chiesi.

"No, ma gli ho consegnato 3.000 dollari dicendogli di usare i miei soldi invece dei risparmi accantonati per la sua università".

"È stato generoso da parte tua", dissi.

"Non proprio. Insieme al denaro c'era un ostacolo".

"E qual era l'ostacolo?" gli domandai.

"Prima abbiamo giocato al tuo gioco, *CASHFLOW.* Poi abbiamo avuto un lungo scambio di idee sull'uso più saggio del denaro. Quindi gli ho comprato un abbonamento al *Wall Street Journal* e qualche libro sul mercato azionario".

"E cos'hai ottenuto", esclamai.

"Gli ho detto che poteva considerare suoi i 3.000 dollari, non però per comprare la macchina. Poteva usarli per trovarsi un broker per acquistare e vendere azioni. Una volta che avesse ottenuto 6.000 dollari, avrebbe potuto utilizzare il denaro per l'auto e i 3.000 dollari iniziali sarebbero andati nel fondo accantonato per la sua università".

"Risultato?" chiesi.

"Beh, ha avuto fortuna con i primi investimenti, ma pochi giorni dopo ha perso tutto. Nel frattempo, si era interessato alla questione. Oggi mi sembra che sia sotto di 2.000 dollari, ma il suo interesse continua a crescere. Ha letto tutti i libri che gli ho comprato ed è andato perfino in biblioteca a prenderne altri in prestito. Divora il *Wall Street Journal* controllando l'indice dei titoli azionari. Gli restano solo 1.000 dollari, ma sta imparando in fretta. Sa che se perde quei soldi dovrà andare a piedi per altri due anni. Comunque, sembra che non gliene importi niente. Pare quasi aver dimenticato la macchina, perché ha trovato il tutto molto più divertente".

"Cosa succede se ci rimette tutti i soldi?" ero davvero curioso.

"Ci penseremo quando saremo a quel punto. Preferisco che perda adesso piuttosto che rischi di perdere tutto quando avrà la nostra età. Inoltre, mi sono accorto che quei 3.000 dollari sono la spesa migliore che abbia mai fatto per la sua istruzione. Ciò che impara gli servirà per tutta la vita; adesso ha un rispetto particolare per i soldi".

Come ho detto prima, se una persona non sa autodisciplinarsi è meglio che non cerchi di arricchirsi. Lo ripeto perché, sebbene in teoria sia facile sviluppare un cashflow dalla colonna degli attivi, più difficile è la forza mentale per indirizzare il denaro in un suo uso corretto. A causa delle tentazioni esterne, in questo mondo consumistico è molto più facile eccedere con le spese. Senza forza mentale, quei soldi ci sfuggono di mano senza che ce ne accorgiamo. Di qui la povertà e i guai finanziari.

L'esempio che ora segue mostra l'intelligenza finanziaria necessaria per usare il denaro per ottenerne altro.

Se all'inizio di un anno dessimo 10.000 dollari a 100 persone, sono certo che alla fine dell'anno:

- 80 non avrebbero più niente. Anzi, avrebbero dei debiti per l'anticipo versato sulla macchina nuova, il frigorifero, l'elettronica o una vacanza.
- 16 avrebbero incrementato la somma del 5-10%.
- 4 li avrebbero fatti aumentare fino a 20.000 o a milioni di dollari.

Andiamo a scuola per imparare una professione e così a lavorare per i soldi. A mio avviso è altrettanto importante imparare a far sì che il denaro lavori per noi.

Anche a me, come a tutti, piacciono le cose di lusso. La differenza è che io non le pago a credito. È la trappola dell'imitazione dei vicini di casa. Quando volevo comprare una Porsche, sarebbe stato più semplice chiamare la banca e chiedere un mutuo. Tuttavia, invece di aumentare i passivi, ho preferito concentrarmi sullo sviluppo della colonna degli attivi.

Di solito uso il mio desiderio di avere per trovare nuove motivazioni, mettendo all'opera il mio genio finanziario e investendo.

Oggi ci concentriamo troppo spesso sull'ottenere soldi in prestito e avere subito le cose che vogliamo anziché concentrarci sul creare i soldi. A breve termine risulta più facile, ma sul lungo termine è più difficile. È una cattiva abitudine in cui siamo caduti come individui e come nazione. Ricordate che la strada in discesa spesso diventa più dura, mentre quella in salita con il tempo si appiana.

Prima insegnate a voi stessi e a coloro che amate a gestire il denaro e meglio sarà. I soldi hanno un forte potere. Purtroppo, molti usano il potere dei soldi contro se stessi. Se la vostra intelligenza finanziaria è scarsa, correte il pericolo di andare in rovina. Se il denaro è più intelligente di voi, dovrete lavorare per tutta la vita.

Per padroneggiarlo occorre farsi furbi. In questo caso, lo farete lavorare per voi, a vostro esclusivo vantaggio e vi obbedirà. Invece di essere voi gli schiavi, lo manipolerete secondo i vostri desideri. Questa è intelligenza finanziaria.

9. Scegliete degli eroi: Il potere del mito

Quando ero ragazzo, ammiravo molto Willie Mays, Hank Aaron e Yogi Berra. Erano i miei idoli e volevo essere come loro. Facevo la collezione delle loro figurine di baseball, conoscevo tutto di loro, la media delle battute valide e delle basi conquistate, la loro cifra di ingaggio e gli emolumenti che ricevevano, oltre alla loro ascesa dalle serie inferiori.

Essendo un ragazzino di 9 anni, quando toccava a me battere, ricevere o giocare da prima base, non ero più io. Facevo finta di essere un famoso giocatore di baseball. E questo è uno dei modi più efficaci per imparare e da adulti spesso lo perdiamo. Perdiamo i nostri eroi.

Oggi osservo spesso i ragazzini che giocano a pallacanestro nel campetto vicino a casa mia. Non sono nei loro panni, ma fanno finta di essere il loro giocatore di pallacanestro preferito. Copiare le gesta altrui è un valido modo di imparare.

Crescendo, mi sono fatto nuovi eroi. Ammiro certi giocatori di golf, imito il loro stile e cerco di leggere tutto ciò che li riguarda. Ho anche degli eroi come Donald Trump, Warren Buffett, Peter Lynch, George Soros e Jim Rogers. Conosco le loro statistiche esattamente come conoscevo quelle dei miei eroi del basket. Seguo quello in cui investe Warren Buffett e leggo tutto il possibile sul suo punto di vista sul mercato e su come sceglie le azioni su cui puntare. Leggo anche su Donald Trump, cercando di scoprire il suo modo di gestire e combinare gli affari.

20 ANNI DOPO...

NUOVI EROI

Oggi a questo elenco aggiungerei qualche altro nome, tra cui David Stockman e Jim Rickards.

Così come da piccolo non ero io quando mi trovavo alla battuta, quando mi attivo sul mercato azionario o tratto un affare, agisco inconsciamente con il coraggio e la sicurezza di Trump. Se analizzo una tendenza di mercato, ragiono come se fossi Warren Buffett. Avere degli eroi significa attingere a un'inestinguibile fonte di genio puro.

Ma questi non si limitano a motivarci. Gli eroi fanno sembrare le cose più semplici. E far sembrare le cose più semplici ci porta a voler essere come loro.

"Se ce la fanno loro, posso farcela anch'io".

Per quanto riguarda gli investimenti, sono troppe le persone che fanno credere che siano difficili. Trovate allora degli eroi che vi mostrino quanto sono facili.

10. Insegnate e riceverete qualcosa in cambio: Il potere della generosità

Entrambi i miei padri sono stati insegnanti. Quello ricco mi ha dato una lezione che mi serve per tutta la vita: la necessità di essere generosi e caritatevoli. Quello istruito ha dato tanto del suo tempo e delle sue conoscenze, ma non faceva quasi mai beneficenza.

Ripeteva che l'avrebbe fatta se avesse avuto denaro extra. Ovviamente, non ce l'aveva mai.

Il padre ricco elargiva denaro e consigli finanziari; credeva fermamente nella beneficenza. "Se vuoi qualcosa, prima devi dare", ripeteva spesso. Quando era a corto di soldi, distribuiva il poco che aveva alla chiesa o a un istituto di assistenza.

Se dovessi tramandarvi una sola idea, vi lascerei questa: ogni volta che avete bisogno di qualcosa, date prima quello che volete e vedrete che ne sarete ricompensati a palate. Ciò vale per il denaro, un sorriso, l'amore o l'amicizia. So che spesso è l'ultima cosa che si vorrebbe fare, ma per me ha sempre funzionato in senso positivo. Credo nel principio della reciprocità e distribuisco quello che vorrei ottenere in cambio. Se voglio più soldi, elargisco denaro e poi ne ottengo in abbondanza. Se voglio vendere, aiuto altri venditori e poi le vendite mi vengono più facili. Se voglio contatti interpersonali, mi rendo disponibile al contatto e, quasi per magia, amplio la mia cerchia di conoscenze. Anni fa circolava il detto: "Dio non ha bisogno di ricevere, ma gli uomini hanno bisogno di dare".

Il padre ricco ripeteva senza stancarsi: "I poveri sono più avidi dei ricchi". Spiegava che una persona, se è ricca, offre qualcosa che altri vogliono. Nella mia vita, ho visto che, quando avevo pochi soldi e bisogno di aiuto, ho cercato, oppure ho trovato dentro di me, le risorse necessarie decidendo prima di tutto di essere generoso. E quando davo, venivo sempre premiato.

È come la storia dell'uomo che, in una fredda notte d'inverno, teneva in braccio la legna da ardere e pretendeva che la stufa gli restituisse calore, urlandole: "Quando mi riscalderai ti riempirò di legna!" Quando si tratta di denaro, amore, felicità, vendite e contatti, l'unica cosa da ricordare innanzitutto è di dare.

A volte il solo pensare a quello che desidero e al modo in cui darlo agli altri genera un fiume di abbondanza. Quando vedo che ci sono individui poco disposti a sorridermi, sorrido per primo e li saluto. Come per magia, mi ritrovo circondato da persone sorridenti. È proprio vero che il mondo è uno specchio dei nostri atteggiamenti.

Ecco perché affermo: "Insegnate e apprenderete". Ho scoperto che quanto più mi spendo per quelli che vogliono imparare, tanto più imparo a mia volta. Se volete saperne di più sui soldi, divulgate le vostre esperienze finanziarie. Sarete inondati da idee, notizie e distinzioni economiche più sottili.

A volte, dopo essere stato generoso, mi succede di non ricevere nulla in cambio oppure di ricevere qualcosa che non desideravo. Tuttavia, analizzando meglio e mettendomi in discussione, mi sono accorto che in quelle occasioni avevo dato con un secondo fine, invece di dare per la gioia che il gesto stesso di dare ti trasmette.

Mio padre insegnava ai docenti ed è diventato Provveditore agli studi. Il padre ricco ha sempre insegnato ai giovani il suo modo di condurre gli affari. Ripensandoci, ritengo che sia stata la loro disponibilità a rivelare ciò che sapevano ad affinare la loro intelligenza. Al mondo ci sono forze più potenti di noi. Potete anche arrivare da soli, ma con l'aiuto di tali forze sarà più facile. Basta che siate generosi con ciò che possedete.

SESSIONE DI STUDIO

Capitolo 8

LEZIONE 8: COME INIZIARE

Capitolo 8
LEZIONE 8: COME INIZIARE

Riassunto

È facile trovare grandi affari. È come andare in bicicletta. Prima si traballa un po', poi è delizioso come mangiare un pezzo di torta. Ma quando si tratta di soldi, bisogna essere determinati per superare le esitazioni.

Occorre risvegliare il genio finanziario che giace addormentato per scoprire questi grandi affari. La nostra cultura ci ha detto che l'amore per i soldi è fonte di ogni male, che dobbiamo semplicemente trovarci una professione e lavorare duro e che lo Stato si prenderà cura di noi quando saremo vecchi. Il messaggio è ancora quello di lavorare duro, guadagnare bene e spendere i soldi e, se li finiamo, possiamo sempre prenderne a prestito degli altri – e questo è il motivo per cui, per molti di noi, il nostro genio finanziario è addormentato.

Dobbiamo però risvegliarlo per trovare gli affari da un milione di dollari. È molto più facile procurarsi semplicemente un posto e lavorare per lo stipendio, ma questa non è la strada giusta per diventare ricchi. Se non volete far parte della massa, Robert offre il processo mentale che lui attraversa ogni giorno: 10 passi che potete utilizzare per risvegliare il vostro genio finanziario. Seguite quelli che volete o createne di vostri: il vostro genio finanziario è all'altezza.

1. Trovate una motivazione più forte della realtà: Il potere dello spirito

Molta gente vuole essere ricca o libera finanziariamente, ma poi rinuncia perché la strada sembra essere troppo lunga. Così come una futura nuotatrice olimpica sacrifica il suo tempo e i suoi impegni sociali per allenarsi per ore in piscina, le persone hanno bisogno di una forte, chiara motivazione per superare gli ostacoli.

La motivazione è una combinazione di "voglio" e "non voglio" – esattamente come la motivazione di Robert a diventare ricco.

Prima le sue avversioni, i "non voglio" che determinano le aspirazioni. Robert non voleva lavorare per tutta la vita. Non voleva la sicurezza professionale e una casa in periferia, diversamente dai suoi genitori. Non voleva essere un dipendente e non voleva essere troppo impegnato con la sua carriera – a scapito del tempo da dedicare ai suoi cari – per poi vedersi detrarre i soldi dallo Stato alla sua morte, come accadde a suo padre.

Quali sono i suoi desideri? Robert vuole essere libero di viaggiare per il mondo finché è giovane e vivere nel modo in cui preferisce. Vuole essere libero e avere il controllo sul suo tempo. Vuole che il denaro lavori per lui.

Come Robert, dietro il vostro desiderio di essere ricchi dovete avere delle profonde ragioni emotive che vi sostengano nelle battute d'arresto. Robert ha perso soldi molte volte, ma è andato avanti perché le sue motivazioni erano abbastanza forti. Voleva essere libero prima dei quarant'anni, ma ci è riuscito a 47.

Diventare ricco non è stato facile, ma non è stato nemmeno troppo difficile. Senza le sue forti motivazioni, però, sarebbe stato incredibilmente difficile.

Se non avete una motivazione abbastanza forte, Robert vi sconsiglia di continuare a leggere perché vi sembrerà ci sia troppo lavoro da fare.

2. Scegliete tutti i giorni: Il potere della scelta

Ogni giorno potete scegliere se essere ricchi, poveri o del ceto medio. Le vostre abitudini, il vostro modo di spendere, riflettono la vostra identità. I poveri hanno cattive abitudini nel loro modo di spendere.

Molto tempo fa Robert ha scelto di essere ricco. Il suo amico Mike, dopo aver ereditato una solida colonna di attivi, aveva scelto di imparare come mantenerla – situazione non comune quando le famiglie abbienti passano i loro attivi alla generazione successiva.

Molti decidono di non essere ricchi. Si inventano di non essere interessati ai soldi o di essere giovani e quindi di non doversene già preoccupare o una miriade di altre scuse.

Ma queste scuse li defraudano del tempo (il loro bene più prezioso) e dell'istruzione. Abbiamo tutti la possibilità di scegliere ogni giorno cosa fare del nostro tempo, del nostro denaro e di ciò che ci mettiamo in testa.

Robert sceglie di essere ricco e fa questa scelta tutti i giorni.

Ci raccomanda di investire prima di tutto nell'istruzione, perché la mente è lo strumento più potente che abbiamo. Ognuno può scegliere cosa inserire nel proprio cervello non appena è abbastanza grande. Ma anziché scegliere di investire nell'istruzione, molti investono semplicemente.

Per continuare a imparare, Robert frequenta almeno due seminari all'anno. Nel 1973 andò a un corso di tre giorni sull'acquisto di beni immobili senza anticipo. Spese 385 dollari per partecipare e gli rese almeno 2 milioni di dollari permettendogli di non lavorare per il resto della vita.

Robert adora anche i CD e gli audiolibri, così può riascoltare facilmente quello che ha appena sentito. Una volta non si trovava d'accordo con l'affermazione di un investitore, ma dopo aver riascoltato il suo discorso per venti volte, finalmente capì perché si fosse espresso in quel modo.

Era riuscito a coglierlo perché aveva tenuto la mente aperta pur non essendo inizialmente d'accordo con lui. Ora ha due modi di analizzare i problemi, cosa impagabile. Robert ha scelto di leggere o ascoltare quello che pensano certe persone, da Donald Trump a George Soros, e questo gli dà accesso al loro potere mentale.

Quando si impara qualcosa di nuovo, spesso si è costretti a commettere errori per capire bene. Gli arroganti o quelli che criticano sempre hanno paura di correre dei rischi, per cui tendono a non dare ascolto agli esperti.

Non è una questione di intelligenza. Le persone intelligenti possono essere ignoranti se associano la loro intelligenza con l'arroganza. Un individuo davvero intelligente, invece, accoglie le idee nuove. Le idee nuove possono combinarsi a quelle già consolidate e risolversi in qualcosa di grande.

Ascoltate. Imparate. Ragionate a lungo termine sulla ricchezza, non adottate la mentalità dell'arricchimento rapido. Investite sul vostro bene più grande – il cervello – prima di investire in azioni o nel real estate.

3. Sceglie bene gli amici: Il potere dell'associazione

Robert impara da tutti i suoi amici, sia quelli che hanno soldi – cercando di assimilare la loro sapienza – sia quelli che hanno difficoltà finanziarie. Dal secondo gruppo capisce quello che non si deve fare.

Racconta che molti suoi amici che hanno accumulato più di 1 miliardo di dollari riferiscono lo stesso fenomeno: non capita mai che i loro conoscenti squattrinati chiedano loro come abbiano fatto ad arricchirsi. Chiedono solo un lavoro o un prestito, o entrambe le cose.

Robert ci avverte di non dare ascolto a chi ha paura. Per loro, quando si tratta di investimenti, il cielo sta sempre cadendo. Trovano invariabilmente la maniera di spiegare perché le cose non possono funzionare.

Tra gli esperti c'è sempre uno che sostiene che il mercato crollerà e un altro che salirà alle stelle. Date retta a entrambi, perché tutt'e due hanno dei motivi validi.

Siate coerenti con voi stessi e non seguite la massa. Potrebbe essere una delle cose più difficili da fare nell'accumulo della ricchezza. Di solito la massa arriva troppo tardi rispetto a un grande affare. Cercatene invece uno nuovo – un affare che possiate temere.

Non cercate di segnare il tempo al mercato. Preparatevi per la prossima onda. Gli investitori intelligenti comprano un investimento quando è poco conosciuto. Sanno di realizzare profitti quando acquistano, non quando vendono.

È tutto "insider trading" (nelle sue forme legali): essere quasi dentro, avere amici ricchi in possesso delle notizie nel luogo in cui si fanno i soldi. Voi volete sapere del prossimo boom, entrarci e uscirne prima del crollo successivo. Ecco a cosa servono gli amici, e questa è intelligenza finanziaria.

4. Padroneggiate una formula e poi imparatene una nuova: Il potere dell'apprendimento rapido

Dobbiamo fare attenzione a quello che impariamo, perché diventiamo simili a quello che ci mettiamo in testa.

Le masse si attengono a un'unica formula: vai a lavorare, ricevi lo stipendio, paga tasse e bollette, salda le cambiali, compra qualche fondo comune di investimento e torna a lavorare.

Se non guadagnate abbastanza, dovete cambiare formula.

Anni fa, Robert partecipò a un seminario della durata di un weekend dal titolo "L'acquisto delle garanzie ipotecarie sui beni immobili". Imparò la formula e la mise in pratica guadagnando parecchi milioni di dollari.

Così andò alla ricerca di nuove formule. Non usava sempre direttamente le nuove informazioni, ma continuava a imparare.

Numerose università offrono corsi sulla programmazione finanziaria e sull'investimento tradizionale. È un ottimo posto da cui iniziare, ma Robert cerca costantemente una formula più rapida. Ecco perché, dice, realizza in un giorno molto più di quanto la maggioranza della gente guadagna in una vita intera.

E non si tratta solo di formule più rapide, ma di imparare più rapidamente nuove formule.

5. Prima di tutto pagate voi stessi: Il potere dell'autodisciplina

Di tutti i passi, l'autodisciplina può risultare il più duro da gestire se non si è portati per l'autocontrollo. Ma l'autodisciplina è il fattore principale che distingue i ricchi, i poveri e il ceto medio.

Il mondo ci sballotta e ci mette sotto pressione. E se non sopportiamo le pressioni finanziarie, non diventeremo mai ricchi.

Nei suoi corsi per imprenditori, Robert ripete ai partecipanti che le tre abilità gestionali più importanti per iniziare il proprio business sono la gestione del cashflow, degli altri e del proprio tempo. E servono a tutti, non solo agli imprenditori, e ciascuna è rafforzata dalla capacità di autodisciplina.

Sebbene molti conoscano l'affermazione "Prima paga te stesso", pochi hanno la disciplina per metterla in pratica. Confrontate questi due grafici.

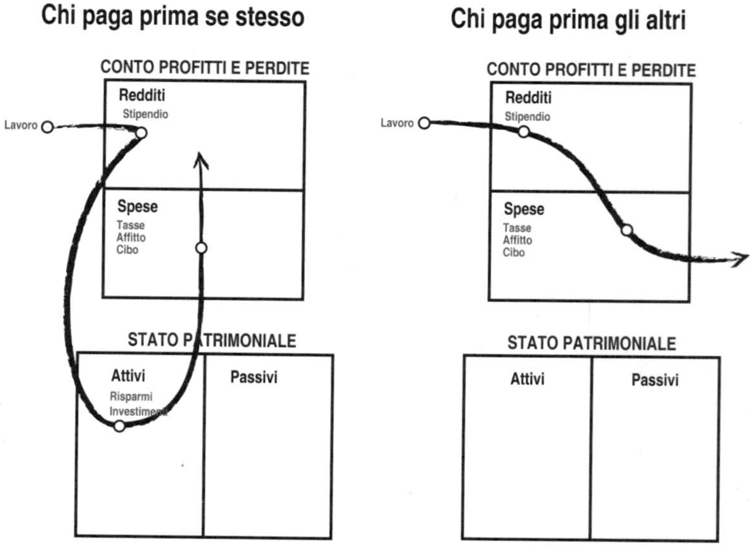

Seguite il flusso del denaro e notate come queste persone pagano prima se stesse (attraverso gli investimenti nella colonna degli attivi) prima di saldare le spese. Questo non significa che non dobbiate pagare le spese in modo responsabile; significa semplicemente di pagare prima voi stessi.

Potete vedere come il pagare prima gli altri lasci poco o nulla da investire nella colonna degli attivi.

È capitato a Robert e ad altri che in certi periodi il cashflow non fosse sufficiente per pagare prima se stessi e poi le spese. Eppure, prima pagavano se stessi. Ci vuole forza interiore quando i creditori strillano, ma in questo modo investire in attivi diventa una priorità e procura ricchezza.

Per riuscire a pagare prima voi stessi:

1. Non indebitatevi al punto di dover pagare subito. Tenete basse le spese. Prima aumentate gli attivi. Poi compratevi pure una grande casa o una bella auto.
2. Se vi ritrovate a corto di soldi, lasciate montare la pressione, ma non attingete a risparmi e investimenti. Usate la pressione per ispirare il vostro genio finanziario a trovare nuove maniere di accumulare denaro; poi pagate le bollette. Così, avrete migliorato la vostra capacità di far soldi e l'intelligenza finanziaria.

Ricordate che questo principio non incoraggia il sacrificio personale o l'astinenza finanziaria. Non dice di pagare prima voi stessi e di morire di fame. Bisogna godersi la vita. Se ricorrete al vostro genio finanziario, potrete avere tutte le benedizioni della vita, arricchirvi e pagare le tasse.

6. Pagare bene i propri broker: Il potere dei buoni consigli

Molti cercano di risparmiare pochi dollari rivolgendosi a broker a buon mercato o vendendo personalmente la propria casa. Dei bravi professionisti, però, non fanno solo risparmiare del tempo, fanno anche guadagnare soldi.

L'informazione è preziosissima. Un buon professionista dovrebbe fornirvi notizie utili e farvi anche guadagnare. Imparate da loro. In realtà, la parcella con cui li retribuite è piccola rispetto alle somme che vi possono far guadagnare con le loro informazioni.

Non tutti i broker sono uguali. Fate loro un colloquio e chiedete quanti immobili o investimenti abbiano in proprio. Trovatene uno che abbia a cuore i vostri migliori interessi e trattatelo con correttezza.

Le grandi imprese hanno un consiglio di amministrazione perché sanno che è prezioso avere la collaborazione di persone più intelligenti. Dovreste avere anche voi un consiglio di amministrazione.

7. "Si chiama Pietro": Il potere dell'ottenere qualcosa senza dare niente in cambio

Quando i primi coloni europei si insediarono nel Nuovo Mondo, ci fu un malinteso culturale. Se un colono aveva freddo, per esempio, un indiano gli dava una coperta. Il colono lo credeva un regalo e si offendeva quando gli veniva chiesta indietro. L'indigeno si arrabbiava rendendosi conto che il colono non voleva restituirla. Fu un malinteso sulla natura di una transazione.

Negli investimenti e nella colonna degli attivi, è vitale fare come gli indiani; cioè pretendere che il vostro ROI (return on investment) torni indietro, e rapidamente.

Un esempio è un piccolo condominio che Robert acquistò per una cifra di 50.000 dollari. Venne dato in affitto per 2.500 dollari al mese in alta stagione e per 1.000 dollari mensili per il resto dell'anno. Nell'arco di tre anni, i soldi furono recuperati. In pratica, i 50.000 dollari iniziali di Robert erano tornati nelle sue tasche e la proprietà continua a rendergli denaro tutti i mesi.

Ad alcuni non piace rischiare e preferiscono mettere i soldi in banca, ma lì non rendono nulla. E inoltre non ottengono nulla gratis.

In ogni suo investimento, Robert dice che ci dev'essere un qualcosa in più – come un piccolo magazzino, un terreno libero, delle azioni, una casa. E il rischio dev'essere limitato.

8. Usate gli attivi per comprare beni di lusso: Il potere della concentrazione

Come a molti, a Robert piace il lusso. Il fatto è che non chiede soldi in prestito per avere subito le cose, ma si concentra sulla colonna degli attivi per poter creare i soldi necessari per comprarle.

Racconta l'esempio di un amico il cui figlio adolescente voleva l'auto. Anziché comprargliela o lasciare che il figlio usasse i suoi risparmi, il padre gli diede 3.000 dollari insieme a qualche informazione sui mercati azionari e gli disse di non usare quei 3.000 dollari per acquistare direttamente l'auto. Avrebbe dovuto investirli e, una volta arrivato a 6.000 dollari, avrebbe potuto usarli per l'auto destinando i 3.000 dollari iniziali nel suo fondo per l'università.

Pur dovendo ancora realizzare il suo profitto, l'interesse del figlio e il suo apprendimento continuavano a crescere. Stava imparando una lezione che gli sarebbe stata molto utile nella vita: aumentare gli attivi per potersi permettere le cose che desiderava.

Sviluppare un cashflow dalla colonna degli attivi è facile in teoria – più difficile è avere la forza mentale per indirizzare i soldi verso un uso corretto. Chiedere denaro in prestito è facile a breve termine ma più difficile a lungo termine.

9. Scegliete degli eroi: Il potere del mito

Da bambini, uno dei modi più efficaci per imparare è immedesimarsi nei panni dei propri eroi.

Robert continua a farlo da adulto, anche se i suoi eroi sono cambiati. Invece di impersonare Willie Mays alla battuta, Robert utilizza le capacità di Trump in una trattativa o l'abilità analitica di Warren Buffett quando studia i trend del mercato.

Grazie ai nostri eroi, possiamo attingere al loro genio e, facendocelo sembrare facile, ci ispirano a provare.

10. Insegnate e riceverete qualcosa in cambio: Il potere della generosità

Robert ha imparato dal padre ricco a essere generoso e anche a insegnare agli altri. "Se vuoi qualcosa, prima devi dare", gli diceva. Quando era a corto di soldi, donava alla chiesa e al suo ente di beneficenza preferito.

Ogni volta che sentite di avere bisogno di qualcosa – che si tratti di denaro, di un sorriso, di amore o amicizia – donatelo prima voi e vi tornerà a palate.

Questo vale anche per l'insegnamento. Più insegnerete e più imparerete. Entrambi i padri di Robert lo hanno dimostrato.

Siate generosi con quello che possedete e assicuratevi di donare per la gioia che il solo gesto di donare procura, e non di donare semplicemente per ricevere qualcosa in cambio.

Momento dell'emisfero sinistro: Usiamo l'autodisciplina per pagare prima noi stessi, così da proteggere la priorità di far crescere la nostra colonna degli attivi.

Momento dell'emisfero destro: Teniamo la mente aperta alle idee nuove e ai modi nuovi di fare le cose. Possono combinarsi alla sinergia di altre idee consolidate.

Momento del subconscio: Sfruttiamo le motivazioni profondamente emotive dietro il nostro desiderio di diventare ricchi. Rendiamole forti. Ci aiuteranno a superare gli ostacoli che troveremo lungo il percorso verso la ricchezza.

Cosa intendeva dire Robert

È ora di riflettere. Chiedetevi: "*Cosa* intendeva dire Robert con questa frase?" E "*Perché* dice così?" In questa parte non dovete concordare o meno con Robert. L'obiettivo è *capire* quello che Robert sta dicendo.

Ricordate, le frasi qui elencate sono ideate per essere di aiuto e di sostegno. Due menti sono meglio di una. Se non capite le parole di Robert, non rinunciate. Fatevi aiutare per capire meglio. Prendetevi il tempo necessario per analizzare ciascuna frase fino ad averla compresa a fondo.

"L'oro è dappertutto. Solo che molti non hanno imparato a vederlo".

"Senza forti motivazioni e obiettivi precisi, nella vita tutto è difficile".

"Dal punto di vista finanziario, con ogni dollaro che ci arriva in tasca, abbiamo il potere di scegliere il nostro futuro: di essere ricchi, poveri o del ceto medio".

"Il 90% della gente compra televisori, mentre solo il 10% compra libri di economia".

"Tutti conosciamo persone istruite, spesso molto colte, o che credono di esserlo, ma il loro Stato patrimoniale mostra un quadro diverso".

"Ho notato che i miei amici facoltosi parlano di soldi. Non lo fanno per vantarsi, sono davvero interessati all'argomento. Così, imparo da loro, e loro da me".

"Se siete stanchi di ciò che fate, o non guadagnate abbastanza, è proprio il caso di cambiare formula".

"Chi non è forte interiormente spesso diventa vittima di chi possiede autodisciplina".

"Ammetto di aver perso dei soldi in varie occasioni, ma di solito gioco con quelli che posso permettermi di perdere".

"La strada in discesa spesso diventa più dura, mentre quella in ascesa si appiana con il tempo".

Domande aggiuntive

È il momento di riprendere le storie descritte in questo capitolo insieme alla comprensione di ciò che Robert intendeva e applicarle a voi stessi e alla vostra vita. Ponetevi le domande che qui seguono e discutetene con il vostro compagno di studio. Siate sinceri con voi stessi e con chi vi è vicino. Se non vi piacciono alcune delle risposte che date, chiedetevi se desiderate cambiare e accettare la sfida di cambiare i vostri pensieri e il vostro modo di ragionare:

1. Quali motivazioni avete per diventare ricchi, quali i vostri desideri e quali le vostre avversioni? Pensate che Robert li troverebbe abbastanza forti?
2. Le abitudini che avete nel vostro modo di spendere riflettono la vita che desiderate? Se no, cosa potreste cambiare?
3. Cosa scegliete di mettervi nella testa ogni giorno? Quando è stata l'ultima volta che avete partecipato a un corso o avete letto un libro sul business (escludendo questo)?
4. Cosa avete imparato dai vostri amici in merito alle questioni finanziarie, cose buone o cattive?
5. Trovate che i vostri muscoli dell'autodisciplina siano in forma o che abbiano bisogno di un po' d'esercizio?
6. Nella vostra vita c'è un consiglio d'amministrazione – broker e altri professionisti che pagate bene per le ottime informazioni che vi procurano e per la loro abilità nel farvi guadagnare denaro?
7. Avete compreso il concetto spiegato nel passo 7? Se no, discutetene con il vostro compagno di studio.
8. L'ultima volta che vi siete comprati un bene di lusso, come l'avete pagato?
9. Qual è il vostro eroe dal punto di vista finanziario? Come emulate questa persona nelle vostre azioni?

Definizione dei termini:

ROI: Return on investment (indice di redditività del capitale investito, ritorno sull'investimento).

NOTE

NOTE

Capitolo 9

NON VI BASTA ANCORA? ECCO QUALCHE CONSIGLIO PRATICO

Forse molti non saranno soddisfatti dei 10 passi. C'è chi li considera più come approcci filosofici piuttosto che azioni concrete. Io credo che comprenderne la filosofia sia altrettanto importante dell'azione necessaria. Alcuni vorrebbero fare al posto di riflettere, altri ancora meditano ma non fanno niente. Io ritengo di essere a metà strada: adoro le idee nuove e adoro l'azione.

Perciò, a favore di chi desidera un elenco di consigli pratici su come iniziare, ecco brevemente alcune miei pratici step.

- *Smettete di fare ciò che fate*. In altre parole, concedetevi una pausa per capire quello che funziona e quello che non funziona. La vera pazzia è continuare a eseguire le stesse cose aspettandosi risultati diversi. Smettete di fare quello che non funziona e trovate qualcosa di nuovo.
- *Cercate idee nuove*. Per quanto riguarda le nuove idee sugli investimenti, vado in libreria e cerco libri su argomenti specifici che chiamo "formule". Acquisto manuali su formule che non conosco.

  Per esempio, in libreria ho trovato *The 16 Percent Solution* di Joel Moskowitz. L'ho comprato, l'ho letto e il giovedì seguente ho applicato esattamente i consigli del libro. Molti non agiscono mai, oppure si lasciano convincere a non applicare la nuova formula che stanno studiando. Un mio vicino di casa voleva spiegarmi perché il 16% non funzionava. Non l'ho ascoltato, perché non si era mai misurato con la realtà.

- *Trovate qualcuno che si sia già cimentato in ciò che volete fare*. Invitatelo a pranzo e chiedetegli i consigli e i trucchi del mestiere. Per quanto riguarda i tax lien al 16%, mi sono recato all'ufficio erariale provinciale e ho chiesto dell'impiegata addetta alla questione. Ho scoperto che anche lei investiva in quei certificati. L'ho invitata subito a pranzo. Era contentissima di raccontarmi tutto quello che faceva. Nel pomeriggio, mi ha mostrato come si muoveva a livello pratico. Il giorno dopo, con il suo aiuto ho scoperto due proprietà che mi rendono tuttora un interesse del 16%. Mi ci è voluto un giorno per leggere il libro, un giorno per attivarmi, un'ora per il pranzo e un'altra giornata per assicurarmi due ottimi affari.
- *Iscrivetevi a corsi, leggete, e partecipate a seminari*. Io scorro sui giornali e su Internet gli annunci di corsi nuovi e interessanti, molti dei quali sono gratuiti o non troppo costosi. Partecipo anche a seminari costosi, relativi a ciò che voglio imparare. Sono ricco e libero da un impiego fisso proprio grazie ai corsi che ho frequentato. Certi miei amici, che anni fa mi dicevano che sprecavo i miei soldi, sono ancora legati alla stessa scrivania.
- *Fate più offerte possibili*. Quando voglio comprare un immobile, do un'occhiata alle proprietà disponibili e scrivo un'offerta. Se non sapete quale possa essere l'offerta giusta, lo stesso vale per me. Questo è compito degli agenti immobiliari. Loro fanno le offerte. Io lavoro il meno possibile.

Una mia amica voleva che le mostrassi come comprare appartamenti. Così, un sabato io, lei e il suo agente siamo andati a vederne sei. Quattro erano orribili, ma due ottimi. Le ho detto di presentare un'offerta per tutti e sei, alla metà del prezzo che chiedevano i proprietari. La mia amica e l'agente per poco non svenivano. Pensavano fosse sgarbato, che i venditori potessero offendersi (ma sospetto che fosse l'agente a non volersi impegnare). Così, non se n'è fatto nulla preferendo attendere un affare migliore.

Nessuno ha avanzato offerte e la mia amica aspetta ancora l'affare giusto al prezzo giusto. Il problema, però, è che non si sa qual è il prezzo giusto finché non si trova la controparte disposta a stringere l'accordo. La maggioranza dei venditori chiede troppo. È raro che un proprietario domandi un prezzo inferiore al valore reale dell'immobile.

Morale della storia: fate offerte. Chi non investe non ha idea di cosa voglia dire cercare di vendere. C'era un terreno di cui volevo disfarmi da mesi, avrei accettato qualsiasi offerta. Mi avessero offerto dieci maialini, sarei stato felice – non per l'offerta in sé, ma perché qualcuno era interessato. Avrei ribattuto e magari chiesto in cambio una porcilaia. Ma è così che funziona il gioco della compravendita. A me piace molto. Tenetelo a mente: è divertente e solo un gioco. Fate delle offerte, qualcuno dirà di sì.

Io formulo sempre offerte soggette a una clausola-scappatoia. Quando tratto immobili, nella mia offerta specifico che è "soggetta a" varie contingenze, come l'approvazione di un socio d'affari. Non specificate mai chi sia questa fantomatica persona. Nessuno sa che il mio socio è il mio gatto. Se accettano l'offerta, ma io non voglio più concludere l'affare, telefono a casa e parlo con il mio gatto. Mi sono dilungato con questo esempio ridicolo per dimostrarvi quanto assurdamente facile e divertente sia il gioco. Troppi rendono le cose difficili e le prendono con eccessiva serietà.

Trovare l'affare buono, il lavoro giusto, le persone giuste, gli investitori giusti, e tutto giusto, è come dare l'appuntamento alla ragazza giusta. Bisogna mettersi sul mercato e parlare con un sacco di gente, fare un gran numero di proposte e contro-proposte, negoziare, respingere e accettare. Conosco single che si barricano in casa aspettando che il telefono squilli, ma è meglio farsi vedere in giro, anche se solo al supermercato. Cercare, offrire, rifiutare, negoziare e accettare sono fasi di un processo che vale per ogni attività della vita umana.

- *Camminate, correte o passate in auto in un certo quartiere una volta al mese per una decina di minuti.* Io facendo così ho scoperto i miei migliori investimenti immobiliari. A volte faccio jogging in una stessa zona per un anno e cerco di vedere se si verificano dei cambiamenti. Un contratto potenzialmente interessante ha bisogno di due elementi: l'affare e il cambiamento. Ci sono molti affari, ma l'occasione diventa tangibile solo quando si verifica un cambiamento. Così, quando faccio jogging, mi dirigo nel quartiere dove vorrei investire. La frequenza ripetuta mi permette di notare le piccole differenze tra le mie visite. A volte ci sono cartelli di vendita che restano affissi a lungo; ciò può voler dire che il venditore sarà più malleabile nella trattativa. Poi, osservo il movimento dei camion delle ditte di trasloco; mi fermo e chiacchiero un po' con gli autisti. Parlo con i corrieri e i postini. È straordinaria la mole di informazioni che accumulano su una certa zona. Io trovo una zona difficile, soprattutto una da cui la gente scappa perché terrorizzata da qualche notizia. Poi la tengo d'occhio, anche per un anno, in attesa di segni indicatori di un cambiamento positivo. Chiacchiero con i negozianti, specie se si sono insediati da poco, e scopro perché si sono trasferiti. Bastano pochi minuti al mese e di solito lo faccio mentre sono impegnato in altre attività, come quando mi alleno o vado avanti e indietro dal supermercato.

- *Concludete affari in tutti i mercati.* I consumatori saranno sempre poveri. Quando il supermercato offre in saldo la carta igienica, per esempio, il consumatore accorre e ne fa incetta. Ma quando il mercato immobiliare o azionario fa un'offerta, che più spesso viene definita crollo o correzione, il consumatore scappa via. Se il supermercato alza i prezzi, il consumatore fa la spesa da un'altra parte. Ma se il mercato immobiliare o azionario alza i prezzi, il consumatore inizia a comprare. Ricordate sempre: il profitto si fa quando si acquista, non quando si vende.

- *Cercate nei posti giusti*. Un mio conoscente ha comprato un condominio per 100.000 dollari; io ho comprato quello di fianco al suo, identico, per 50.000. Lui mi dice che aspetta che salgano i prezzi. Io gli ho detto che il profitto si fa quando si acquista, non quando si vende. Lui si è fatto aiutare nell'operazione d'acquisto da un broker che non ha beni immobiliari di sua proprietà. Io ho comprato all'asta immobiliare. Ho speso 500 dollari per partecipare a un corso su questo argomento. Il mio conoscente riteneva che i 500 dollari per il corso fossero una spesa eccessiva. Diceva che non poteva permettersi né i soldi né il tempo. E aspetta ancora che il prezzo salga.
- *Prima cercate persone che vogliano comprare. Poi cercate qualcuno che voglia vendere*. Un mio amico cercava un determinato appezzamento di terreno, aveva i soldi ma non il tempo. Ho trovato un podere più grande di quello che voleva lui, l'ho bloccato con un'opzione e ho avvisato il mio amico, che ne avrebbe preso una parte. Gliel'ho venduta e poi ho acquistato l'intero terreno, tenendo gratuitamente per me ciò che restava. Morale della storia: comprate tutta la torta e dividetela in varie parti. Molti cercano ciò che possono permettersi, ma così restringono le possibilità. Comprano solo un parte della torta e finiscono per pagare molto per poco. Chi pensa in piccolo non coglie le grandi occasioni. Se volete arricchirvi, pensate in grande.

- *Pensate in grande.* Ai dettaglianti piace concedere sconti su grandi quantità di merci semplicemente perché vogliono che la gente spenda molto. Perciò, anche se si è piccoli, è sempre possibile pensare in grande. Quando la mia azienda era sul mercato dei computer, ho telefonato a vari amici chiedendo se ne volessero comprare. Poi sono andato da diversi rivenditori e ho concluso un ottimo affare perché potevo acquistare in quantità. Lo stesso ho fatto con le azioni. Chi è piccolo rimane piccolo perché pensa piccolo, agisce da solo o non agisce affatto.
- *Imparate dalla storia.* Tutte le maggiori società quotate in borsa erano inizialmente piccole aziende. Il colonnello Sanders si è arricchito dopo aver perso tutto verso i sessant'anni; Bill Gates era uno degli uomini più ricchi del mondo ben prima dei trenta.
- *L'azione batte sempre l'inattività.*

Queste sono alcune cose che ho fatto e continuo a fare per riconoscere e cogliere le opportunità esistenti. I concetti importanti sono: "fatto", "da fare". Come ho ripetuto spesso nei diversi capitoli, bisogna agire prima di poter ricevere una ricompensa finanziaria. Agite ora!

SESSIONE DI STUDIO

Capitolo 9

NON VI BASTA ANCORA?
ECCO QUALCHE CONSIGLIO PRATICO

Capitolo 9
NON VI BASTA ANCORA? ECCO QUALCHE CONSIGLIO PRATICO

Riassunto

A favore di chi desidera un elenco di azioni da affrontare, ecco sinteticamente alcune attività pratiche di Robert.

- *Smettete di fare ciò che fate.* Concedetevi una pausa per capire quello che funziona e quello che non funziona.
- *Cercate idee nuove.* Andate in libreria e cercate libri su argomenti specifici. Il libro *The 16 Percent Solution* di Joel Moskowitz ha insegnato a Robert qualcosa di nuovo e lo ha spinto all'azione.
- *Trovate qualcuno che si sia già cimentato in ciò che volete fare.* Invitatelo a pranzo e chiedetegli i consigli e i trucchi del mestiere.
- *Iscrivetevi a corsi, leggete, e partecipate a seminari.* Robert cerca sui giornali e su Internet corsi nuovi e interessanti.
- *Fate più offerte possibili.* Non si sa qual è il prezzo giusto finché non si trova una controparte disposta a stringere l'accordo. La maggioranza dei venditori chiede troppo. È raro che un venditore chieda un prezzo inferiore al valore reale. È divertente e si tratta solo di un gioco. Fate delle offerte, qualcuno dirà di sì. (E fate offerte con clausole-scappatoie).
- *Camminate, correte o passate in auto in un certo quartiere una volta al mese per una decina di minuti.* Robert facendo così ha scoperto alcuni dei suoi migliori investimenti immobiliari. A volte fa jogging in una certa zona per un anno e cerca di vedere dei cambiamenti. Affinché un contratto sia interessante, devono esserci due elementi: l'affare e il cambiamento. Ci sono molti affari, ma l'occasione

diventa tangibile solo quando si verifica un cambiamento. Bastano pochi minuti al mese e di solito lo fa mentre è impegnato in altre attività, come quando si allena o va avanti e indietro dal supermercato.

- *Concludete affari in tutti i mercati.* I consumatori saranno sempre poveri. Quando il supermercato offre in saldo la carta igienica, per esempio, il consumatore accorre e ne fa incetta. Ma quando il mercato immobiliare o azionario fa un'offerta, che più spesso viene definita crollo o correzione, il consumatore scappa via. Ricordate: i profitti si fanno quando si acquista, non quando si vende.
- *Cercate nei posti giusti.* Un conoscente di Robert ha comprato un condominio per 100.000 dollari. Robert ha comprato quello di fianco al suo, identico, per 50.000. Dice a Robert che aspetta che i prezzi salgano. Robert gli ricorda che il profitto si fa quando si acquista, non quando si vende. Si era rivolto a un broker immobiliare che non aveva proprietà sue. Robert aveva effettuato l'acquisto ad un'asta immobiliare, dopo aver partecipato a un corso sull'argomento dal costo di 500 dollari.

Il suo conoscente riteneva che i 500 dollari per il corso sugli investimenti immobiliari fossero una spesa eccessiva. Diceva che non poteva permettersi né il denaro né il tempo. Aspetta ancora che il prezzo salga.

- *Prima cercate persone che vogliano comprare. Poi cercate qualcuno che voglia vendere.* Comprate la torta e dividetela in parti. Molti cercano ciò che possono permettersi, ma così restringono le possibilità. Comprano solo una parte della torta e finiscono per pagare molto per poco.
- *Pensate in grande.* Ai dettaglianti piace concedere sconti su grandi quantità di merci semplicemente perché vogliono che la gente spenda molto. Anche se siete piccoli, potete aggregarvi ad altri per poter concludere un ottimo

affare con l'acquisto di un certo prodotto in grandi quantità. Chi è piccolo rimane piccolo perché pensa piccolo, agisce da solo o non agisce affatto.

- *Imparate dalla storia.* Tutte le maggiori società quotate in borsa erano inizialmente piccole aziende. Il colonnello Sanders si è arricchito dopo aver perso tutto verso i sessant'anni; Bill Gates era uno degli uomini più ricchi del mondo ben prima dei trenta.
- *L'azione batte sempre l'inattività.* Bisogna attivarsi prima di poter ricevere una ricompensa finanziaria. Agite ora!

Domande aggiuntive

È il momento di riprendere le storie descritte in questo capitolo insieme alla comprensione di ciò che Robert intendeva e applicarle a voi stessi e alla vostra vita. Ponetevi le domande che qui seguono e discutetene con il vostro compagno di studio. Siate sinceri con voi stessi e con chi vi è vicino. Se non vi piacciono alcune delle risposte che date, chiedetevi se desiderate cambiare e accettare la sfida di cambiare i vostri pensieri e il vostro modo di ragionare:

1. Questo elenco di consigli vi ispira o vi intimidisce?
2. Quali azioni dell'elenco state già realizzando?
3. Dopo aver letto l'elenco, quale punto vi è parso subito come qualcosa che non avevate considerato o pienamente utilizzato? Quali passi potete intraprendere per agire nella vostra vita?

NOTE

PENSIERI FINALI

Vorrei condividere con voi qualche pensiero finale.

Il motivo per cui ho scritto questo libro, e il motivo per cui è rimasto un bestseller dal 2000, va cercato nell'utilizzo dell'intelligenza finanziaria per risolvere i problemi della vita quotidiana che hanno tutti. Senza preparazione finanziaria, ci riduciamo spesso ad applicare le formule apprese inconsciamente: lavorare duro, risparmiare, prendere soldi a prestito e pagare troppe tasse. Oggi più che mai abbiamo bisogno di saperne di più.

Ho una storia da raccontare come esempio finale di un problema finanziario che molte famiglie devono affrontare. Come garantire una buona istruzione ai figli e pensare allo stesso tempo alla propria pensione? È necessario usare l'intelligenza finanziaria invece di lavorare duramente.

Un giorno, un mio amico si lamentava di quanto fosse difficile risparmiare soldi per il futuro universitario dei suoi quattro figli. Ogni mese versava 300 dollari in un fondo universitario e finora aveva accumulato solamente quasi 12.000 dollari. Gli restavano circa dodici anni per risparmiare per l'università, dato che il figlio maggiore ne aveva 6.

A quel tempo, a Phoenix il mercato immobiliare era in ribasso. La gente svendeva le case. Suggerii al mio amico di comprarne una con una parte dei soldi depositati nel suo fondo universitario. L'idea lo intrigava, perciò cominciammo a discuterne. La sua preoccupazione principale era che la banca non gli avrebbe fatto credito per l'acquisto di una nuova casa perché era già troppo esposto. Lo rassicurai dicendogli che esistevano altri modi di finanziare un immobile.

Per due settimane abbiamo cercato una casa con le caratteristiche giuste. La scelta era ampia, per cui ci siamo anche divertiti. Alla fine, ne abbiamo trovata una con tre stanze e due bagni in un quartiere eccellente. Il proprietario era stato licenziato dalla sua azienda e aveva bisogno di vendere subito perché doveva trasferirsi con la famiglia in California dove aveva trovato un altro posto.

Chiedeva 102.000 dollari, ma noi gliene offrimmo solo 79.000. Approvò subito e accettò di girargli il mutuo con un anticipo del 10%. Tutto quello che il mio amico dovette sborsare fu 7.900 dollari. Non appena completato il trasloco del proprietario, il mio amico diede la casa in affitto. Dedotte le spese, mutuo compreso, ogni mese si metteva in tasca 125 dollari.

Il piano prevedeva di tenere la casa per dodici anni, accelerando il rimborso del mutuo con i 125 dollari da defalcare tutti i mesi dal capitale. Così, si sarebbe estinto in gran parte il mutuo, dopodiché ci sarebbero stati 800 dollari al mese da accantonare per l'università del primo figlio. Inoltre, se la casa si fosse rivalutata, avrebbe potuto venderla.

Tre anni più tardi il mercato immobiliare di Phoenix ebbe un'impennata e il mio amico ricevette un'offerta di 156.000 dollari dallo stesso inquilino che abitava nella casa. Mi chiese cosa ne pensassi. Gli consigliai di venderla, utilizzando l'articolo 1031.

All'improvviso si ritrovava con 80.000 dollari da gestire. Telefonai a un altro amico, che viveva a Austin, in Texas, che gli fece investire l'utile guadagnato in un piccolo magazzino. Nell'arco di tre mesi il primo amico riceveva assegni per un migliaio di dollari al mese che poi versava nel fondo universitario. Ora è ormai sicuro di poter raggiungere facilmente il suo obiettivo.

Sono bastati 7.900 dollari con cui attivarsi e un po' di intelligenza finanziaria. I suoi figli potranno ricevere l'istruzione che preferiscono e lui potrà usare i proventi del suo business per pensare alla sua pensione. Così, sarà in grado di lasciare il lavoro ancora relativamente giovane.

Grazie per aver letto questo libro. Spero che abbiate trovato delle intuizioni per usare il potere del denaro a vostro vantaggio. Oggi abbiamo bisogno di intelligenza finanziaria per sopravvivere. La nozione che "per fare i soldi ci vogliono soldi" è tipica di chi non è finanziariamente istruito. Questo non vuol dire che sia stupido, ma solo che non ha appreso la scienza dei soldi che fanno altri soldi.

Il denaro è solo un'idea: se ne volete di più, dovete cambiare mentalità. Ogni persona che si è fatta da sé ha iniziato con poco, con una piccola idea, trasformandola in qualcosa di grande. Lo stesso vale per gli investimenti. Bastano pochi dollari per cominciare e allargarsi progressivamente. Incontro tante persone che sprecano la vita in attesa del grande colpo, per me è un'idiozia. Troppo spesso ho visto investitori ingenui mettere tutto ciò che avevano in un certo affare che, svanendo rapidamente, li ha lasciati a secco. Forse erano ottimi lavoratori, ma non ottimi investitori.

L'istruzione e la saggezza finanziaria sono molto importanti. Cominciate presto, comprate un libro, frequentate un corso, fate pratica. Io ho trasformato 5.000 dollari in contanti in 1 milione di dollari di attivi che hanno prodotto in meno di sei anni un cashflow mensile di 5.000 dollari. Ma ho iniziato presto, quando ero ancora un ragazzino. Vi incoraggio a imparare, perché non è difficile. In realtà, è molto facile una volta compreso il trucco.

Credo di aver reso comprensibile il mio messaggio. È quello che avete in mente che determina quello che avete in mano. Il denaro è solo un'idea. C'è un meraviglioso libro intitolato *Pensa e arricchisci te stesso*[1]. Il titolo non è *Lavora duro e arric-*

---

[1] È il bestseller di Napoleon Hill *Pensa e arricchisci te stesso*, Gribaudi. Di questo bestseller sono disponibili anche il *Workbook*, il *Manuale per il successo* e *Pensa e arricchisci te stesso per le donne*, ndr.

chisci te stesso. Imparate a far lavorare il denaro per voi e la vita vi sorriderà. Da oggi non giocate più sul sicuro, giocate bene.

I tre redditi

Nel mondo della contabilità esistono tre tipi diversi di reddito:

1. reddito da stipendio
2. reddito da portafoglio
3. reddito passivo

Quando il padre povero mi diceva: "Vai a scuola, prendi buoni voti e cercati un lavoro sicuro", si raccomandava che lavorassi per guadagnarmi un reddito da stipendio. Quando il padre ricco mi diceva: "I ricchi non lavorano per i soldi. Costringono i soldi a lavorare per loro", si riferiva al reddito passivo e al reddito da portafoglio. Nella maggior parte dei casi, il reddito passivo è quello che proviene da investimenti immobiliari. Il reddito da portafoglio è quello che proviene da attivi cartacei come azioni e titoli. Il reddito da portafoglio è quello che si procura Bill Gates, l'uomo più ricco del mondo, non il reddito guadagnato da stipendio.

Il padre ricco ripeteva spesso: "La chiave per diventare ricchi è la capacità di convertire il proprio reddito in reddito passivo o in reddito da portafoglio il più rapidamente possibile". Diceva anche: "Le tasse sono più alte sul proprio reddito. Il reddito tassato di meno è quello passivo. Questo è un altro motivo per fare in modo che il tuo denaro lavori duramente per te. Lo Stato tassa il reddito per cui lavori tanto più del reddito per cui il tuo denaro lavora tanto".

Nel mio secondo libro, *I quadranti del CASHFLOW*[2], spiego i quattro tipi diversi di persone che compongono il mondo

---

[2] Edizione italiana Gribaudi.

del business. Sono D (dipendenti), A (lavoratori autonomi), T (titolari d'impresa), I (investitori). La maggior parte della gente va a scuola per imparare a essere un D o un A. *I quadranti del CASHFLOW* descrive le differenze principali tra questi quattro tipi e il modo in cui poter cambiare il proprio quadrante. Molti nostri prodotti, infatti, sono destinati a chi fa parte dei quadranti T e I.

Nella *Guida agli investimenti*, il terzo libro della serie del Padre Ricco[3], parlo più nel dettaglio dell'importanza di convertire il proprio reddito in reddito passivo e da portafoglio. Il padre ricco ripeteva: "Tutto ciò che un vero investitore fa è convertire il proprio reddito in reddito passivo e da portafoglio. Se sai quello che stai facendo, investire non è rischioso. È solo buonsenso".

La chiave per la libertà finanziaria

La chiave per la libertà finanziaria e per una grande ricchezza è la capacità di una persona di convertire il proprio reddito in reddito passivo e/o da portafoglio. Il padre ricco ha trascorso molto tempo a insegnare questa capacità a Mike e a me. Il fatto di possederla è il motivo per cui mia moglie Kim e io siamo finanziariamente liberi, non avendo più bisogno di lavorare. Continuiamo a lavorare perché è una nostra scelta. Oggi possediamo una società di real estate

20 ANNI DOPO...

MISSIONE: ISTRUZIONE FINANZIARIA

I nuovi libri della serie del Padre Ricco che ti potrebbero piacere:
Seconda chance
Perché i ricchi diventano sempre più ricchi
Più importante del denaro[4]

[3] Edizione italiana Gribaudi.
[4] Disponibili presso le nostre edizioni.

che ci garantisce un rendimento passivo e partecipiamo a operazioni di collocamento privato, a IPO, offerta pubblica iniziale di titoli per il nostro reddito da portafoglio.

Ci siamo anche rimessi al lavoro per creare una società di istruzione finanziaria per poter continuare a produrre e pubblicare libri e giochi. Tutti i nostri prodotti educativi sono ideati per insegnare la stessa capacità che il padre ricco ha trasmesso a me, quella di convertire il proprio reddito in reddito passivo e da portafoglio.

I giochi che creiamo sono importanti perché insegnano quello che i libri non possono fare. Per esempio, non sarebbe possibile imparare ad andare in bicicletta solo leggendo un libro. I nostri giochi *CASHFLOW*[5] per adulti e per bambini sono progettati per insegnare ai giocatori le tecniche di investimento basilari per convertire il proprio reddito in reddito passivo e da portafoglio. Insegnano inoltre i principi della contabilità e dell'educazione finanziaria. Questi giochi sono gli unici prodotti educativi al mondo che insegnano contemporaneamente tutte queste capacità.

Potete giocare a CASHFLOW online su www.richdad.com a casa vostra o iscrivervi al Cashflow Club più vicino a voi e imparare a convertire il vostro reddito in reddito passivo e/o da portafoglio.

CASHFLOW 202[6] è la versione avanzata di *CASHFLOW*; richiede il tabellone di *CASHFLOW*, oltre a una piena comprensione del 101, prima di utlizzarlo. *CASHFLOW* insegna i principi degli investimenti basilari. *CASHFLOW 202* insegna i principi delle tecniche di investimento. Tecniche di investi-

[5] Disponibili in lingua italiana presso le nostre edizioni.
[6] Disponibile in italiano presso le nostre edizioni.

mento che comprendono il trading, come lo short selling, le opzioni call, put e straddle. Una persona che comprende queste tecniche più avanzate è in grado di far soldi quando il mercato sale, e anche quando scende. Come diceva il padre ricco: "I veri investitori fanno soldi sia nei mercati al rialzo sia in quelli al ribasso. È per questo motivo che fanno così tanti soldi". Uno dei motivi per cui fanno più soldi è semplicemente perché hanno più autodisciplina. Il padre ricco diceva: "Hanno più autodisciplina perché hanno meno paura di perdere". In altre parole, l'investitore medio non guadagna gli stessi soldi perché ha molta paura di perderli. L'investitore medio non sa come proteggersi da una perdita e questo è proprio ciò che insegna *CASHFLOW 202*.

Gli investitori medi credono che investire sia rischioso perché non hanno la formazione specifica per diventare investitori professionisti. Come sostiene Warren Buffett, il più ricco investitore d'America: "Il rischio proviene dal fatto di non conoscere cosa stai facendo"[7].

I miei giochi da tavolo insegnano i semplici principi base dell'investimento, i fondamentali dell'investimento e le tecniche di investimento divertendosi.

A volte mi capita di sentire qualcuno dire: "I tuoi giochi sono costosi", cosa che riporta alla questione del ROI (return on investment), cioè del valore che ritorna dal prezzo che si è pagato. Scuoto la testa e rispondo: "Sì, saranno costosi, soprattutto se paragonati ai normali giochi da tavolo. Ma i miei giochi non sono costosi come gli studi universitari, come lavorare duramente tutta la vita per guadagnarsi uno stipendio, pagare tasse eccessive e poi vivere nel terrore di perdere tutto nei mercati d'investimento".

---

[7] Vedi *Fare affari come Warren Buffett, Lezioni dal più grande businessman del mondo* (Gribaudi).

Quando qualcuno se ne va via borbottando sul prezzo, mi sembra di sentire il padre ricco dire: "Se vuoi essere ricco, devi sapere per che tipo di reddito lavorare duramente, come mantenerlo e proteggerlo da una perdita. Questa è la chiave per la grande ricchezza". Poi aggiungeva: "Se non capisci la differenza tra quei tre redditi e non impari le abilità su come acquisirli e proteggerli, probabilmente passerai la vita a guadagnare meno di quello che potresti e a lavorare più duramente di quanto dovresti".

Il padre povero credeva che una buona istruzione, un buon posto di lavoro e anni di duro lavoro fossero tutto quello che servisse per avere successo. Anche il padre ricco credeva che una buona istruzione fosse importante. Ma per lui era importante che Mike e io conoscessimo le differenze tra i tre redditi e per che tipo di reddito lavorare duramente. Per lui, questa era istruzione finanziaria di base. Saper cogliere le differenze tra i tre redditi e apprendere le tecniche di investimento su come acquisire i vari redditi è fondamentale per chiunque aspiri a una grande ricchezza e alla libertà finanziaria – una libertà che solo in pochi conosceranno. Come il padre ricco afferma nella lezione numero uno: "I ricchi non lavorano per i soldi. Sanno come far lavorare i soldi per loro".

Il padre ricco diceva: "Il proprio reddito è denaro per cui lavori e il reddito passivo e da portafoglio è denaro che lavora per te". Conoscere questa piccola differenza è stato importante nella mia vita. O, come Robert Frost termina la sua poesia: "E questo ha fatto tutta la differenza".

Attivatevi!

Tutti abbiamo ricevuto due grandi doni: la mente e il tempo. Spetta a noi usarli nel modo preferito. Ogni banconota che cade nelle nostre mani, dà a noi e solo a noi il potere di determinare il nostro destino. Spendetela in modo dissennato e avrete scelto di essere poveri. Spendetela per comprare passivi e vi unirete al ceto medio. Investitela dopo aver riflettuto bene, imparando ad acquisire attivi, e avrete scelto la ricchezza come obiettivo del vostro futuro. La scelta è vostra e vostra soltanto. Ogni giorno, con ogni dollaro, decidete se essere ricchi, poveri o del ceto medio.

Scegliendo di tramandare questa conoscenza ai vostri figli, sceglierete di prepararli al mondo che li aspetta. Nessun altro lo farà.

L'avvenire vostro e dei vostri figli sarà deciso dalle scelte che fate oggi, non domani.

Vi auguro una grande ricchezza e tanta felicità per il meraviglioso dono che è la vita.

ROBERT KIYOSAKI

SESSIONE DI STUDIO

PENSIERI FINALI

PENSIERI FINALI

Riassunto

Il motivo principale per cui Robert ha scritto questo libro va cercato nell'uso dell'intelligenza finanziaria per risolvere i problemi della vita quotidiana che tutti hanno.

Racconta di come un suo amico, preoccupato dalla difficoltà di risparmiare abbastanza denaro per gli studi universitari dei suoi figli, sia riuscito a trasformare un acconto iniziale di 7.900 dollari per una casa a Phoenix in un progetto che nel giro di pochi anni ha generato un reddito di 3.000 dollari al mese. Per iniziare sono bastati pochi soldi e un po' di intelligenza finanziaria.

L'istruzione e la saggezza finanziaria sono molto importanti. Cominciate presto, comprate un libro, frequentate un corso, fate pratica. È quello che avete in testa a determinare quello che avete in mano. Il denaro è solo un'idea.

Nel mondo della contabilità esistono tre tipi diversi di reddito: quello da stipendio, da portafoglio e passivo. Nella maggior parte dei casi, il reddito passivo è quello che proviene da investimenti immobiliari. Il reddito da portafoglio proviene da attivi cartacei come azioni e titoli.

Le tasse sono più alte sul reddito dello stipendio e più basse sul reddito passivo. Come affermava il padre ricco: "Lo Stato tassa il reddito per cui tanto lavori più del reddito per cui il tuo denaro tanto lavora".

Nel suo secondo libro, *I quadranti del CASHFLOW®*, Robert descrive i quattro tipi diversi di persone che compongono il mondo del business – D (dipendenti), A (lavoratori autonomi), T (titolari d'impresa) e I (investitori) – e come si possa cambiare il proprio quadrante.

Nel terzo libro della serie del Padre Ricco, *Guida agli investimenti*, parla più nel dettaglio dell'importanza di convertire il proprio reddito in reddito passivo e da portafoglio.

Anche i giochi da tavolo creati da Robert e Kim continuano a istruire insegnando quello che i libri da soli non possono. I giochi *CASHFLOW®* per adulti e per bambini sono ideati per insegnare ai giocatori le tecniche base d'investimento per convertire il proprio reddito in reddito passivo e da portafoglio. Insegnano inoltre i principi della contabilità e della preparazione finanziaria.

CASHFLOW 202 è la versione avanzata di *CASHFLOW* e insegna i principi degli investimenti tecnici che coinvolgono tecniche avanzate di trading come lo short selling, le opzioni call, put e straddle. Una persona che comprende queste tecniche è in grado di far soldi quando il mercato sale, ma anche quando scende.

Saper cogliere le differenze tra i tre redditi e apprendere le tecniche di investimento su come acquisire i vari redditi è fondamentale per chiunque aspiri a una grande ricchezza e alla libertà finanziaria – una libertà che solo in pochi conosceranno.

Tutti abbiamo ricevuto due grandi doni: la mente e il tempo. Spetta a noi usarli nel modo preferito. Ogni banconota che cade nelle nostre mani, dà a noi e solo a noi il potere di determinare il nostro destino. Ogni giorno, con ogni dollaro, decidete se essere ricchi, poveri o del ceto medio. Scegliendo di tramandare questa conoscenza ai vostri figli, scegliete di prepararli al mondo che li aspetta.

Domande aggiuntive

1. Qual è la prima cosa che farete quando avrete finito di leggere questa guida allo studio?
2. Cosa state aspettando?

NOTE

NOTE

L'Autore
Robert Kiyosaki

Meglio conosciuto come l'autore di *Padre ricco padre povero* – il bestseller numero 1 di Personal Finance di tutti i tempi – Robert Kiyosaki ha affrontato e cambiato il modo in cui decine di milioni di persone pensano al denaro. È un imprenditore, un educatore e un investitore che crede che il mondo abbia bisogno di più imprenditori che creino lavoro.

Con le sue idee sul denaro e sugli investimenti spesso in contraddizione con il pensiero convenzionale, Robert è noto per la chiarezza, per andare controcorrente, per il coraggio e la passione sull'importanza dell'istruzione finanziaria.

Robert e Kim Kiyosaki hanno fondato la Rich Dad Company, una società di istruzione finanziaria, e hanno creato i giochi *CASHFLOW®* (disponibili in italiano presso le nostre edizioni). Nel 2014 la società ha fatto leva sul successo globale dei giochi Rich Dad per lanciare la nuova modalità per giocare online e sugli smartphone.

Robert è considerato un visionario con il dono di semplificare concetti di una certa complessità – relativi al denaro, agli investimenti, alla finanza; il modo in cui racconta il suo percorso personale verso la libertà finanziaria trova il favore di un pubblico di tutte le età e di tutte le tipologie. I suoi principi e i suoi messaggi fondamentali – come "la tua casa non è un attivo" e "investi per il cashflow" e "chi risparmia è un perdente" – hanno scatenato una tempesta di critiche e di derisioni. Negli ultimi vent'anni, i suoi insegnamenti e la sua filosofia hanno avuto un ruolo sul palcoscenico economico mondiale che si è rivelato sia inquietante sia profetico.

La sua idea è che il "vecchio" consiglio – vai a scuola, trovati un buon lavoro, risparmia denaro, non avere debiti, investi sul lungo periodo e diversifica – è diventato ormai obsoleto nel ritmo veloce dell'attuale Era dell'Informazione. La filosofia e i messaggi del padre ricco sono una sfida allo status quo. I suoi insegnamenti incoraggiano la gente a ricevere un'educazione finanziaria e ad assumere un ruolo attivo negli investimenti per il suo futuro.

Autore di numerosi libri, incluso il bestseller internazionale *Padre ricco padre povero*, Robert è stato ospite nei programmi di qualsiasi angolo del mondo – da CNN, BBC, Fox News, Al Jazeera, GBTV e PBS a *Larry King Live, Oprah, People, Investors Business Daily, Sydney Morning Herald, The Doctors, Straits Times, Bloomberg, NPR, USA TODAY* e centinaia di altri – e per vent'anni è stato in vetta alle classifiche dei bestseller internazionali. Tuttora insegna e ispira il pubblico di tutto il mondo.

I suoi libri più recenti sono *Ingiusto vantaggio: il potere dell'istruzione finanziaria*; *Il tocco di Mida*, il secondo libro che ha scritto con Donald Trump; *Risveglia il genio finanziario di tuo figlio*; *8 lezioni di leadership militare*; *Seconda chance*; *Più importante del denaro* e *Perché i ricchi diventano sempre più ricchi*.

Per saperne di più, visitate RichDad.com

Bonus

ESTRATTO DEL LIBRO

Nota del curatore

"The Times They Are A-Changin'" – I tempi stanno cambiando

Sono numerosi i cambiamenti che si sono verificati nel mondo finanziario da quando *Padre ricco padre povero* è stato pubblicato per la prima volta nel 1997. Vent'anni fa Robert Kiyosaki ha sfidato il pensiero convenzionale affermando coraggiosamente che "la casa non è un attivo". Le sue idee sul denaro e sugli investimenti sono state prese con scetticismo, critiche e indignazione.

Nel 2002 il libro di Robert, *Rich Dad's Prophecy*, prevedeva il crollo del mercato finanziario. Nel 2006 Robert ha collaborato con Donald Trump per scrivere *Perché vogliamo che tu sia ricco* (Gribaudi), libro motivato dalla loro preoccupazione sul calo del ceto medio in America.

Robert è tuttora un appassionato sostenitore dell'importanza e della forza che l'istruzione finanziaria possiede. Sulla scia del crollo dei subprime, del record di pignoramenti immobiliari e di una crisi economica globale, oggi le sue parole non sembrano solo profetiche, ma illuminate. Molti fra quelli che prima erano scettici ora la pensano come lui.

Nel rivedere *I quadranti del CASHFLOW* (Gribaudi), Robert ha notato due cose: che il suo messaggio e i suoi insegnamenti hanno superato la prova del tempo, e che il panorama degli investimenti, il mondo in cui operano gli investitori, è cambiato drasticamente. Questi cambiamenti hanno influenzato, e continueranno a influenzare, chi appartiene al quadrante I (investitori) portandolo ad aggiornare una parte importante del libro – Capitolo Cinque: I cinque livelli degli investitori.

INDICE

Prefazione

QUAL È L'OBIETTIVO DELLA VOSTRA VITA?

"Cosa vuoi fare da grande?" Ecco una domanda che viene fatta a tutti.

Da ragazzino avevo molti interessi e la scelta per me era facile. Bastava che suonasse eccitante e divertente e io volevo farlo. Volevo fare il biologo marino, l'astronauta, il Marine, l'ufficiale di Marina, il pilota e il calciatore.

Ho avuto la fortuna di soddisfare tre di quei desideri: ho fatto il Marine, l'ufficiale e il pilota.

Sapevo di non voler fare l'insegnante, lo scrittore o il commercialista. Non volevo insegnare perché non mi piaceva la scuola. Non volevo fare lo scrittore perché sono stato bocciato in inglese due volte. E ho abbandonato il Master in Business Administration perché non sopportavo quello che riguardava la contabilità.

Per ironia della sorte, ora che sono grande, sono diventato tutto quello che non avrei mai voluto diventare. Sebbene detestassi la scuola, oggi possiedo una società di formazione. Insegno personalmente in giro per il mondo perché adoro insegnare. Sebbene sia stato bocciato due volte in inglese, oggi sono un famoso autore. Il mio libro, *Padre ricco padre povero*, è stato in vetta alle classifiche dei bestseller del *New York Times* per oltre sette anni e risulta tra i tre libri più venduti negli Stati

Uniti. I titoli che lo precedono sono *La gioia del sesso* e *Voglia di bene.* Altra cosa strana, *Padre ricco padre povero* e il mio gioco da tavolo *CASHFLOW*® sono un libro e un gioco sulla contabilità, altra materia che mi risultava difficile.

Ma cosa ha a che fare tutto ciò con la domanda: "Qual è l'obiettivo della tua vita?"

La risposta si trova nella semplice ma profonda frase di un monaco vietnamita, Thich Nhat Hanh: "La strada è lo scopo". In altre parole, trovare la propria strada nella vita è lo scopo della vita stessa. La nostra strada non è la professione che svolgiamo, quanti soldi facciamo, il titolo che abbiamo o i successi o i fallimenti che abbiamo avuto.

Trovare la vostra strada significa scoprire ciò per cui siete stati messi su questa Terra. Qual è lo scopo della vostra vita? Perché vi è stato dato questo dono che si chiama vita? E qual è il dono che voi restituite alla vita?

Riguardandomi indietro, capisco che andare a scuola non significava trovare la mia strada nella vita. Ho trascorso quattro anni nella scuola militare a studiare e a prepararmi a diventare un ufficiale di Marina. Se avessi fatto carriera navigando per la Standard Oil sulle loro petroliere, non avrei mai trovato la strada della mia vita. Se fossi rimasto nei Marines o se avessi pilotato gli aerei, non l'avrei mai trovata.

Se fossi rimasto un ufficiale o se avessi fatto il pilota d'aerei, non sarei mai diventato un autore di bestseller internazionali, non sarei mai stato ospite da *Oprah*, non avrei mai scritto due libri con Donald Trump o avviato una società di formazione internazionale che insegna imprenditoria e investimenti in tutto il mondo.

Trovare la propria strada

Questo libro, *I quadranti del CASHFLOW*, è importante per il fatto che si tratta di trovare la propria strada nella vita. Come sappiamo, la maggior parte della gente viene programmata presto ad “Andare a scuola e trovarsi un lavoro”. La scuola procura un lavoro nel quadrante D o A, non la strada della vita.

Riconosco che ci sono persone che già giovanissime sanno esattamente quello che faranno. Crescono sapendo che faranno il dottore, l’avvocato, il musicista, il giocatore di golf o l’attore. Tutti sappiamo di bambini prodigio dai talenti eccezionali. Eppure, possiamo notare che queste sono professioni e non necessariamente la strada della vita.

Come trovare dunque la propria strada nella vita?

La mia risposta è: vorrei tanto saperlo. Se potessi sventolare la mia bacchetta magica e far comparire la vostra strada nella vita, lo farei volentieri.

Non avendo una bacchetta magica e non potendo nemmeno dirvi cosa fare, la cosa migliore è raccontarvi quello che ho fatto io. E quello che ho fatto è stato fidarmi del mio intuito, del mio cuore e del mio coraggio. Per esempio, nel 1973, ritornato dalla guerra, quando il padre povero mi consigliò di tornare a scuola, specializzarmi e lavorare per lo Stato, il cervello mi si è annebbiato, il cuore è diventato di piombo e la pancia diceva: “Neanche per idea”.

Quando mi suggerì di riprendere a lavorare per la Standard Oil o per le compagnie aeree, anche quella volta la testa, il cuore e la pancia dicevano di no. Sentivo di aver smesso di navigare e di volare nonostante fossero delle valide professioni e lo stipendio fosse molto buono.

Nel 1973, all’età di 26 anni, stavo crescendo. Avevo seguito il consiglio di mio padre ed ero andato a scuola, mi ero laureato e avevo due professioni: una licenza da ufficiale di Marina e una licenza per volare. Il problema era che si trattava di professioni e dei sogni di un bambino.

A 26 anni ero grande abbastanza per capire che l’istruzione è un processo. Per esempio, per poter diventare un ufficiale di Marina, avevo frequentato una scuola che mi preparasse a questo. E per poter diventare un pilota, avevo frequentato una scuola di aeronautica, un percorso di due anni che trasforma i non-piloti in piloti. Questa volta volevo essere cauto su quello che avrei ancora imparato. Volevo sapere cosa sarei diventato prima di iniziare un'altra fase del mio processo di istruzione.

Le scuole tradizionali mi avevano fatto bene. Avevo raggiunto le professioni che avevo desiderato da bambino. Diventare adulto, però, mi confondeva perché non avevo segnali che dicessero: "Questa è la strada giusta". Sapevo quello che *non volevo* fare, ma non sapevo quello che *volevo* fare.

Sarebbe stato semplice se avessi desiderato un lavoro nuovo. Se avessi voluto fare il medico, avrei studiato medicina. Se avessi voluto fare l'avvocato, avrei studiato giurisprudenza. Ma sentivo che c'era qualcosa di più nella vita che semplicemente andare a scuola per ottenere un altro titolo professionale.

Non lo avevo capito subito, ma finalmente, all'età di 26 anni, cercavo la mia strada nella vita, non il mio prossimo lavoro.

Un'istruzione diversa

Nel 1973, l'ultimo anno del mio servizio come pilota nel Corpo dei Marines, quando ero di base alle Hawaii vicino a casa, capii che volevo seguire i passi del padre ricco. Quando ero nei Marines, partecipai ad alcuni corsi sul real estate e sul business che si tenevano nei weekend, preparandomi a diventare un imprenditore dei quadranti T e I.

Allo stesso tempo, su raccomandazione di un amico, mi iscrissi a un corso sullo sviluppo personale sperando di scoprire chi fossi veramente. Si trattava di un tipo di formazione non-tradizionale perché non avrei seguito quel corso per procurarmi dei crediti o un titolo di studio. Non sapevo esattamente cosa avrei imparato, come invece sapevo quando mi iscrivevo ai corsi sul real estate. Sapevo però che era ora che imparassi qualcosa su di me.

Al primo incontro del weekend, l'insegnante disegnò questo semplice schema sul foglio della lavagna:

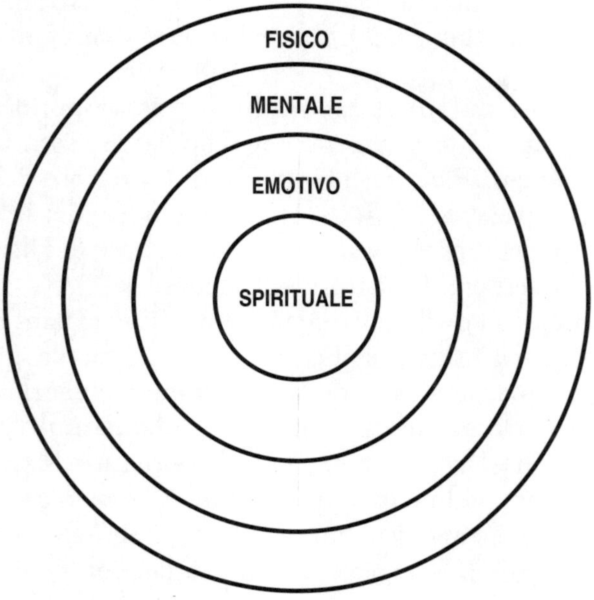

Quando lo ebbe terminato, si voltò e disse: "Per svilupparci in un essere umano completo, abbiamo bisogno di educazione mentale, fisica, emotiva e spirituale".

Ascoltando la sua spiegazione, capivo che la scuola tradizionale coinvolgeva principalmente lo sviluppo mentale degli studenti. Questo è il motivo per cui tanti studenti che vanno bene a scuola non vanno bene nella vita reale, soprattutto dal punto di vista finanziario.

Al corso, durante quel weekend, scoprii perché la scuola non mi piaceva. Capii che adoravo imparare, ma odiavo la scuola.

L'istruzione tradizionale era ottima per gli studenti dai voti eccellenti, ma non faceva per me. L'istruzione tradizionale affondava il mio spirito, cercando di motivarmi con l'emozione della paura: la paura di fare errori, la paura di fallire e la paura di non trovare un lavoro. Mi programmavano a diventare un dipendente del quadrante D o A. Capii che l'istruzione tradizionale non va bene per chi desidera fare l'imprenditore nei quadranti T e I.

Forse è per questo che molti imprenditori non finiscono mai la scuola... imprenditori come Thomas Edison, fondatore della General Electric; Henry Ford, fondatore della Ford Motor Company; Steve Jobs, fondatore di Apple; Bill Gates, fondatore di Microsoft; Walt Disney, fondatore di Disneyland; e Mark Zuckerberg, fondatore di Facebook.

Procedendo con la giornata, mentre l'insegnante approfondiva i quattro tipi di sviluppo personale, capivo che avevo trascorso la maggior parte della mia vita in ambienti educativi molto duri. Dopo quattro anni di accademia militare completamente maschile e cinque anni da pilota nei Marines, ero molto forte mentalmente e fisicamente. Come pilota nei Marines, ero forte emotivamente e spiritualmente, ma solo dal lato maschile. Non avevo alcun lato gentile, non avevo energia femminile. Dopotutto, ero stato addestrato a essere un Marine, emotivamente calmo anche sotto pressione, pronto a uccidere e spiritualmente disposto a morire per il mio Paese.

Se avete visto il film *Top Gun* con Tom Cruise, avete un'idea del mondo virile e della spavalderia dei piloti militari. Io adoravo quel mondo. Stavo bene in quel mondo. Era la chiave moderna di un mondo fatto di cavalieri e guerrieri. Non era adatto agli smidollati.

Durante il seminario scrutai le mie emozioni e per un momento toccai il mio spirito. Piansi parecchio perché avevo parecchio per cui piangere. Avevo fatto e visto cose che nessuno avrebbe mai desiderato fare. Al seminario abbracciai un uomo, cosa che non avevo mai fatto prima, nemmeno con mio padre.

Domenica sera trovai difficile lasciare quel workshop sullo sviluppo personale. L'ambiente che avevo trovato al seminario era gentile, affettuoso e sincero. Lunedì mattina fu scioccante ritrovarsi ancora circondato da giovani piloti egocentrici, dediti a volare, uccidere e morire per il Paese.

Dopo quel weekend al seminario, capii che era ora di cambiare e che svilupparmi emotivamente e spiritualmente a diventare una persona più gentile, dolce e compassionevole sarebbe stata la cosa più difficile per me. Andava contro tutti gli anni che avevo trascorso all'accademia militare e alla scuola di volo.

Non tornai più all'istruzione tradizionale. Non desideravo più studiare per avere una laurea, una promozione o una qualifica. Da quel momento, se frequentavo un corso o una scuola, lo facevo per imparare, per migliorare come persona. Non ero più a caccia di diplomi, lauree o qualifiche.

Appartenendo a una famiglia di insegnanti, i voti che prendevi, il liceo e il college in cui ti diplomavi e la laurea magistrale che ottenevi erano tutto. Come le medaglie sul petto di un pilota dei Marines, le lauree e le scuole dai nomi più rinomati rappresentavano il prestigio e i gradi che gli educatori portavano sulle loro spalle. Nella loro mente, chi non finiva le scuole superiori era la plebe, l'anima perduta della vita. Chi aveva una laurea magistrale guardava dall'alto in basso chi aveva solo una laurea di primo livello. C'era una vera venerazione per chi aveva un dottorato. All'età di 26 anni, realizzai che non sarei mai tornato a quel mondo.

Nota dell'editore: Nel 2009, Robert ha ricevuto il Dottorato Onorario in Imprenditoria dalla prestigiosa San Ignacio de Loyola di Lima, Perù. Le poche persone che hanno ricevuto questo riconoscimento sono leader politici, come l'ex Presidente del governo spagnolo.

La ricerca della mia strada

So che qualcuno si chiederà: Ma perché parla tutto questo tempo di corsi di formazione non tradizionale?

Il motivo è che il primo seminario sullo sviluppo personale ha risvegliato il mio amore per l'apprendimento, ma non del tipo che si trova a scuola. Dopo quel corso, diventai un "seminariodipendente", passando da un seminario all'altro, dove meglio scoprivo la connessione tra il *mio* corpo, la *mia* mente, le *mie* emozioni e il *mio* spirito.

Più studiavo e più cresceva la mia curiosità sull'istruzione tradizionale. Cominciavo a porre domande come:

- Perché così tanti bambini odiano la scuola?
- Perché a così pochi bambini piace la scuola?
- Perché tante persone ben istruite fanno fatica nel mondo reale?
- La scuola ti prepara al mondo reale?
- Perché odiavo la scuola ma adoro imparare?
- Perché molti insegnanti di scuola sono poveri?
- Perché la scuola ci insegna poche cose sul denaro?

Queste domande mi portarono a essere uno studente al di fuori delle mura consacrate del sistema scolastico. Più studiavo e più capivo perché la scuola non mi piaceva e perché le scuole fallivano nel loro servizio alla maggior parte dei loro studenti, perfino agli studenti eccellenti.

La mia curiosità ha toccato il mio spirito, e io sono diventato un imprenditore nel campo dell'istruzione. Se non fosse stato per questa curiosità, potrei non essere mai arrivato a scrivere libri e a sviluppare giochi di istruzione finanziaria. La mia preparazione spirituale mi ha condotto sulla strada della mia vita.

Sembra che la nostra strada non la si trovi nella mente, ma nel cuore.

Questo non significa che una persona non la possa trovare nell'istruzione tradizionale. Sono certo del fatto che a molti succeda. Sto solo dicendo che dubito che io l'avrei trovata nella scuola tradizionale.

Perché la strada è importante?

Conosciamo tutti qualcuno che guadagna un sacco di soldi, ma che odia il suo lavoro. Allo stesso modo tutti conosciamo qualcuno che non guadagna un sacco di soldi e odia il suo lavoro. E conosciamo tutti qualcuno che semplicemente lavora per i soldi.

Anche un mio compagno dell'Accademia della Marina Mercantile capì di non voler trascorrere la sua vita per mare. Piuttosto che continuare a navigare, dopo essersi diplomato ha frequentato la facoltà di giurisprudenza e ha impiegato tre anni a diventare un avvocato e ad entrare nella libera professione del quadrante A.

È morto intorno alla cinquantina. Era diventato un avvocato molto affermato, ma infelice. Come me, a 26 anni aveva due professioni. Nonostante odiasse fare l'avvocato, continuava a farlo perché aveva una famiglia, dei figli, un mutuo e conti da pagare.

Un anno prima della sua scomparsa, lo ritrovai ad una riunione di ex alunni a New York. Dimostrò una certa amarezza. "Non faccio che sgobbare dietro ai ricconi come te. Mi pagano poco e niente. Odio quello che faccio e quelli per cui lavoro".

"Perché non fai qualcos'altro?" gli chiesi.

"Non posso permettermi di non lavorare più. La mia primogenita sta per andare all'università".

Ebbe un infarto prima che lei si laureasse.

Faceva molti soldi grazie alla sua preparazione professionale, ma era emotivamente arrabbiato, spiritualmente morto e presto il suo fisico cedette.

Mi rendo conto che si tratta di un esempio estremo. La maggior parte della gente non odia quello che fa quanto il mio amico. Eppure illustra il problema che emerge quando una persona si sente intrappolata in una professione e non è in grado di trovare la sua strada.

Per me, è questo il limite dell'istruzione tradizionale. Milioni di persone finiscono la scuola per andare a intrappolarsi in un lavoro che a loro non piace. Hanno la sensazione che manchi qualcosa nella loro vita. Molti, poi, hanno guai finanziari, guadagnando quel che basta per sopravvivere, volendo guadagnare di più senza sapere come fare.

Non essendo a conoscenza degli altri quadranti, parecchie persone tornano a scuola alla ricerca di professioni nuove o di un aumento di stipendio nel quadrante D o A, inconsapevoli del mondo dei quadranti T e I.

Il mio motivo per diventare un insegnante

Il motivo principale per cui ho scelto di diventare un insegnante nel quadrante T era il desiderio di fornire un'istruzione finanziaria. Volevo renderla disponibile a chiunque fosse disposto a imparare, indipendentemente dai soldi che avesse o dal suo livello di studi. È per questo che la Rich Dad Company ha lanciato il gioco *CASHFLOW*. Il gioco può insegnare in luoghi che non potrei mai raggiungere. Il suo bello è che è stato ideato per fare in modo che delle persone insegnino ad altre persone. Non occorrono insegnanti o corsi costosi. Il gioco *CASHFLOW* è ora tradotto in oltre sedici lingue, insegnando a milioni di persone di tutto il mondo.

Oggi la Rich Dad Company offre corsi di istruzione finanziaria come anche il sostegno personale da parte di coach e mentori. I nostri programmi sono particolarmente importanti per chiunque voglia passare dai quadranti D e A ai quadranti T e I.

Non c'è la garanzia che tutti riescano ad arrivare ai quadranti T e I, ma conosceranno il modo per accedervi se lo desiderano.

Cambiare non è facile

Per quanto mi riguarda, cambiare i miei quadranti non è stato facile. Ci è voluto del duro lavoro dal punto di vista mentale, ma ancora di più emotivo e spirituale. Crescendo in una famiglia di impiegati molto istruiti del quadrante D, condividevo i loro valori sull'istruzione, sul lavoro sicuro, sui sussidi e sulla pensione statale. I valori della mia famiglia hanno contribuito parecchio a rendere difficile il mio passaggio da un quadrante all'altro. Dovevo ignorare i loro avvertimenti, le loro preoccupazioni e le loro critiche sul fatto di diventare un imprenditore e un investitore. Alcune delle affermazioni che non dovevo considerare erano:

- "Ma devi pure avere un lavoro".
- "Stai correndo troppi rischi".
- "E se fallisci?"
- "Basterebbe riprendere a studiare e procurarti la tua laurea magistrale".
- "Fai il medico. Guadagnano un sacco di soldi".
- "I ricchi sono avidi".
- "Perché il denaro è così importante per te?"
- "Il denaro non ti farà felice".
- "Cerca semplicemente di vivere al di sotto delle tue possibilità".
- "Gioca sul sicuro. Non andare dietro ai tuoi sogni".

Dieta ed esercizio fisico

Parlo di sviluppo emotivo e spirituale perché è quello che serve per fare un cambiamento permanente nella propria vita. Per esempio, raramente funziona dire a una persona sovrappeso: "Mangia meno e fai più esercizio fisico". La dieta e l'esercizio fisico possono avere senso dal punto di vista razionale, ma la maggior parte della gente sovrappeso non mangia perché ha fame. Mangia per riempire un vuoto che ha nelle emozioni e nell'anima. Quando una persona inizia un programma di dieta ed esercizio fisico, lavora solo sulla propria mente e sul proprio corpo. Senza sviluppo emotivo e forza spirituale, la persona sovrappeso farà una dieta di sei mesi e perderà anche 100 chili, ma con il tempo ingrasserà ancora di più.

La stessa cosa accade quando si cambia quadrante. Dire a se stessi: "Diventerò un imprenditore del quadrante T" è inutile come per il fumatore incallito affermare: "Domani smetto di fumare". Il fumo è una dipendenza fisica causata da problemi emotivi e spirituali. Senza un sostegno emotivo e spirituale, il fumatore continuerà a fumare. Lo stesso vale per l'alcolizzato, per chi è ossessionato dal sesso o dallo shopping. Molte dipendenze sono un modo per cercare la felicità nella propria anima.

È per questo che la mia società offre corsi per la mente e per il corpo, ma anche coach e mentori per sostenere il passaggio emotivo e spirituale.

Qualcuno è in grado di compiere il percorso da solo, ma non è stato il mio caso. Se non fosse stato per un coach come il padre ricco e il sostegno di mia moglie Kim, non ce l'avrei fatta. Avrei voluto mollare tutto così tante volte. Se non fosse stato per Kim e per il padre ricco, non sarei andato avanti.

Perché gli studenti eccellenti falliscono

Riguardando lo schema, è facile capire perché così tanti studenti eccellenti falliscono nel mondo del denaro[1].

---

[1] Vedi anche il bestseller che Kiyosaki ha dedicato a questo argomento, utile per se stessi e per chi ha figli da crescere: *Risveglia il genio finanziario di tuo figlio, perché lo studente eccellente lavora per lo studente discreto e lo studente buono lavora per lo Stato*, Gribaudi, Milano 2013.

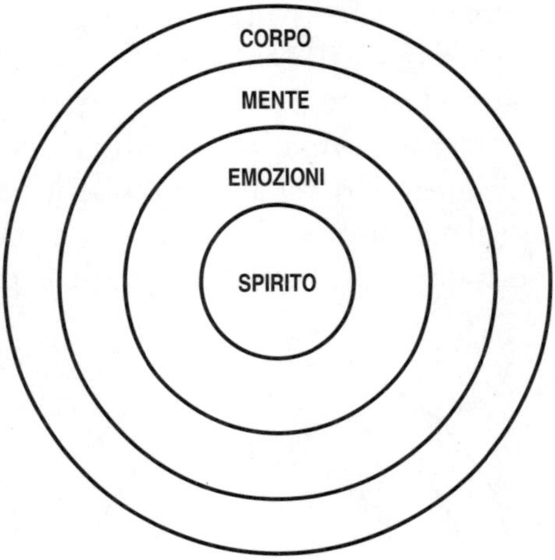

Una persona può essere molto preparata mentalmente, ma se non lo è emotivamente, la sua paura fermerà spesso il suo corpo per impedirle di fare quello che deve fare. È per questo motivo che tanti studenti dai voti più alti rimangono bloccati dalla "paralisi da analisi", studiando ogni minimo dettaglio, ma non riuscendo a fare nulla.

Questa "paralisi da analisi" è causata dal nostro sistema educativo che punisce gli studenti quando sbagliano. Se ci pensiamo bene, gli studenti che prendono i voti più alti sono quelli che hanno fatto pochissimi errori. Il problema di questa psicosi emotiva è che, nel mondo reale, le persone che agiscono sono quelle che fanno più errori e che proprio da essi imparano a vincere nel gioco della vita.

Guardiamo per esempio i presidenti Clinton e Bush. Clinton non riusciva ad ammettere di aver fatto sesso e Bush non ricordava gli errori che aveva commesso durante la sua presidenza. Commettere degli errori è umano, ma mentire sugli errori è criminale, un atto criminale noto come falsa testimonianza.

Quando a Thomas Edison criticarono il fatto di aver commesso 1.014 errori prima di realizzare la lampadina elettrica, disse: "Non ho fallito 1.014 volte. Ho scoperto con successo cosa non funzionava per 1.014 volte".

In altre parole, il motivo per cui tanta gente non riesce ad avere successo è perché non fallisce a sufficienza.

Guardando di nuovo lo schema, una delle ragioni per cui molti si affidano alla sicurezza del lavoro è che non hanno una preparazione emotiva. Si lasciano fermare dalla paura.

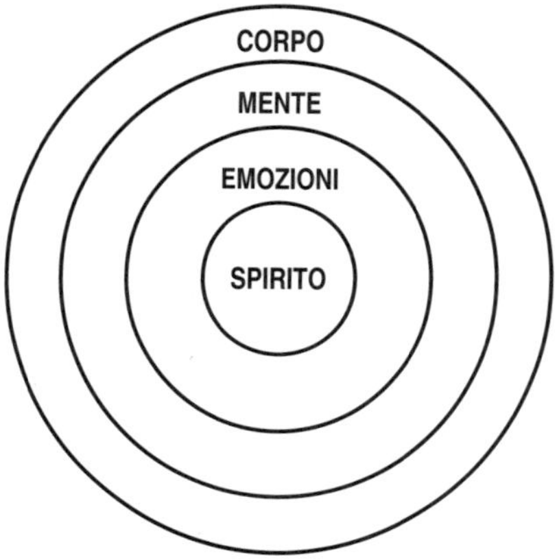

Una delle cose migliori della scuola militare e del Corpo dei Marines è che queste organizzazioni dedicano molto tempo a sviluppare giovani uomini e donne spiritualmente, emotivamente, mentalmente e fisicamente. Sebbene fosse duro, era un addestramento completo, che ci preparava a fare un lavoro difficile.

Ho creato il gioco *CASHFLOW* perché educa la persona intera. Il gioco è uno strumento didattico migliore di una lettura o di una lezione, semplicemente perché coinvolge il corpo, la mente, le emozioni e lo spirito del giocatore.

Il gioco è progettato affinché i giocatori sbaglino il più possibile con il denaro finto e poi imparino da quegli errori. Per me, questo è un modo più umano per apprendere ciò che riguarda i soldi.

La strada è lo scopo

Oggi sono migliaia i CASHFLOW club in tutto il mondo[2]. Il motivo della loro importanza sta nel fatto che sono un riparo dalla tempesta, una stazione lungo il cammino della vita. Partecipando alle giocate dei CASHFLOW club, si possono incontrare persone come noi, disposte a fare dei cambiamenti, non a parlarne solamente.

Diversamente dalla scuola, non si richiede un passato di successi accademici. Tutto ciò che si richiede è un sincero desiderio di imparare e di cambiare. Giocando, farete molti errori nelle varie situazioni finanziarie e imparerete dai vostri errori, usando denaro finto.

I CASHFLOW club non sono adatti a quelli che vogliono diventare ricchi rapidamente; il loro scopo è sostenere i cambiamenti mentali, emotivi, spirituali, fisici e finanziari che una persona deve affrontare nel tempo. Cambiamo e ci evolviamo tutti a velocità diverse, perciò anche a voi si consiglia di proseguire alla vostra personale velocità.

Dopo aver giocato qualche volta con altre persone, vi sarà più facile capire quale passo fare dopo e quale dei quattro tipi di attivi (business, real estate, attivi cartacei o commodity/materie prime) sia meglio per voi. (Potete anche acquistare il gioco e cominciare giocare in famiglia e con gli amici con i quali condividete le idee di business, ndr).

In conclusione

Trovare la *propria* strada non è per forza semplice. Persino oggi io non sono sicuro di trovarmici sopra. Come saprete, ca-

---

[2] Presenti anche in Italia, contatta il più vicino a te, oppure consulta la nostra pagina facebook Gribaudi Business e Self help per essere aggiornato e informato sugli incontri per giocare.

pita a tutti di perdersi e non sempre è facile ritrovare la strada giusta.

Se avete la sensazione di non essere nel quadrante giusto per voi, o di non aver individuato il cammino della vostra vita, vi raccomando di cercare nel vostro cuore. Potreste riconoscere il fatto che è ora di cambiare aiutandovi con queste frasi:

- "Lavoro con dei morti".
- "Mi piace quello che faccio, ma vorrei guadagnare di più".
- "Non vedo l'ora che arrivi il weekend".
- "Voglio occuparmi delle mie cose".
- "È già ora di andare via?"

Mia sorella è una monaca buddista. La sua strada è quella di sostenere il Dalai Lama, una strada che non rende nulla. Eppure, sebbene guadagni poco, non significa che debba essere una monaca povera. Ha proprietà in affitto e investe in oro e argento. La sua forza di spirito e la sua mente istruita dal punto di vista finanziario le permettono di seguire il suo cammino di vita senza far voto di povertà.

In fondo è stato un bene per me sentirmi etichettato come uno stupido a scuola. Anche se emotivamente difficile, quel dolore mi ha permesso di trovare il mio cammino da insegnante. E, come mia sorella, una monaca, il semplice fatto di essere un insegnante non significa che io debba essere un insegnante povero.

Ripetendo le parole di Thich Nhat Hanh: "La strada è lo scopo".

Introduzione

IN QUALE QUADRANTE SIETE?

I quadranti del CASHFLOW®
sono un modo per classificare le persone
in base alla provenienza del loro denaro.

Siete liberi in senso finanziario? Se la vostra vita è giunta economicamente a un bivio, *I quadranti del CASHFLOW* è stato scritto per voi. Se desiderate assumere il controllo su ciò che fate oggi allo scopo di trasformare il vostro destino finanziario, questo libro vi aiuterà a tracciare il nuovo percorso da seguire.

Questi sono i quadranti del CASHFLOW. Le lettere di ciascun quadrante rappresentano:

D = dipendente
A = lavoratore autonomo/piccola impresa
T = titolare d'impresa/grande impresa
I = investitore

Ognuno di noi si trova almeno in una di queste quattro sezioni (quadranti). La nostra posizione è determinata da dove arrivano i nostri soldi. Molti di noi sono dipendenti che ricevono una busta paga, mentre altri sono lavoratori autonomi. Dipendenti e lavoratori autonomi si situano nei quadranti di sinistra. Il lato destro è riservato a persone che percepiscono i soldi da un'impresa da loro posseduta o dagli investimenti che fanno.

I quadranti del CASHFLOW sono un modo semplice per classificare le persone in base alla provenienza del loro denaro. Ciascun quadrante è unico e le persone che vi appartengono condividono le stesse caratteristiche. I quadranti vi faranno capire dove vi trovate attualmente e vi spiegheranno cosa dovete fare per dirigervi verso l'indipendenza economica. Benché la libertà finanziaria possa essere ottenuta in ognuno di essi, le abilità di un T o di un I vi aiuteranno a raggiungere più rapidamente i vostri obiettivi finanziari. I D di successo devono diventare I di successo per assicurarsi la loro sicurezza finanziaria una volta che saranno andati in pensione.

Cosa volete essere da grandi?

Per numerosi aspetti, questo volume è la seconda parte del mio *Padre ricco padre povero*. A chi non l'avesse letto, dirò che parla delle diverse lezioni impartitemi dai miei due padri sulla questione del denaro e delle scelte che si fanno nella vita. Uno era il mio vero padre, l'altro il padre del mio migliore amico. Uno era estremamente colto e istruito, l'altro non aveva neppure finito le scuole superiori. Uno era povero e l'altro era ricco.

Consiglio del padre povero

Mentre crescevo, il mio padre istruito, ma povero, diceva sempre: "Vai a scuola, prendi buoni voti e trova un lavoro sicuro". Mi raccomandava di seguire una strada simile a questa:

Il padre povero mi incoraggiava a diventare un dipendente del quadrante D, ben retribuito, o un lavoratore autonomo del quadrante A, come un medico, un avvocato o un commercialista. Lui stesso si preoccupava di percepire uno stipendio stabile nel tempo, con le indennità e i benefici garantiti da un posto sicuro. Ecco perché è diventato un funzionario del governo ben retribuito, con la carica di Provveditore agli studi delle Hawaii.

Consiglio del padre ricco

Il mio padre non istruito, ma ricco, mi dava consigli molto diversi. Diceva: "Va' pure a scuola, laureati, crea dei business e diventa un investitore di successo". Mi raccomandava di seguire una strada simile a questa:

Questo libro spiega il processo mentale, emotivo ed educativo che ho attraversato per mettere in pratica il consiglio del mio padre ricco.

A chi si rivolge questo libro?

Questo libro è stato scritto per chi è pronto a cambiare quadrante, soprattutto quelli che sono attualmente nei quadranti D e A e stanno prendendo in considerazione l'idea di passare ai quadranti T e I. È per chi è pronto ad andare oltre la sicurezza del posto di lavoro e a raggiungere quella finanziaria. Non è una strada facile, ma la ricompensa che vi si trova in fondo, la libertà finanziaria, vale il viaggio.

Quando avevo 12 anni, il padre ricco mi raccontò una semplice storia che mi ha guidato verso la ricchezza e l'indipendenza finanziaria. Era il suo modo di spiegarmi la differenza tra i quadranti di sinistra, D e A, e i quadranti di destra, T e I. Ecco la storia:

"C'era una volta un piccolo villaggio. Un posto davvero bello in cui vivere, se non fosse per un problema. Quando non pioveva, mancava l'acqua. Per risolverlo definitivamente, gli anziani chiesero di stipulare un contratto affinché si garantisse al villaggio una fornitura idrica costante. Si offrirono due volontari e gli anziani lo assegnarono a entrambi. Ritenevano che la concorrenza avrebbe contribuito a mantenere bassi i prezzi e ad avere sempre una riserva d'acqua.

"Ed, uno dei due che ottennero il contratto, si precipitò subito al lavoro, comprò due secchi di acciaio zincato e cominciò ad andare avanti e indietro dal lago che distava più di 1 chilometro. Siccome faticava dalla mattina alla sera per trasportare l'acqua, non gli ci volle molto per iniziare a far soldi. A ogni viaggio, versava il contenuto dei due recipienti in una grande cisterna di cemento che il villaggio aveva fatto costruire. Si doveva alzare ogni mattina prima degli altri abitanti del villaggio, per far sì che ci fosse sempre una quantità idrica sufficiente per tutti. Era un lavoro duro, ma era felice di guadagnare e di essersi meritato uno dei due appalti esclusivi.

"Bill, l'altro appaltatore, era scomparso. Non si vedeva da mesi, il che rendeva Ed ancor più contento perché era libero dalla concorrenza.

"Anziché acquistare due secchi per competere con Ed, Bill ideò un progetto, fondò un'impresa, trovò quattro investitori, assunse un direttore dei lavori e sei mesi dopo tornò con un'impresa edile. Nell'arco di un anno, la sua squadra riuscì a costruire un enorme acquedotto in acciaio inossidabile che collegava il villaggio al lago.

"Durante la cerimonia di inaugurazione, Bill annunciò che la sua acqua era più pulita di quella fornita da Ed. Sapeva che gli abitanti si erano lamentati a proposito dell'igiene dell'acqua. Inoltre, si vantò di poter fornire acqua al villaggio ventiquattr'ore al giorno, sette giorni alla settimana. Ed garantiva la sua fornitura solo durante i giorni feriali, perché non voleva lavorare nei weekend. Bill informò poi che avrebbe fatto pagare la sua acqua di qualità migliore il 75% in meno. Tutti gli abitanti esultarono e corsero subito ad approvvigionarsi all'acquedotto di Bill.

"Per stare al passo, Ed abbassò immediatamente la sua tariffa del 75%, comprò altri due secchi a cui fece aggiungere una copertura di sicurezza, e cominciò a trasportare quattro recipienti per volta. Per offrire un servizio migliore prese a lavorare con sé i due figli per i turni di notte e nei weekend. Quando dovettero andare all'università, disse loro: 'Tornate presto poiché un giorno questo lavoro sarà vostro'.

"Per qualche motivo, i suoi figli non tornarono più. Allora Ed assunse dei dipendenti e cominciò ad avere problemi sindacali. Il sindacato chiedeva salari maggiorati e migliori indennità e riuscì a imporre che non si trasportasse più di un secchio per volta.

"Bill capì che, se il suo villaggio aveva bisogno d'acqua, allora anche gli altri villaggi ne avrebbero avuto bisogno. Ristrutturò il suo piano aziendale e cominciò a vendere il suo sistema di fornitura d'acqua pulita, economica e di rapida consegna ai villaggi di tutto il mondo. Bill guadagna soltanto 1 centesimo per ogni secchio d'acqua consegnato, ma ne distribuisce miliardi ogni giorno. Sia che lavori o meno, miliardi di persone consumano miliardi di secchi d'acqua, versando cifre astronomiche sul suo conto corrente. Bill aveva sviluppato un acquedotto che, oltre all'acqua ai villaggi, forniva i soldi a se stesso.

"Bill visse felice e contento. Ed faticò come un mulo per il resto della sua esistenza, sempre intrappolato nei problemi finanziari. Fine".

La storia su Ed e Bill mi ha ispirato per tantissimi anni. Mi ha aiutato a prendere le decisioni più giuste. Spesso mi domando: "Sto costruendo un acquedotto o sto trasportando secchi?" "Sto lavorando duro o sto lavorando in modo intelligente?"

Le risposte a questi interrogativi mi hanno reso finanziariamente libero.

Ecco di cosa tratta questo libro. Spiega cosa ci vuole per diventare un T e un I. È per chi è stanco di trasportare secchi e pronto a costruire acquedotti per far fluire soldi nelle proprie tasche.

Questo libro è suddiviso in tre parti

Parte I La prima parte si concentra sulle differenze fondamentali tra le persone nei quattro quadranti. Spiega perché alcuni gravitano in certi quadranti e spesso vi rimangono invischiati senza accorgersene. Vi aiuterà a individuare in quale quadrante vi trovate attualmente e a capire dove volete essere tra cinque anni.

Parte II La seconda parte riguarda il cambiamento personale. Tratta più del *chi* dovete essere che di *quello* che dovete fare.

Parte III La terza parte spiega come trovare successo nei quadranti di destra. Condividerò altri segreti tramandati dal padre ricco sulle abilità necessarie per essere dei T e I affermati. Vi aiuterà a scegliere la vostra strada verso la libertà finanziaria.

In tutto il libro continuerò a sottolineare l'importanza dell'intelligenza finanziaria. Se volete operare nei quadranti di destra, il lato T e I, dovete essere più scaltri rispetto a ciò che sareste nel caso decidiate di rimanere nei quadranti di sinistra, il lato D e A. Per essere T o I, dovete saper controllare la direzione del vostro flusso di denaro.

Questo libro è stato scritto per chi ha deciso di apportare dei cambiamenti nella sua vita, per chi è pronto ad andare oltre il posto fisso e a costruire i suoi acquedotti per raggiungere l'indipendenza finanziaria.

Siamo nell'Era dell'Informazione che offre occasioni di guadagno superiori a quanto sia mai stato possibile. Saranno gli individui forniti delle abilità dei T e I a saper identificare e cogliere tali occasioni. Per avere successo nell'Era dell'Informazione, una persona avrà bisogno di informazioni da tutti i quattro quadranti. Purtroppo, il nostro sistema scolastico è fermo all'Era Industriale e prepara ancora le nuove generazioni solo ai quadranti di sinistra.

Qualora vogliate nuove risposte per accedere rapidamente all'Era dell'Informazione, questo libro è adatto a voi. Naturalmente, non vi darà tutte le risposte, ma condividerà con voi le profonde esperienze accumulate nel mio viaggio dai quadranti D e A ai quadranti T e I.

Il mio ambiente personale...

I sei adulti con cui trascorro più tempo sono:

Nome .... Quadrante ....

Nome .... Quadrante ....

Nome .... Quadrante ....

Nome .... Quadrante ....

Nome .... Quadrante ....

Nome .... Quadrante ....

INDICE

AUTORE DEL BESTSELLER #1 PADRE RICCO PADRE POVERO
ROBERT KIYOSAKI
CON 20 DEI SUOI ESPERTI IMMOBILIARI DI FIDUCIA
Il grande libro del
REAL ESTATE
ESPERTI VERI • CASI VERI • VITA VERA
GRIBAUDI

RISVEGLIA
IL GENIO
FINANZIARIO
DI TUO FIGLIO
Perché lo studente
ECCELLENTE lavora
per lo studente DISCRETO
e lo studente BUONO
lavora per lo Stato
ROBERT T. KIYOSAKI
AUTORE DEL BESTSELLER PADRE RICCO, PADRE POVERO
GRIBAUDI

8
LEZIONI DI
LEADERSHIP
MILITARE
per Imprenditori
YT30
I tenenti Joseph M. Ezell e Robert T. Kiyosaki, USMC
ROBERT T. KIYOSAKI
Autore del bestseller internazionale Padre Ricco Padre Povero
GRIBAUDI

SECONDA
CHANCE
PER IL TUO DENARO,
LA TUA VITA E IL NOSTRO MONDO
ROBERT T.
KIYOSAKI
Autore del bestseller Padre Ricco Padre Povero
GRIBAUDI